법성요해

法性了解

법 성 요 해
法 性 了 解

세웅스님 역저

🅚 관음출판사

차 례

1. 법성게(法性偈)

法性偈(법성게)

01	法性圓融無二相	법성원융무이상
02	諸法不動本來寂	제법부동본래적
03	無名無相絶一切	무명무상절일체
04	證智所知非餘境	증지소지비여경
05	眞性甚深極微妙	진성심심극미묘
06	不守自性隨緣成	불수자성수연성
07	一中一切多中一	일중일체다중일
08	一卽一切多卽一	일즉일체다즉일
09	一微塵中含十方	일미진중함시방
10	一切塵中亦如是	일체진중역여시
11	無量遠劫卽一念	무량원겁즉일념
12	一念卽是無量劫	일념즉시무량겁
13	九世十世互相卽	구세십세호상즉
14	仍不雜亂隔別成	잉불잡난격별성
15	初發心時便正覺	초발심시변정각
16	生死涅槃常共和	생사열반상공화

17	理事冥然無分別	이사명연무분별
18	十佛普賢大人境	십불보현대인경
19	能仁海印三昧中	능인해인삼매중
20	繁出如意不思議	번출여의부사의
21	雨寶益生滿虛空	우보익생만허공
22	衆生隨器得利益	중생수기득이익
23	是故行者還本際	시고행자환본제
24	叵息妄想必不得	파식망상필부득
25	無緣善巧捉如意	무연선교착여의
26	歸家隨分得資糧	귀가수분득자량
27	以陀羅尼無盡寶	이다라니무진보
28	莊嚴法界實寶殿	장엄법계실보전
29	窮坐實際中道床	궁좌실제중도상
30	舊來不動名爲佛	구래부동명위불

法性偈(법성게)

01 法性圓融無二相　법성원융　무이상이니
02 諸法不動本來寂　제법부동　본래적이네
03 無名無相絕一切　무명무상　절일체이니
04 證智所知非餘境　증지소지　비여경이네
05 眞性甚深極微妙　진성심심　극미묘이니
06 不守自性隨緣成　불수자성　수연성이네
07 一中一切多中一　일중일체　다중일이니
08 一卽一切多卽一　일즉일체　다즉일이네
09 一微塵中含十方　일미진중　함시방이니
10 一切塵中亦如是　일체진중　역여시이네
11 無量遠劫卽一念　무량원겁　즉일념이니
12 一念卽是無量劫　일념즉시　무량겁이네
13 九世十世互相卽　구세십세　호상즉이니
14 仍不雜亂隔別成　잉불잡난　격별성이네
15 初發心時便正覺　초발심시　변정각이니
16 生死涅槃常共和　생사열반　상공화이네

17 理事冥然無分別　이사명연　무분별이니
18 十佛普賢大人境　십불보현　대인경이네
19 能仁海印三昧中　능인해인　삼매중에는
20 繁出如意不思議　번출여의　부사의라네
21 雨寶益生滿虛空　우보익생　만허공이니
22 衆生隨器得利益　중생수기　득이익이네
23 是故行者還本際　시고행자　환본제시에
24 叵息妄想必不得　파식망상　필부득이네
25 無緣善巧捉如意　무연선교　착여의이니
26 歸家隨分得資糧　귀가수분　득자량이네
27 以陀羅尼無盡寶　이다라니　무진보이니
28 莊嚴法界實寶殿　장엄법계　실보전이네
29 窮坐實際中道床　궁좌실제　중도상이면
30 舊來不動名爲佛　구래부동　명위불이네

法性偈(법성게)

01 **法性圓融無二相**
   법의성품 원융하여 두모습이 없음이니

02 **諸法不動本來寂**
   모든법이 부동이요 본래성품 적멸이네

03 **無名無相絕一切**
   이름없고 모습없어 일체상이 끊어지니

04 **證智所知非餘境**
   증지로만 능히알뿐 사량으론 알수없네

05 **眞性甚深極微妙**
   참된성품 깊고깊어 불가사의 미묘하여

06 **不守自性隨緣成**
   자성청정 무자성은 인연따라 수순하네

07 **一中一切多中一**
   하나속에 일체이며 모든것이 하나이니

08 一卽一切多卽一
하나가곧 일체이며 모두가곧 하나이네

09 一微塵中含十方
한티끌인 그자체가 시방세계 머금었고

10 一切塵中亦如是
일체티끌 그자체가 이와역시 같음이네

11 無量遠劫卽一念
한량없는 무량겁이 한생각의 그자체며

12 一念卽是無量劫
한생각인 그자체가 무량겁의 그자체네

13 九世十世互相卽
구세십세 그모습이 그자체로 하나이나

14 仍不雜亂隔別成
섞이거나 혼란없이 서로달리 이뤄지네

15 初發心時便正覺

초발심을 했을때에 바로정각 이룸이며

16 生死涅槃常共和

생과사와 열반또한 그자체가 하나이네

17 理事冥然無分別

이와사가 그러함에 분별또한 없음이여

18 十佛普賢大人境

시방제불 무량현성 대인경지 경계라네

19 能仁海印三昧中

능인자재 해인삼매 그가운데 묘용이라

20 繁出如意不思議

여의법이 쏟아지는 부사의함 그자체네

21 雨寶益生滿虛空

법의비는 중생위해 허공중에 가득하고

22 衆生隨器得利益

중생들은 근기따라 이로움을 얻는다네

23 是故行者還本際

이런고로 수행자여 본래본성 돌아갈때

24 叵息妄想必不得

망상심을 쉬잖으면 필히얻지 못하리라

25 **無緣善巧捉如意**
연을벗은 선교따라 여의법을 이루오면

26 **歸家隨分得資糧**
고향가는 분수따라 재물양식 얻으리라

27 **以陀羅尼無盡寶**
이와같은 다라니의 다함없는 보배로써

28 **莊嚴法界實寶殿**
법의세계 장엄하여 참된보배 전당이네

29 **窮坐實際中道床**
법의실제 깨달아서 중도좌에 앉으면은

30 **舊來不動名爲佛**
본래부터 부동이라 이름하여 불이라네

法性偈(법성게)

01 **法性圓融無二相**(법성원융무이상)
법성원융 무이상이니
법의성품 원융하여 두모습이 없음이니

02 **諸法不動本來寂**(제법부동본래적)
제법부동 본래적이네
모든법이 부동이요 본래성품 적멸이네

03 **無名無相絶一切**(무명무상절일체)
무명무상 절일체이니
이름없고 모습없어 일체상이 끊어지니

04 **證智所知非餘境**(증지소지비여경)
증지소지 비여경이네
증지로만 능히알뿐 사량으론 알수없네

05 **眞性甚深極微妙**(진성심심극미묘)
진성심심 극미묘이니
참된성품 깊고깊어 불가사의 미묘하여

06 不守自性隨緣成(불수자성수연성)

불수자성 수연성이네

자성청정 무자성은 인연따라 수순하네

07 一中一切多中一(일중일체다중일)

일중일체 다중일이니

하나속에 일체이며 모든것이 하나이니

08 一卽一切多卽一(일즉일체다즉일)

일즉일체 다즉일이네

하나가곧 일체이며 모두가곧 하나이네

09 一微塵中含十方(일미진중함시방)

일미진중 함시방이니

한티끌인 그자체가 시방세계 머금었고

10 一切塵中亦如是(일체진중역여시)

일체진중 역여시이네

일체티끌 그자체가 이와역시 같음이네

11 **無量遠劫卽一念**(무량원겁즉일념)

무량원겁 즉일념이니

한량없는 무량겁이 한생각의 그자체며

12 **一念卽是無量劫**(일념즉시무량겁)

일념즉시 무량겁이네

한생각인 그자체가 무량겁의 그자체네

13 **九世十世互相卽**(구세십세호상즉)

구세십세 호상즉이니

구세십세 그모습이 그자체로 하나이나

14 **仍不雜亂隔別成**(잉불잡란격별성)

잉불잡난 격별성이네

섞이거나 혼란없이 서로달리 이뤄지네

15 **初發心時便正覺**(초발심시변정각)

초발심시 변정각이니

초발심을 했을때에 바로정각 이룸이며

16 **生死涅槃常共和**(생사열반상공화)

생사열반 상공화이네

생과사와 열반또한 그자체가 하나이네

17 **理事冥然無分別**(이사명연무분별)

이사명연 무분별이니

이와사가 그러함에 분별또한 없음이여

18 **十佛普賢大人境**(십불보현대인경)

십불보현 대인경이네

시방제불 무량현성 대인경지 경계라네

19 **能仁海印三昧中**(능인해인삼매중)

능인해인 삼매중에는

능인자재 해인삼매 그가운데 묘용이라

20 **繁出如意不思議**(번출여의부사의)

번출여의 부사의라네

여의법이 쏟아지는 부사의함 그자체네

21 **雨寶益生滿虛空**(우보익생만허공)

우보익생 만허공이니

법의비는 중생위해 허공중에 가득하고

22 **衆生隨器得利益**(중생수기득이익)

중생수기 득이익이네

중생들은 근기따라 이로움을 얻는다네

23 **是故行者還本際**(시고행자환본제)

시고행자 환본제시에

이런고로 수행자여 본래본성 돌아갈때

24 **叵息妄想必不得**(파식망상필부득)

파식망상 필부득이네

망상심을 쉬잖으면 필히얻지 못하리라

25 **無緣善巧捉如意**(무연선교착여의)

　　무연선교 착여의이니

　　연을벗은 선교따라 여의법을 이루오면

26 **歸家隨分得資糧**(귀가수분득자량)

　　귀가수분 득자량이네

　　고향가는 분수따라 재물양식 얻으리라

27 **以陀羅尼無盡寶**(이다라니무진보)

　　이다라니 무진보이니

　　이와같은 다라니의 다함없는 보배로써

28 **莊嚴法界實寶殿**(장엄법계실보전)

　　장엄법계 실보전이네

　　법의세계 장엄하여 참된보배 전당이네

29 **窮坐實際中道床**(궁좌실제중도상)

　　궁좌실제 중도상이면

　　법의실제 깨달아서 중도좌에 앉으면은

30 **舊來不動名爲佛**(구래부동명위불)

　　구래부동 명위불이네

　　본래부터 부동이라 이름하여 불이라네

법성요해(法性了解)를 열며

깨달음이란, 법성法性의 실상實相을 요달了達하는 것이다. 그러므로 상심相心과 자아의식自我意識, 사상심四相心을 여의어 본심本心 원융각성圓融覺性의 심행心行에 든다.

법성法性이 원융일성圓融一性 법계法界이니, 상심相心으로는 법성法性을 알 수가 없다. 법성法性은 일체상一切相 만물萬物과 일체식一切識 만심萬心의 실상實相인 본성本性의 세계다. 법성法性을 깨달음으로 사상심四相心을 여의어, 일체상一切相과 일체식一切識을 벗어나게 된다. 이는 법성法性을 깨달음으로 상심相心의 미혹과 무명無明을 벗어, 심心의 본성本性인 원융일성圓融一性 법계法界에 든다.

법성法性이란, 일체 존재의 성품性을 법성法性이라고 한다. 법法은 심心과 물物의 일체 존재, 일체상一切相을 일컬음이다. 법성法性을 깨달음이 법法을 깨달음이며, 법法을 깨달음이 일체상一切相의 실체實體와 실상實相과 본성本性을 깨달음이다. 법성法性을 깨닫지 못하면, 법法의 실체實體와 실상實相과 본성本性을 알 수가 없다. 법성法性을 모르면 상相을 집착하게 되며, 상相의 유견有見인 상심相心을 가짐으로, 유무有無의 생멸심生滅心인 사상심四相心으로 자타自他와 내외內外의 일체 차별심을 가지게 된다. 이것이 법法의 실체實體와 실상實相과 본성本性을 모르는 미혹으로 비롯된 무명심無明心이다. 법성法性을 깨달음으로 법法의 실체實體와 실상實相과 본성本性을 깨달아, 상相의 유견有見인 상심相心을 여의어, 자타自他와 내외內外의 일체 차별의 미혹인 상相에 머묾의 무명심無明心을 벗어나게 된다. 이것이 일체 상심相心을 벗어난 법성法性인 원융일성圓融一性에 듦이다. 법성法性을 모르면 상相의 실체實體와 실상實相과 본성本性을 모르므로 상相을 집착하는 업심業心으로 중생이 되고, 상相의 실체實體와 실상實相과 본성本性을 깨달아 법성法性의 원융일성圓融一性에 듦으로, 상相을 집착하는 사상심四相心인 중생의 업심業心을 벗어나게 된다. 법성法性을 깨닫기 위해서는 상相의 실상實相을 깨달아야 한다. 상相의 실상實相은 상相 없는 무자성無自性 세계이므로, 상심相心의 분별과 사량과 헤아림으로는 알 수가 없다. 반드시, 상相의 실상實相을 깨달음으로 법성法性을 깨닫게 된다. 법성法性은 곧, 상相의 성품, 상相의 진성眞

性인 실상實相이기 때문이다. 상심相心으로는 상相만을 분별하고 헤아릴 수 있을 뿐, 상相 없는 무아무상無我無相의 원융일성圓融一性인 법성法性을 알 수가 없다. 왜냐면 법성法性은 심心, 식識, 물物의 일체상一切相을 벗어난, 일체불이一切不二의 성품인 실상實相이며, 실체實體이기 때문이다. 법성法性을 깨닫기 위해서는 상相의 실상實相의 성품, 실체實體를 깨달아야 한다. 상相의 실체實體를 깨달음으로 상相의 유견有見을 벗어나게 된다. 상相의 실체實體 성품인 실상實相은 상相이 아니기 때문이다. 상相을 벗어남이 깨달음이며, 깨달음은 물物과 심心의 상相이 상相이 아님과 상相이 없음을 깨달음이다. 이는 상相의 성품 실상實相인 실체實體를 깨달음이다. 상相의 실체實體 성품이 법성法性이다. 법성法性을 몰라 법성法性에 미혹함이 상相에 머무름인 무명無明이며, 무명無明에 의한 유견有見의 분별심分別心인 상심相心이 사상심四相心이다.

불법佛法의 지혜智慧는 법성法性의 지혜智慧며, 법성法性의 지혜智慧는 무아무상無我無相의 지혜智慧다. 법성法性의 지혜智慧가 곧, 반야般若다. 반야般若에 듦이 깨달음이며, 깨달음이 무아무상無我無相인 법성法性의 지혜智慧를 발發함이다. 이 깨달음이 발아뇩다라삼먁삼보리發阿耨多羅三藐三菩提다. 발아뇩다라삼먁삼보리는 무상정등정각無上正等正覺을 발發함이다. 이는 법성法性을 통철通徹한 원융구경圓融究竟이며, 본심本心, 본성本性, 본각本覺의 원융일성圓融一性을 요달了達한 각원융일성법계覺圓融一性法界다.

법성法性의 체성體性과 섭리攝理와 현상現象을 드러낸 불지혜佛智慧가 바로 삼법인三法印인 제행무상인諸行無常印, 제법무아인諸法無我印, 열반적정인涅槃寂靜印이다. 법성法性을 깨달음이 법성원융일각法性圓融一覺인 법인지法印智에 들게 된다. 법인지法印智는 파괴됨이 없는 법法의 결정성結定性에 듦이다. 이 지혜智慧에 듦이 법성청정부동결정성法性清淨不動結定性에 듦이다. 이 법계法界는 진여진성일각법계眞如眞性一覺法界다. 이는 법성불생불멸계法性不生不滅界며, 심청정본심일각법계心清淨本心一覺法界다. 이는 본심本心을 요달了達하거나, 본성本性을 요달了達하거나, 본각本覺을 요달하거나, 법성法性을 요달了達하거나, 제상비상諸相非相을 요달了達하거나, 자타불이自他不二를 요달了達하거나, 일체법一切法 일체상一切相의 무자성無自性인 무아무상無我無相을 요달了達하거나, 법성원융法性圓融의 무유정법無有定法을 요달了達하거나, 본심원융本心圓融의 일심一心을 요달了達하거나, 본성원융本性圓融의 일성一性을 요달了達하거나, 원융각성圓融覺性의 일각一覺을 요달了達하거나 깨닫게 됨으로 증각證覺하는, 법계실상法界實相 심일각요의법계心一覺了義法界다. 이 법계法界는 진여일성법계眞如一性法界다. 이것이 불법지혜佛法智慧며, 이것을 깨달아 요달了達하여 일체상심一切相心을 여의며, 중생의 무명심無明心과 미혹을 벗게 함이 부처님의 가르침이다. 무명無明이란 자기의 본심本心인 본연本然의 성품, 밝은 본성本性을 깨닫지 못해, 심심이 상심유견相心有見으로 미혹하여, 본성本性인 법성法性의 무자성無自性을 모르므로 상相에 집착하는 중생심衆生心이다. 자기 성품이며, 만법萬法의 성품인 법성法性을 깨닫지 못하면, 상相에 머묾인 중생의 무명無明과 미혹을 벗어날 수가 없다. 그 까닭은, 중생의 일체심一切心이 자기의 본성과 만법萬法의 성품, 법성法性의 실상實相 무자성無自性을 모르는 미혹에 의한 상심유견相心有見이 곧, 사상심四相心이며, 이 의식의 작용인 상相에 머묾의 일체一切 사상심四相心이 곧, 법성法性의 무자성無自性을 모르는 무명심無明心이기 때문이다.

법성法性이 무자성無自性인 무아무상無我無相의 원융圓融을 깨닫지 못하면, 법성法性의 실각지實覺智가 없어, 법성法性 작용의 현상에 머물러, 상심유견相心有見에 의한 상相의 유무有無와 생멸상生滅相에 머묾의 아상我相을 일으키므로 의식意識의 자아自我가 형성되며, 자아상심自我相心은 자타自他 내외內外의 일체상一切相을 분별하여 집착하게 되므로, 사상심四相心인 상심유견相心有見에 의한 의식意識의 삶을 살게 된다.

자타自他 내외內外의 일체상一切相이 법성원융法性圓融의 무자성無自性인 청정상淸淨相이니, 각성일심覺性一心에서 보면, 이 자체가 법성法性의 작용에 의한 실체實體 없는 무자성상無自性相이다. 상상相의 본성本性을 깨닫지 못하면 상相이 실체實體인 것으로 인식하게 되므로, 상相에 머묾의 상심相心을 가지게 된다. 상相에 머묾으로, 머묾의 의식상념意識想念 자아의식自我意識을 형성하게 되며, 자아自我의 분별의식으로 대상對相을 분별하여, 자타관념自他觀念과 차별의식이 생성되어, 차별상의 분별심리는 일체상一切相을 취사取捨하며 집착하게 되므로, 상相에 머묾인 상심상견相心相見의 유무有無와 생멸심의 사상심四相心에 묶이며, 생멸심生滅心인 유무有無의 의식意識 속에 상相을 탐착하고 집착하는 중생衆生의 업식계業識界가 벌어진다.

일체법一切法 일체상一切相의 성품, 법성法性을 깨달으려면, 상相의 실체實體인 실상實相을 깨달아야 한다. 상相의 성품 실상實相은 상相이 아니니, 상심相心으로는 깨달을 수가 없다. 법성法性을 깨달으면 상심相心을 여읨으로, 법法의 성품 실상實相에 들게 된다. 실상實相을 깨달으면 본심本心, 본성本性, 본각本覺, 무위無爲, 불지혜佛智慧, 아뇩다라삼먁삼보리阿耨多羅三藐三菩提, 반야般若, 불성佛性, 열반涅槃, 해탈解脫, 바라밀波羅蜜, 삼매三昧, 구경究竟, 무상

無上, 무아無我, 무상無相, 진여眞如, 법성法性, 청정淸淨, 원융圓融, 자재自在, 무염無染, 대각大覺, 일심一心, 일성一性, 일각一覺, 진성眞性, 무자성無自性, 불생불멸不生不滅, 무유정법無有定法 등, 일체불법一切佛法을 한목 요달了達하게 된다. 상심相心, 차별심差別心에서는 일체一切가 차별이 있지만, 깨닫고 보면 일체一切가 차별 없는 진여일성眞如一性이다.

불법佛法의 실체實體가 법성法性이며, 법성法性을 깨달음이 불법佛法의 실상實相을 깨달음이다. 법성法性 원융圓融의 지혜가 불지혜佛智慧며, 불지혜佛智慧로 밝힌 법성法性의 성품과 섭리攝理가 삼법인三法印인 제행무상인諸行無常印, 제법무아인諸法無我印, 열반적정인涅槃寂靜印이다. 법성法性을 요달了達함이 법성法性의 원융일성圓融一性인 삼법인三法印을 요달了達함이다. 이는 곧, 본심本心과 본성本性과 본각本覺을 요달了達함이다. 법성法性과 본심本心과 본성本性과 본각本覺의 관계는 법法과 심心의 관점에서 본 것일 뿐, 깨달음에 들면 법法과 심心이 둘이 아니다. 법성法性의 원융일성圓融一性이 본심本心의 성품이며, 본심本心의 원융일심圓融一心이 법성法性의 원융일성圓融一性이다. 법성法性을 깨닫기 전에는 상相의 분별심 사상심四相心으로 자타自他를 분별하고, 물物과 심心이 다른 의식의 분별 속에 있으나, 법성法性을 깨달으면 법法과 심心이 다름 없는 원융일각圓融一覺에 들게 된다. 본심本心과 본성本性과 본각本覺의 성품이 법성法性이며, 본심本心은 법성法性의 부사의不思議 능행심能行心이다. 본성本性은 심心과 법성法性의 체성體性이다. 본각本覺은 본성本性의 각명覺明, 심心의 각성覺性이다. 본성本性의 작용으로 만법만심萬法萬心을 드러냄이 법성法性이며, 만법만심萬法萬心을 자각自覺함이 본각本覺이며, 만법만심萬法萬心을 원융무애圓融無礙 부사의능행不思議能行으로 수용섭수受用攝受함이 본심本心의 부사의사不思議事다. 의지와 뜻과 정신작용에 따라 심心의 자재自在한 부사의 원융묘용圓融妙用이 본심本心의 작용이다. 이 일체一切는 본성本性에 의한 작용이며, 본성本性은 곧, 심心의 체성體性이다. 심心과 본성本性이 둘이 아니다. 심心을 작용하게 하는 성품이 본성本性이며, 심心이 항상 밝게 깨어있는 것이 본각本覺이다. 본성本性이 없으면 심心의 체성體性이 없어, 심心의 부사의 작용이 있을 수가 없으며, 심心의 체성體性인 본성本性이 있어도, 심心이 항상 밝게 깨어있는 본각本覺이 없으면 심心의 작용이 일어날 수가 없다. 심心의 작용은 본각本覺이 있기 때문이다. 본각本覺은 항상 밝게 깨어있는 본심本心의 신령스런 밝음이다. 심心의 작용은 본성本性을 체성體性으로한 본각本覺에 의지한 마음작용이다. 이 일체一切가 본성本性인 법성法性의 세계다. 법성法性은 본성법계本性法界며, 곧, 일심법계一心法界다. 법성법계法性法界가 일심一心의 성품이며, 일심법계一心法界의 성품이 곧, 본성법계本性法界다. 이 원융성圓融性은 실상법계實相法界로 불이不二의 원융일성圓融一性이다. 이 원융일성圓融一性에는 분별하고 나눌 법法이 없으며, 부사의 원융일성圓融一性의 작용으로 부사의 만법萬法을 드러내고, 부사의 원융작용으로 만법萬法의 차별상이 드러나며, 그 차별상의 인연상因緣相을 따라 분별하여 이름한다. 만법萬法의 실체實體 실상實相은 불이성不二性이라, 부사의 인연의 작용을 따라 달리 이름할 뿐이다. 일체불이一切不二의 실상實相인 본성本性에 들면 본심本心, 본성本性, 본각本覺, 법성法性은 차별 없는 원융일성圓融一性이다. 원융일성圓融一性이 일체불이一切不二 부사의원융심不思議圓融心이라 일심一心이라 하기도 하며, 일체불이一切不二 부사의원융성不思議圓融性이라 일성一性이라 하기도 하며, 일체불이一切不二 부사의원융각不思議圓融覺이라 일각一覺이라 하기도 한다. 일심一心은 일체一切가 원융심圓融心이기 때문이며, 일성一性은 일체一切가 원융성圓融性이기 때문이며, 일각一覺은 일체一切가 원융각圓融覺이기 때문이다. 일체一切가 원융심圓融心이므로 만법만상萬法萬相을 수용섭수受用攝受하고, 일체一切가 원융성圓融性이므로 원융무애청정圓融無礙清淨하며, 일체一切가 원융각圓融覺이므로 원융일통일명圓融一通一明이다. 그러므로 일심一心과 일성一性과 일각一覺이 하나로 귀결歸結되어 총화總化를 이루어, 법성法性 섭리의 현상이 시방법계十方法界 두루하여, 일성一性의 무한공덕 가치가 일각一覺 원융圓融 속에 일심一心을 통해 법계총화法界總華를 이루어 한목 드러난다. 시방법계에 장엄한 법성섭리에 의한 법성세계法性世界는 일성一性과 일각一覺과 일심一心이 총화總化를 이루어 피어난 법성화엄장엄법계法性華嚴莊嚴法界다.

　원융일성圓融一性 시방법계장엄十方法界莊嚴이 곧, 일심一心임을 모르므로, 법성원융法性圓融인 시방법계장엄十方法界莊嚴 무자성無自性 부사의사不思議事에 유견有見의 상심相心을 가지며, 신령스러운 청정본성淸淨本性 부사의심不思議心의 작용을 따라 상相에 머묾의 식심識心이 생기生起하여, 상심相心인 의식意識이 청정본성淸淨本性 밝은 성품 속에 자리하게 된다. 청정본성淸淨本性에 자리한 상심의식相心意識 분별심分別心인 자아의식自我意識이 생성되어 자타를 분별하고, 내외를 의식하므로, 분별의식分別意識인 사상심四相心이 굳어져, 원융圓融한 밝은 청정본성淸淨本性 본심본각本心本覺은, 분별상심分別相心인 상심의식相心意識에 가리어 잠기게 된다. 상相에 머묾의 분별상심分別相心인 의식意識의 작용으로 청정본성淸淨本性 본심본각本心本覺이 잠김으로, 상심의식相心意識에 뿌리를 둔 자아의식自我意識은 상相의 유견有見의 분별심인 사상심四相心으로, 상相에 대한 분별과 집착심은 상相에 대한 의식意

識의 고정관념이 더욱 굳어져, 분별의식인 나我라는 의식意識의 업식業識 관념 속에 갇힘으로, 자아상自我相이 더욱 굳어 견고하게 된다. 그러므로 자신의 본연本然 성품인 원융한 청정본성清淨本性 본심본각本心本覺을 잃은 상相의 상념想念, 중생심衆生心 자아의식自我意識을 자기로 인식한 업식業識의 삶을 살게 된다. 사상심四相心 분별 업식業識에 뿌리를 내린 상심의식相心意識 자아심自我心은, 자타 분별 업심業心의 주체主體가 되어 인과상因果相에 머묾의 상相의 인과업력因果業力을 따라 흐르게 된다.

일체상一切相의 근본根本은 상심의식相心意識의 분별심, 사상심四相心의 주체인 자아의식自我意識 관념의 나我이니, 상심의식相心意識 사상심四相心 관념의 나를 여의면, 본심本心과 본성本性과 본각本覺과 일체불법一切佛法의 실상實相을 바로 깨닫게 된다. 나, 자아의식自我意識은 나의 실체가 아니라, 심心의 부사의 작용인 상相의 분별에 의해 생성된 상심의식相心意識, 상相의 관념의식觀念意識인 상념想念의 상相이다. 깨달음이란 나 없음을 깨달음이며, 깨달음으로 나는 나 아니라 곧, 분별의식分別意識에 의한 상심相心의 관념의식觀念意識 상념想念의 허상虛相임을 깨닫게 된다. 깨달음과 동시에 실체 없는 나, 자아의식自我意識과 관념의식觀念意識 상념상想念相인 사상심四相心은 흔적 없이 사라진다. 분별에 의한 상념想念으로 실체 없는 환영

幻影인 나, 자아의식自我意識과 사상심四相心이 흔적 없이 사라짐으로, 나의 본래 본연本然의 성품인 청정본성淸淨本性 아뇩다라삼먁삼보리, 무상정등정각無上正等正覺 원융일성圓融一性인 일심一心, 일성一性, 일각一覺 요의일성了義一性에 들게 된다.

나 있음이, 청정본성淸淨本性을 모르는 상相의 상념想念 관념의식觀念意識이며, 상相의 분별에 의한 환영幻影 자아의식自我意識 작용인 상심相心이다. 나, 자아의식自我意識이 있으면, 머묾 없고 실체 없는 무자성無自性 법성法性 작용에 의한 머묾 없는 상相을 유견有見으로 정定해 봄으로, 상相 없는 원융법성圓融法性을 깨달을 수가 없다. 깨달음은 다름 아닌 나 없음을 깨달음이며, 일체상一切相이 실체實體 없는 원융법성圓融法性을 깨달음이다. 나 없음을 깨달으면, 자기의 실체, 청정본성淸淨本性 원융본심圓融本心을 가리는 상심相心인 분별에 의한 일체상一切相과 일체심一切心 관념觀念의 사상四相과 사상심四相心이 흔적 없이 사라진다. 내가 있음으로 내가 깨달음을 얻음이 아니라, 본래 나 없음과 분별에 의한 관념의식觀念意識인 자아의식自我意識 환영幻影인 나의 존재가 사라짐으로 청정본성淸淨本性 본연본심本然本心을 깨닫게 된다. 깨달음이란, 나我와 상相이 없음이며, 나我와 상相이 없음을 깨우침이 깨달음이다. 곧, 법성法性을 깨달음이며, 본연심本然心을 깨달음이다. 법성法性의 실상實相인 일체불법一切佛法의 불지혜佛智慧는 나 없음의 지혜智慧다. 나 없음이 곧, 깨달음의 지혜며, 일체불법一切佛法의 지혜智慧다. 이 지혜智慧가 곧, 무아無我의 실상지혜實相智慧인 반야般若다. 이 깨달음 각성覺性이 무상보리無上菩提인 아뇩다라삼먁삼보리다. 보리菩提의 실체實體가 무상각無相覺이다. 이 법계法界가 원융실상법계圓融實相法界다. 이 실상實相 원융일성법계圓融一性法界가 이사원융理事圓融 사사무애事事無礙의 법성원융法性圓融 실상법계實相法界다. 이사원융理事圓融 사사무애事事無礙의 원융실상법계圓融實相法界는 이理도 없고, 사事도 없는 일심원융일성一心圓融一性의 부사의사不思議事로, 화엄일성원융시방법계華嚴一性圓融十方法界인 원융일성법계圓融一性法界가 구족장엄具足莊嚴을 이룬다. 화엄일성華嚴一性 원융지혜圓融智慧로 실상부사의사實相不思議事 시방장엄법계十方莊嚴法界를 드러내고, 시방장엄十方莊嚴 공화空華가 원융일성圓融一性 일심一心의 원융조화圓融造化임을 밝게 드러냄이, 화엄華嚴의 요지了智인 의상대사義湘大師의 법성게法性偈다. 법성게法性偈는 원융일심圓融一心인 이사무애理事無礙와 사사원융事事圓融의 법성원융法性圓融 부사의장엄不思議莊嚴인 일심법계一心法界 원융실상게송圓融實相偈頌이다.

법성요해法性了解로 법성게法性偈 부사의 화엄장엄華嚴莊嚴의 실상實相, 법성원융일성법계法性圓融一性法界인 일심원융실상一心圓融實相을 밝게 드러내어 밝힌다.

심心의 삼대성三大性에는 일심一心, 일성一性, 일각一覺의 원융요의圓融了義 실상實相을 드러내어 밝힌다.

각원중론角圓中論에는 부사의 진여진성眞如眞性 조화造化의 작용과 삶의 의식意識 차별세계인 관념觀念과 의식개념意識槪念의 실상實相을 드러내어 밝힌다.

법계산法界山의 향기에는 위 없는 깨달음, 무상지혜無上智慧를 성취하고자 뜻을 가진 누구이든, 모든 깨달음을 향한 천차만별千差萬別 수행의 혼돈과 방황을 쉽게 하며, 무량의 수행과 깨달음을 하나로 일관一貫하여 통通하는 일성원융一性圓融 원통수행圓通修行인 본각선本覺禪의 수행을, 법계산法界山의 향기를 통해 누구나 수행이 용이한, 수행초점修行焦點이 명확한 수행의정修行疑情으로 깨달음을 향한 본각선本覺禪의 수행길을 접하게 된다.

법성요해法性了解를 통해 인연 닿는 모든 분들이 법성法性의 지혜智慧가 밝아져, 원융일심일성圓融一心一性에 들기를 간절히 염원念願하며, 원융일심圓融一心에 시방법계

十方法界가 무한축복 생명계가 되며, 시방법계十方法界 시방인十方人이 무량공덕無量功德 생명성품 원융일성일화圓融一性一華의 무한축복 감흥感興 화엄공덕장엄華嚴功德莊嚴이 수승한 일심일성一心一性의 삶이 되시기를 지극한 마음으로 간절히 염원하며 발원합니다.

佛國淨土 寶門에서 世雄

법성게(法性偈) 해설

01 法性圓融無二相(법성원융무이상)
법성원융 무이상이니
법의성품 원용하여 두모습이 없음이니

법성法性이 원융圓融하여 무이상無二相이다.

법성이 원융하여 유有와 무無, 생生과 멸滅, 진眞과 가假, 실實과 허虛 두 모습이 없다.

법성法性은 심心과 물物, 일체 존재의 성품을 일컬음이다. 원융圓融은 법성法性이 무자성無自性이므로 무엇에도 걸림이 없어 자재自在함을 일컬으며, 머묾이나 무엇에 이 끌림이 없음을 일컬음이다. 무이상無二相은 두 모습이 없음이다. 두 모습이 있음은, 이는 차별상差別相이며, 차별심差別心이며, 차별세계差別世界다. 이는 곧, 자自와 타他, 심心과 물物, 생生과 멸滅, 유有와 무無, 대大와 소小, 장長과 단短, 상上과 하下, 좌左와 우右, 하늘과 땅, 청황적백

靑黃赤白, 가고 옴 등의 일체一切의 차별상이 없음을 일컬음이다.

　법성法性이란 법法의 성품性이다. 법法이란, 일체만유一切萬有의 물질과 의식세계의 유형무형 일체 존재를 일러 법法이라고 한다. 법法은 곧, 존재며, 유형이든 무형이든, 감각으로 인식하든 인식하지 못하든, 존재하고 작용하며 생멸生滅하는 유위有爲를 일컬음이다. 법法은 물질의 현상만이 아니며, 작용하는 의식意識의 일체도 곧, 법法이다. 법法은 유형무형有形無形 심心과 물物의 일체 존재를 일컫는다. 물질과 의식은 법法의 차별성일 뿐, 법法의 성품은 다르지 않다. 단지, 법法의 속성에 물질의 법法과 의식의 법法이 있을 뿐이다. 물질이든 의식이든, 법法의 분별과 차별일 뿐, 그 근원 본성本性인 법성法性은 차별이 없다.

　법성法性은 법法의 성품이니, 법法을 존재하게 하고, 드러내는 성품으로, 법法의 실체며, 본성이며, 근본이다. 법法의 성품을 일러 법성法性이라고 한다. 법성원융法性圓融이란, 법성法性이 무자성無自性이므로, 일체에 장애가 없어 걸림이나 막힘이 없다는 뜻이다. 법성法性이 원융함은, 법성法性의 실체는 상相이 없고, 무자성無自性이므로 아성我性이 없어, 일체에 걸림이나 장애가 없다. 무자성無自性이란, 형태나, 모습이나, 머무름의 상相이 없는 성품이다.

이는 실체實體가 없어, 주주住함이나 정정定함이 없고, 아성我性이 없는 무유정성無有定性임을 뜻한다. 그러므로 법성法性은 상相의 유무有無나, 고정되어 머묾이나, 생멸生滅의 두 모습이 없는 성품이다. 유무有無와 생멸生滅은 상相의 유위有爲 현상이다. 법성法性은 무자성無自性이므로 유무有無와 생멸生滅이 없는 성품으로써, 그 성품이 원융圓融하여 유무有無와 생멸生滅의 두 모습이 없다. 유무有無와 생멸이 없는 성품인 법성法性은 원융하여 상相의 유무有無와 생멸生滅이 없으므로, 상相의 유무有無와 생멸生滅이 있다는 것이 법法의 실체實體 실상實相을 모르는, 상相에 머묾의 미혹이며, 무명無明이다. 무명無明과 미혹은 상相의 성품인 법성法性을 유有와 무無, 생生과 멸滅의 것으로 정정定해 보는 상심相心으로, 무자성無自性 실상實相인 법성法性에 미혹함을 일컬음이다. 이 미혹과 무명無明이 곧, 상相에 머묾인 중생심 사상심四相心이다.

법성게法性偈는 법성法性의 실상實相, 무자성無自性의 성품 원융세계를 밝힌 각성지혜覺性智慧를 드러낸 법성法性의 실상세계다. 법성게法性偈의 지혜는 각성覺性의 밝음, 법성원융法性圓融 청정무자성淸淨無自性 실상각實相覺으로, 법성궁극法性窮極과 법성원융法性圓融의 무위자성無爲自性 세계를 밝힌, 원융법성圓融法性의 세계다. 이는 이사무애理事無礙며 사사무애事事無礙의 세계이니, 법

法의 원융성圓融性으로 이사理事가 없고 사사事事가 없는, 원융일성圓融一性 원융법성圓融法性의 세계다. 이는 이사理事가 원융일성圓融一性의 원융법성圓融法性이며, 사사事事가 원융일성圓融一性의 원융법성圓融法性 무애자재無礙自在한 법성法性의 성품, 법성실상法性實相의 세계다.

원융법성圓融法性의 지혜에 들려면 사상심四相心을 여의어, 유무상有無相과 생멸심生滅心이 끊어져, 상相 없는 본심本心, 본성本性, 본각本覺의 원융일성圓融一性 원융법성圓融法性을 체달體達해야 한다. 법성法性의 무자성無自性 각성원융覺性圓融에 들지 못하면 원융법성圓融法性을 알 수가 없다. 왜냐면 유무상有無相과 생멸심生滅心을 벗음으로 원융법성심圓融法性心에 들기 때문이다. 원융법성심圓融法性心이 곧, 각성원융覺性圓融인 본심本心, 본성本性, 본각本覺의 원융일성圓融一性의 세계다. 이는 사상심四相心 일체상一切相과 일체심一切心을 여읨으로 드러나는 원융일성圓融一性이며, 원융일심圓融一心의 세계다. 본심本心과 본성本性은 차별이 없다. 단지, 작용作用과 체성體性을 구분한 것뿐이다. 본심本心의 성품이 본성本性이며, 본성本性의 작용이 본심本心이기 때문이다. 각성원융覺性圓融에 이르지 못해, 유무有無와 생멸生滅을 의지해 일으키는 의식작용意識作用인 사상심四相心이 있으면, 본심本心과 본성本性이 둘이 아님을 알 수가 없다. 본심本心과 본성本性이 둘이 아닌 원융일성圓融一性에 들면, 일체一切가 원융심圓融心이며, 일체가 원융성圓融性이라, 심心이 곧, 성性이며, 성性이 곧, 심心임을 깨닫게 된다. 심心과 성性이 둘이 아닌 원융일성圓融一性을 깨닫지 못하면, 그 마음은 상相 없는 원융본심圓融本心이 아닌 상심相心인 분별의식分別意識의 주체主體, 상相의 상념想念 자아의식自我意識에 의한 사상심四相心이다. 사상심四相心을 벗어나 각성원융覺性圓融에 들면, 본심本心, 본성本性, 본각本覺이 원융일성圓融一性인 일체불이一切不二 원융법성圓融法性을 깨닫게 된다. 원융법성심圓融法性心이 아뇩다라삼먁삼보리심阿耨多羅三藐三菩提心이며, 본심本心, 본성本性, 본각本覺의 성품이다. 본심本心, 본성本性, 본각本覺은 법성원융法性圓融 무위일심無爲一心 일각一覺의 세계다. 이는 법성불이원융심法性不二圓融心이며, 법성실상法性實相 원융심圓融心이며, 원융각圓融覺의 세계다. 이는 제법실상諸法實相이며, 제법본성諸法本性의 세계다. 이는 곧, 심心의 본체本體며, 성性의 본체本體이니, 심心과 제법諸法의 근원이다.

이를 이름함이 구래부동명위불舊來不動名爲佛이며, 이 자리가 궁좌실제중도상窮坐實際中道床이며, 이 장엄계가 장엄법계실보전莊嚴法界實寶殿이며, 이 부사의 공덕이 이다라니무진보以陀羅尼無盡寶며, 이곳에 드는 것이 귀가수분득자량歸家隨分得資糧이며, 이곳에 가는 법이 무연선교착여의無緣善巧捉如意며, 이곳에 들려면 파식망상필부득叵息妄想必不得이며, 이곳에 이르는 것이 시고행자환본제是故行者還本際며, 이 부사의 함이 중생수기득이익衆生隨器得利益이며, 이 부사의가 우보익생만허공雨寶益生滿虛空이며, 이 사의할 수 없음이 번출여의부사의繁出如意不思議며, 이 세계가 능인해인삼매중能仁海印三昧中이며, 이 경계가 십불보현대인경十佛普賢大人境이며, 이 세계는 이사명연무분별理事冥然無分別이며, 이곳이 생사열반상공화生死涅槃常共和며, 이에 듦이 초발심시변정각初發心時便正覺이며, 이 세계는 잉불잡란격별성仍不雜亂隔別成이며, 이 부사의함이 구세십세호상즉九世十世互相卽이다. 깨닫고 보면 일념즉시무량겁一念卽是無量劫이고, 무량원겁즉일념無量遠劫卽一念이며, 일체진중역여시一切塵中亦如是니, 일미진중함시방一微塵中含十方이다. 이 세계는 일즉일체다즉일一卽一切多卽一이며, 일중일체다중일一中一切多中一이다. 이 성품이 불수자성수연성不守自性隨緣成이며, 이 실상이 진성심심극미묘眞性甚深極微妙다. 이것을 알려면 증지소지비여경證智所知非餘境이니, 무명무상절일체無名無相絶一切이여야 한다. 이 세계가 제법부동본래적諸法不動本來寂이니, 이는 곧, 법성원융무이상法性圓融無二相의 세계다.

법성원융무이상法性圓融無二相의 세계가 제법부동본래적諸法不動本來寂이니, 이 세계는 무명무상절일체無名無相

絶一切며, 이 경계가 증지소지비여경證智所知非餘境이다.
이는 진성심심극미묘眞性甚深極微妙라 불수자성수연성不
守自性隨緣成이니, 곧, 일중일체다중일一中一切多中一이며
일즉일체다즉일一卽一切多卽一이다. 이는 일미진중함시방
一微塵中含十方이며 일체진중역여시一切塵中亦如是다. 이
는 곧, 무량원겁즉일념無量遠劫卽一念이며 일념즉시무량
겁一念卽是無量劫이니, 구세십세호상즉九世十世互相卽이라
잉불잡란격별성仍不雜亂隔別成이다. 깨달으면 초발심시변
정각初發心時便正覺이며, 생사열반상공화生死涅槃常共和이
니, 이것이 이사명연무분별理事冥然無分別이며, 십불보현
대인경十佛普賢大人境이다. 이 일체가 능인해인삼매중能仁
海印三昧中이며, 번출여의부사의繁出如意不思議 세계이니,
우보익생만허공雨寶益生滿虛空이라 중생수기득이익衆生隨
器得利益이다. 시고행자환본제是故行者還本際에 파식망상
필부득叵息妄想必不得이니, 무연선교착여의無緣善巧捉如意
로 귀가수분득자량歸家隨分得資糧이다. 이다라니무진보以
陀羅尼無盡寶로 장엄법계실보전莊嚴法界實寶殿이니, 궁좌
실제중도상窮坐實際中道床이면 구래부동명위불舊來不動名
偽佛이다.

　구래부동명위불舊來不動名偽佛은 궁좌실제중도상窮坐實
際中道床이니, 이것이 장엄법계실보전莊嚴法界實寶殿이며,
이다라니무진보以陀羅尼無盡寶다. 귀가수분득자량歸家隨

分得資糧은 무연선교착여의無緣善巧捉如意니, 파식망상필부득巨息妄想必不得이라 시고행자환본제是故行者還本際에 중생수기득이익衆生隨器得利益이다. 우보익생만허공雨寶益生滿虛空이 번출여의부사의繁出如意不思議며, 능인해인삼매중能仁海印三昧中의 십불보현대인경十佛普賢大人境이다. 이사명연무분별理事冥然無分別이 생사열반상공화生死涅槃常共和며 초발심시변정각初發心時便正覺의 세계다. 잉불잡란격별성仍不雜亂隔別成이 구세십세호상즉九世十世互相卽이며, 일념즉시무량겁一念卽是無量劫이라 무량원겁즉일념無量遠劫卽一念이다. 이는 일체진중역여시一切塵中亦如是며 일미진중함시방一微塵中含十方이니, 이것이 일즉일체다즉일一卽一切多卽一이며 일중일체다중일一中一切多中一이다. 불수자성수연성不守自性隨緣成은 진성심심극미묘眞性甚深極微妙며, 증지소지비여경證智所知非餘境이라 무명무상절일체無名無相絶一切이니, 이것이 제법부동본래적諸法不動本來寂이며, 법성원융무이상法性圓融無二相의 세계이다.

법성원융무이상法性圓融無二相을 알려면, 제법부동본래적諸法不動本來寂을 깨달아, 무명무상절일체無名無相絶一切여야 한다. 이는 증지소지비여경證智所知非餘境이라 진성심심극미묘眞性甚深極微妙이니, 불수자성수연성不守自性隨緣成을 깨달으면 일중일체다중일一中一切多中一이며, 일즉일체다즉일一卽一切多卽一이다. 일미진중함시방一微塵中含十方을 깨달으면, 일체진중역여시一切塵中亦如是니 무량원겁즉일념無量遠劫卽一念이며, 일념즉시무량겁一念卽是無量劫을 깨닫는다. 깨달으면 구세십세호상즉九世十世互相卽이라, 잉불잡란격별성仍不雜亂隔別成을 알게 된다. 초발심시변정각初發心時便正覺이 생사열반상공화生死涅槃常共和며, 이사명연무분별理事冥然無分別이니, 이것이 십불보현대인경十佛普賢大人境이다. 능인해인삼매중能仁海印三昧中에 번출여의부사의繁出如意不思議니, 우보익생만허공雨寶益生滿虛空이라 중생수기득이익衆生隨器得利益이다. 시고행자환본제是故行者還本際에 들려면, 파식망상필부득叵息妄想必不得이니, 무연선교착여의無緣善巧捉如意로 귀가수분득자량歸家隨分得資糧이다. 이다라니무진보以陀羅尼無盡寶는 장엄법계실보전莊嚴法界實寶殿이니, 궁좌실제중도상窮坐實際中道床에 들면 구래부동명위불舊來不動名爲佛이니, 이 세계가 법성원융무이상法性圓融無二相의 세계다.

02 諸法不動本來寂(제법부동본래적)
제법부동 본래적이네
모든법이 부동이요 본래성품 적멸이네

제법諸法이 부동不動이라 본래本來로 적寂이다.

법성원융무이상法性圓融無二相은 제법諸法의 성품이 무자성無自性이라 생生과 멸滅이 없고, 동動함이 없어 본래本來로 적멸寂滅이다.

제법諸法이란 일체만물一切萬物 만상萬相과 심心의 작용 일체상一切相을 일컬음이다. 부동不動은 제법諸法의 성품이 동動함이 없음을 일컬음이다. 본래적本來寂은 제법諸法의 성품이 본래本來 생멸生滅이 없는 불생불멸不生不滅의 적멸성寂滅性임을 일컬음이다.

법성게法性偈는 법성法性의 실상實相과 심心의 본성本性

청정각성清淨覺性 원융세계圓融世界를 밝힌 것이다. 상대
상相對相과 상대심相對心의 차별세계 유무有無의 상심相心
과 생멸심生滅心으로는 원융법성게圓融法性偈를 이해할 수
가 없다. 이는 상相을 벗어난 실상원융법계實相圓融法界이
기 때문이다. 이것은 사상심四相心을 여읜 원융법성圓融法
性을 깨달은 각성覺性의 세계다. 제법부동본래적諸法不動
本來寂이 제법諸法의 성품인 본성本性이니, 심心과 물物이
차별 없고, 둘이 아닌 일체상一切相이 생멸生滅 없는 무상
청정성無相淸淨性을 일컬음이다. 제법부동諸法不動은 유심
有心이나, 유상有相이나, 유물有物의 부동不動이 아니라,
즉, 법성法性의 성품인 실상實相 본성本性의 청정성淸淨性
자체를 일컬음이다. 부동不動은 법성法性의 무자성無自性
무아무상無我無相의 성품이니, 법성부동法性不動은 유심有
心과 유상有相과 유물有物의 동動과 부동不動을 벗어났다.
부동不動은 제법諸法의 성품인 무자성無自性 무유정법無有
定法 그 자체의 실상實相을 일컬음이다. 상相이 없고, 자성
自性이 없어 그 성품이 동動함이 없고, 무자성無自性 청정
성淸淨性이므로, 그 성품이 생멸生滅이 없어 부동不動이다.
이는 법성法性인 본성本性의 성품 원융성圓融性이다.

제법諸法인 물物과 심心의 일체상一切相이 생멸生滅하고,
성주괴공成住壞空하는 것 같아도, 그 법法의 성품 법성法
性은 생멸生滅이 없고, 유有와 무無를 벗어났다. 그러므로

일체상一切相이 자성自性이 없어 환幻과 같다고 한다. 이는 즉, 제법諸法이 자성自性이 없는 무유정법無有定法인 청정공상清淨空相이기 때문이다. 제법실상諸法實相의 법성지혜法性智慧가 없어, 제법諸法을 상相의 유무有無로 보는 것은, 존재의 실상實相을 보지 못하는 그 자체를 무명無明이라고 한다. 무명無明은, 상相의 실상지혜實相智慧가 없어, 상相을 정定해 보는 유무有無의 상심相心이다. 상相의 실상實相인 청정자성清淨自性의 지혜를 발發하지 못해, 제법실상심諸法實相心에 들지 못함으로, 상相에 머묾의 마음, 분별심인 사상심四相心이 일어난다. 상相에 머묾인 상심相心의 작용, 사상심四相心에 의해 형성된 자아의식自我意識이 중생심衆生心의 뿌리가 되어 상相을 분별함으로, 아인중생수자我人衆生壽者 사상심四相心의 차별업差別業이 생성되어 의식작용이 이루어진다. 자아의식自我意識인 상심의식相心意識으로 상相에 머물러, 일체상一切相의 무리衆 속에 의식과 삶이 이루어지므로 중생衆生이라고 한다. 중생衆生은 일체상一切相의 차별인 무리衆의 상심相心을 생生함이다. 그러므로 중생衆生 즉, 사상심四相心이다. 상相에 머묾의 중생심을 여의려면, 제법諸法의 성품 실상實相을 깨달아, 제법諸法의 생멸상生滅相이 끊어진 성품, 제법부동본래적諸法不動本來寂을 깨달아야 한다. 제법부동본래적諸法不動本來寂을 깨달으려면, 제법諸法의 성품 법성法性을 깨달아야 한다. 제법諸法의 성품 법성法性을 깨달으면, 제법

諸法의 성품 본성本性이 적멸성寂滅性임을 깨달아 생生이 불생不生이며, 멸滅이 불멸不滅임을 깨달음으로, 생멸生滅과 유무有無의 상심相心이 타파打破되어, 법성원융지法性圓融智에 들게 된다. 이는 법성法性의 본래 본연本然의 성품, 생멸生滅이 없는 열반성涅槃性을 깨달음이며, 제법무자성諸法無自性인 본성本性을 깨달음이다. 이 각성覺性 실상지혜實相智慧의 세계가 법성게法性偈의 세계다. 이 법법의 성품 실상본성實相本性이 제법부동본래적諸法不動本來寂이다.

03 無名無相絶一切(무명무상절일체)
무명무상 절일체이니
이름없고 모습없어 일체상이 끊어지니

이름 없고 상相이 없어 일체一切가 끊어졌다.

제법부동본래적諸法不動本來寂은 이름할 것 없고 형상도 없어, 일체상一切相과 일체심一切心이 끊어졌다.

이름할 수 없음은 상相이 없기 때문이며, 상相이 없음은 실체實體와 자성自性이 없기 때문이다. 일체一切가 끊어짐은, 어떤 촉각과 감각, 어떤 분별과 사량으로도 알 수가 없기 때문이다.

법성法性은 상相이 아니니, 어떤 분별과 사량으로도 알 수가 없다. 이는 법성法性을 깨달아 법성法性의 실상實相에 듦으로 알 수 있을 뿐이다. 이것이 법성法性의 지혜며, 깨달음의 지혜며, 유무有無와 생멸生滅과 사상심四相心을 벗어난 깨달음, 실상實相 각성覺性의 세계다. 이는 상相에 의한 어떤 분별과 사상심四相心의 어떤 사량으로도 알 수가 없다. 이 세계는 깨달음에 의한 실상實相의 성품인 무명무상절일체無名無相絶一切이다.

무명무상절일체無名無相絶一切인 이 자체가 깨달음의 세계며, 법성法性 실상實相의 세계이니, 상相에 머묾의 마음이나, 나 있음에 의한 의식意識의 어떤 사량과 지식으로도 알 수가 없는 법法의 성품 실상實相의 세계이다. 사상심四相心과 상심相心의 자아의식自我意識으로는 알 수가 없음은, 무명무상절일체無名無相絶一切는 사상심四相心과 상심相心인 자아의식自我意識이 끊어진 실상세계이기 때문이다. 나 있음이 사상심四相心이며, 상심相心인 자아의식自我意識이니, 사상심四相心인 의식상념意識想念의 분별심分別心으로는 상相이 없음을 알 수가 없고, 자아의식自我意識으로는 나 없는 세계를 알 수가 없다. 단지, 사상심四相心을 여의어, 상심相心과 자아의식自我意識을 벗어남으로, 무명무상절일체無名無相絶一切를 깨닫게 된다. 무명무상절일체無名無相絶一切는 깨달음 각성覺性으로 알 수 있을 뿐, 그 어떠한 상심相心과 자아의식自我意識의 분별로도 알 수 없는 실상實相의 세계다. 무명무상절일체無名無相絶一切는 곧, 존재의 본성本性이며, 심心의 본체本體 본심本心이며,

깨달음의 각성覺性 심心의 본각本覺이다. 그러므로 사상심
四相心과 자아의식自我意識을 벗어나, 본심本心과 본성本
性과 본각本覺에 듦으로 깨닫게 되는 제법실상諸法實相의
세계다. 무명무상절일체無名無相絶一切인 이 자체가 각覺
의 세계다. 이 세계는 일체불이一切不二의 세계이니, 무엇
이든 일컫고 이름할 것이 있거나, 보고 들음이 있는 일체
一切는 차별상差別相이니, 상相의 헤아림 분별심으로는 알
수가 없고, 어떤 추측으로도 헤아리어 알 수가 없다. 그러
나 깨닫고 보면, 이 자체가 자기의 실상實相이며, 자기 본
래 본연本然의 실체實體인 본심本心과 본성本性과 본각本覺
의 세계다. 무명무상절일체無名無相絶一切를 알지 못하거
나 깨닫지 못하면, 자기의 실체인 본심本心과 본성本性과
본각本覺을 알 수가 없다. 자기의 본심本心과 본성本性과
본각本覺을 깨달음이 곧, 무명무상절일체無名無相絶一切를
깨달음이다. 무명무상절일체無名無相絶一切는 제법諸法의
실체實體와 실상實相과 본성本性일 뿐 아니라, 자기의 실체
實體와 실상實相과 본성本性이다. 깨달음이 법성法性의 무
명무상절일체無名無相絶一切를 깨달음이며, 자기의 실체,
본심本心과 본성本性과 본각本覺이 무명무상절일체無名無
相絶一切임을 깨달음이다. 무명무상절일체無名無相絶一切
를 모르면, 자기의 본심本心과 본성本性을 모름이며, 자기
의 본심本心과 본성本性을 모름은 곧, 사상심四相心 생멸의
식生滅意識 속에 상심의식相心意識을 자기自己의 주체主體

로 인식하며, 사상심四相心 자아의식自我意識으로 자타自他를 분별하고, 일체상一切相의 차별심差別心 속에 자아自我 업식業識의 삶을 살고 있음이다. 자아의식自我意識을 벗어나 무명무상절일체無名無相絕一切를 깨달으면, 자타自他와 일체상一切相의 분별심으로부터 벗어나, 자기의 실체實體 원융한 실상實相인 본심本心과 본성本性과 본각本覺을 깨닫게 된다. 무명무상절일체無名無相絕一切인 실상實相의 깨달음에 들기 전에는, 자기의 실체實體와 실상實相을 알 수가 없다. 자기의 실체實體인 본연본성本然本性이 바로 무명무상절일체無名無相絕一切의 성품이다.

04 證智所知非餘境(증지소지비여경)
증지소지 비여경이네
증지로만 능히알뿐 사량으론 알수없네

증지證智이니, 소지所知로는 알 수가 없는 경계境界다.

무명무상절일체無名無相絶一切는 법성法性을 증각證覺한
깨달음의 지혜이니, 상相의 분별심으로는 알 수가 없다.

증지證智는 깨달음으로 상심相心과 자아의식自我意識을
벗어난 법성증각法性證覺의 지혜다. 소지所知는 자아의식
自我意識으로 자기와 대상을 분별하는 사량思量과 지식과
앎의 의식意識인 상相을 분별하는 사상심四相心의 세계다.
비여경非餘境은 무명무상절일체無名無相絶一切의 법성法性
의 경계를 알 수 없음이다. 증각證覺의 지혜로 이름과 모습
일체가 끊어진 무명무상절일체無名無相絶一切의 법성의 경
계를 알 뿐, 소지所知인 상相에 의지한 자아의식自我意識의

분별심으로는 무명무상無名無相으로 일체一切가 끊어진 그 진성眞性의 실상實相을 알 수가 없다.

법성法性이 실체實體가 없고 자성自性이 없어, 그 성품이 원융圓融하여 본래本來 상相이 없는 적멸寂滅의 성품이니, 일체상一切相이 끊어진 적멸성寂滅性은 제법실상諸法實相인 깨달음으로 증득證得한 지혜의 세계다. 제법諸法의 법성法性인 실상實相을 몰라, 상相에 머묾인 유무有無와 생멸生滅의 분별심으로는, 이름과 모습이 없어 일체가 끊어진 법성法性의 실상實相을 알 수가 없다. 왜냐면 법성法性의 실상實相은 생멸生滅이 끊어진 불생불멸성不生不滅性이므로, 나 있음에 의한 상심相心인 상相의 분별심으로는 상相의 유무有無와 생멸生滅을 벗어난 상相과 아我가 끊어진 실상實相을 알 수가 없기 때문이다.

법성法性을 깨달음과 법성法性을 깨닫지 못함이 어떤 차이가 있을까? 법성法性을 깨달으면 상相에 머묾의 미혹 상심相心을 벗어나 사상심四相心을 여의어, 자기의 실체實體 실상實相인 원융한 본심本心과 본성本性과 본각本覺을 깨닫게 된다. 법성法性은 곧 나의 존재 실상實相이며 참모습이니, 법성法性을 깨달음으로 나의 존재 실상實相과 본성本性을 깨닫게 된다. 법성法性을 깨닫기 전에는 상심相心인 자아의식自我意識을 나로 인식하므로, 자타自他 분별의 삶을 살게 된다. 법성法性을 깨달음으로, 나의 실체實體와 실상實相을 깨달아 본심本心을 증각證覺하므로, 나의 실체實體로 잘못 알고 있는 상심相心 자아의식自我意識을 타파打破하여 벗어나게 된다. 법성法性을 깨달음으로 나의 본심本心과 본성本性과 본각本覺을 깨달아, 상相에 머묾 없는 각성원융覺性圓融의 삶을 살게 된다. 법성法性을 깨닫지 못하면, 법성法性에 미혹함으로 상相에 의지한 상념想念인 자아의식自我意識에 의한 속박과 장애의식으로, 나의 실체 본성本性을 잃은 자타 분별의 중생심衆生心 사상심四相心의 삶을 살게 된다. 자기의 실체 본연본성本然本性인 법성法性을 깨달음으로, 자기의 원융실체圓融實體 원융본성圓融本性에 의한 각성覺性의 삶을 살 수가 있다. 자기의 실체 원융본성圓融本性은 무명무상절일체無名無相絶一切이니, 실상지혜實相智慧의 증각證覺으로만 깨달을 수 있을 뿐, 어떤 상相의 상념想念 추측과 헤아림, 분별과 분석으로도 알 수가 없다. 상심相心은 나 있음에 의한 상相에 의지한 상相의 분별과 헤아림일 뿐, 나 없는 실상實相인 일체상一切相을 벗어난 본성本性은 알 수가 없다. 그러므로 무명무상절일체無名無相絶一切는 상相의 분별과 헤아림으로는 알 수가 없는 증지소지비여경證智所知非餘境의 세계다.

05 眞性甚深極微妙(진성심심극미묘)
진성심심 극미묘이니
참된성품 깊고깊어 불가사의 미묘하여

진성眞性은 깊고 깊어 극미묘極微妙다.

증지소지비여경證智所知非餘境인 법法의 참 성품은 깊고 깊어 사의思議할 수 없어 궁극窮極을 벗어난 미묘함이다.

진성眞性은 법法의 본성本性이며, 실체實體다. 진성眞性은 일체물一切物과 일체심一切心의 참 성품이다. 심심甚深은 사의思議할 수 없고, 헤아려 알 수 없는 부사의不思議함을 일컬음이다. 극미묘極微妙의 극極은 다다를 수 없고 일컬을 수 없음이다. 미묘微妙는 부사의不思議하고 불가사의不可思議함을 일컬음이다.

진성眞性은 상相이 없고, 자성自性이 없으며, 무자성無自性이니, 어떤 분별과 사량으로도 알 수가 없다. 다만, 법성法性을 깨달음으로, 진성眞性을 증각證覺하여 진성眞性에 들게 된다. 진성眞性은 일체상一切相을 벗어난 원융일성圓融一性이니, 일컫고 이름할 수 없어 극미묘極微妙다. 진성眞性은 일체물一切物과 일체생명一切生命과 심心의 본성이다. 진성眞性에 들면, 일체물一切物과 일체생명一切生命과 심心이 차별이 없으며, 그 본성이 다름 없는 일성一性이다. 그러므로 진성眞性에 들면 일체 차별심을 벗어나게 된다. 진성眞性이 불성佛性이며, 진여眞如며, 생명生命의 실체實體인 생명성生命性이다. 이 실상實相 성품이 법성원융法性圓融이며, 각성원융覺性圓融 일심一心이다.

일심一心은 일성一性이며, 곧, 진여眞如다. 이는 원융무애圓融無礙한 본심本心, 본성本性, 본각本覺의 성품이다. 본심本心, 본성本性, 본각本覺이 일심一心이며, 일성一性이다. 일심一心과 일성一性의 일一은 하나를 뜻함이 아니다. 수數는 상相과 유위존재有爲存在일 뿐, 법성法性에 들면 일체상一切相을 벗어나므로 원융하여, 일체 차별의 수數를 벗어나게 된다. 그렇다고 한 덩어리나, 하나가 되는 것이 아니며, 그렇다고 서로 다른 것도 또한 아닌, 원융무애圓融無礙 불이성不二性이다. 한 덩어리나, 하나나, 둘 등의 차별과 또는, 같음의 수數의 존재는, 일체一切 차별상差別相의 세계다. 진여眞如의 진성眞性에 들면, 일체 차별상차별相 그대로 불이不二의 진성眞性이며, 진여眞如의 실체實體 실상實相이다. 이 실상계實相界는 상심相心의 분별과 차별을 벗어난 원융법성圓融法性의 세계다. 이는 이사무애理事無礙와 사사무애事事無礙의 진여실상眞如實相의 세계다.

진성眞性은 일체 차별이 없어 불이성不二性이며, 물物의 일체 차별과 심心의 일체 차별을 벗어났으므로, 물物의 차별상差別相과 심心의 차별심差別心으로는 알 수가 없다. 물物의 일체 차별상을 벗어나고, 심心의 일체 차별심을 벗어나 사상심四相心을 벗어난 각성지혜覺性智慧로 일체 차별을 벗어버린 진성眞性을 깨닫게 된다. 진성眞性을 깨달으면, 일체 차별상差別相과 차별심差別心이 자성自性이 없는 무자성無自性의 환幻임을 깨달으며, 일체상一切相이 그대로 진성眞性 법성원융法性圓融의 무유정無有定에 의한 청정무자성淸淨無自性인 진여眞如의 공상空相임을 깨달게 된다. 일체상一切相을 벗어나 따로 진성眞性이 있지 않으며, 일체상一切相이 곧, 무자성상無自性相임을 깨달음으로, 일체상一切相이 그대로 곧, 진성심심극미묘眞性甚深極微妙임을 깨달게 된다. 진성眞性은 일체상一切相의 실상實相이며, 본성本性으로 실체實體와 자성自性이 없어, 어떤 분별과 사량으로도 헤아릴 수가 없고, 알 수가 없으므로 깊고 깊은 극미묘極微妙다. 그러나 깨닫고 보면, 그 실체實體가 자기의 실체實體 본성本性이며, 자타自他가 없는 일체상一切相의 본성本性이다. 본성本性을 깨달으면 나我 없고, 일체상一切相이 없어 진성심심극미묘眞性甚深極微妙 임을 깨닫게 된다. 이는 곧, 일체상一切相을 벗어버린 자 신의 참모습 실상實相인 원융한 실체實體다.

06 不守自性隨緣成(불수자성수연성)
불수자성 수연성이네
자성청정 무자성은 인연따라 수순하네

불수不守의 자성自性이라 연緣을 따라 이룬다.

진성심심극미묘眞性甚深極微妙의 자성自性은 머묾 없는 연緣을 따라 일체상一切相을 이룬다.

불수不守는 법法의 성품이 무유정無有定이며, 머무름이 없음無住을 일컬음이다. 자성自性은 제법제상諸法諸相의 성품 법성法性이다. 수연성隨緣成은 불수不守의 자성自性이 인연을 따라 불수不守의 일체상一切相을 이룸이다.

불수不守는 법성法性의 무주無住와 무유정無有定일 뿐, 자성自性을 지키지 않는 불수자성不守自性이 아니다. 왜냐면 자성自性이 무자성無自性이며, 무유정無有定이니, 지킬 자성自性이 없기 때문이다. 불수不守를 자성自性을 지키지 않는 불수자성不守自性으로 보면, 이는 자성自性을 정정定해 봄이다. 이는 자성自性을 법상견法相見에 따라 유有와 무無, 유위有爲와 무위無爲의 견견으로 정정定해 보는 상相의 상념想念 법상法相이다. 이는 자성自性의 실체實體 무자성無自性의 원융성圓融性을 벗어난 상相의 상념想念 법상法相으로 자성自性을 헤아림이다. 만약, 자성自性을 무자성無自性이나, 공상空相이나, 어떠한 것으로 인식하여도 그것은 법상法相이며 유견상有見相이니, 자성自性을 정정定해 봄이다. 혹시, 불수자성不守自性을 무자성無自性이나, 공상空相이나 무아무상無我無相을 지키지 않는 불수不守로 본다면, 이 또한, 법상法相이며, 법집法執이며, 상相의 상념想念으로 공空을 정정定해 보는 미혹의 유견상有見相이다.

불수不守는 단지, 법성法性의 무자성無自性을 일컬을 뿐, 지켜야 할 자성自性을 지키지 않음을 일컬음이 아니다. 왜냐면 자성自性이 곧, 무자성無自性이며, 무유정無有定이므로, 지킬 자성自性이 없기 때문이다. 자성自性을 상相의 유견상有見相이나, 지혜智慧의 무자성청정상無自性淸淨相이나, 공상空相으로 정정定해 보면, 이는 곧, 법法을 정정定해 보는 법상法相에 머묾의 상견相見이므로, 이는 상相의 실상實相과 무자성無自性 원융법성圓融法性을 벗어난 상견相見이므로 유무有無의 사상심四相心으로 자성自性을 정정定하

고, 분별하며, 헤아림인 자성自性의 법상견法相見을 가짐
이다.

불수不守는 곧 법성청정무자성法性淸淨無自性을 일컬음
이다. 이는 법성法性의 무주성無住性이다. 이는 곧, 법성法
性의 부사의 묘체妙體와 묘용妙用 불이不二의 청정무자성
淸淨無自性인 법성무주성法性無住性이다. 이는 법성원융무
이상法性圓融無二相이라 진성심심극미묘眞性甚深極微妙로
무명무상절일체無名無相絶一切니 제법부동본래적諸法不動
本來寂이라 무주자성수연성無住自性隨緣成이다.

자성自性인 법성法性이 무자성無自性임은, 자성自性이
무유정無有定의 성품이기 때문이며, 제법제상諸法諸相이
무유정행無有定行의 무유정상無有定相이기 때문이다. 이
는 법성法性이 본래本來 무자성無自性 청정성淸淨性이기
때문이며, 무자성無自性 무유정無有定의 성품은 연緣을 따
를 뿐, 머묾이 없다. 이것은 무자성無自性인 법성法性의
무유정無有定의 특성이다. 또한, 법성法性은 무자성無自性
무유정無有定의 성품이므로, 연緣을 따라 만법만상萬法萬
相을 드러내며, 만법만상萬法萬相 또한, 무자성無自性 무
유정無有定의 성품이므로 머묾 없어 변화하고, 생멸하며,
만물만상萬物萬相이 그 상相의 자성自性을 갖지 못하고 법
성法性 무자성無自性의 섭리攝理를 따라 생성운행하는 것

이다. 이는 원융법성圓融法性의 부사의사不思議事다. 이는 곧, 무자성無自性 법성묘용法性妙用의 이사무애理事無礙며 사사원융법계事事圓融法界다. 제법제상諸法諸相 만물만상萬物萬相이 생성, 변화, 운행함이 무자성無自性 법성섭리法性攝理에 의한 무주자성수연성無住自性隨緣成의 세계다.

불수不守는 무자성無自性인 법성法性 실체實體의 특성이며, 수연성隨緣性은 원융한 법성작용의 부사의 특성으로 인연을 따라 만법만상萬法萬相을 생기生起하는 법성法性 무자성無自性 작용의 특성이다. 만법만상萬法萬相이 생기生起하고 존재함은, 머묾 없는 불수不守 법성法性인 무자성無自性 무유정無有定의 특성에 의한 법성섭리法性攝理다. 불수不守는 법성法性 무자성無自性과 무유정無有定의 특성을 일컬음일 뿐, 지킬 자성自性이 없으므로, 자성自性을 지키지 않는 불수자성不守自性이 아니다. 불수자성不守自性을 자성自性을 지키지 않는 불수자성不守自性으로 보는 것은, 지킬 자성自性이 있음과 지키지 않는 자성自性을 분별하는 법상法相이며, 사견邪見이니, 이는 무엇이든 정定해 보는 상相의 상념想念인 상심相心 상견의식相見意識의 습관 때문이다. 만법만상萬法萬相이 생성되고 변화하며 생멸함이 곧, 일컬을 것 없는 원융성품의 불수자성수연성不守自性隨緣成의 세계다. 이는 곧, 법성원융법계法性圓融法界

며, 이사무애理事無礙와 사사원융법계事事圓融法界며, 원
융법성실상법계圓融法性實相法界며, 원융일성진여법계圓融
一性眞如法界다. 이는 곧, 무자성無自性 부사의不思議 법성
法性의 무주성법계無住性法界다.

07 一中一切多中一(일중일체다중일)
일중일체 다중일이니
하나속에 일체이며 모든것이 하나이니

하나一 속에 일체一切며, 모든 것이 하나一다.

불수자성수연성不守自性隨緣成에는 불수자성不守自性 일성一性 속에 인연을 따르는 일체상一切相이 있으며, 일체 모든 존재가 불수자성不守自性 일성一性이다.

일一은 상相이 없고, 실체實體가 없는 청정자성清淨自性인 원융일성圓融一性이다. 원융일성圓融一性은 상相 없는 자성自性의 청정실체清淨實體다. 그러므로 일一은 곧, 생멸生滅이 끊어진 원융한 청정본성清淨本性 여如다. 여如는 곧, 일一이며, 일一은 곧, 여如이니, 이는 곧, 원융법성圓融法性인 일성一性이다. 일체一切란, 일체상一切相 일체一切 존재다. 다多란 일체一切 모두를 일컬음이다. 일중일체一

中一切는 무위일성無爲一性 원융법성圓融法性 속에 일체一切 존재가 있음이며, 다중일多中一이란 일체一切 모든 존재가 곧, 원융법성圓融法性 일성一性이다.

원융법성圓融法性이 일성一性이며, 일성一性이 무자성無自性 원융법성圓融法性이다. 일성一性은 무자성無自性 원융법성圓融法性의 실체實體를 일컫는다. 일성一性의 일一은 차별인 하나, 둘, 셋의 하나를 뜻하지 않는다. 일성一性의 일一은 무자성無自性, 원융성圓融性으로, 불이일체不二一切, 불이일체不二一體, 청정여여淸淨如如 불이不二의 뜻을 함유하고 있다. 왜냐면, 일성一性의 일一은 곧, 무자성無自性, 성性의 청정淸淨 체성體性을 일컬음이기 때문이다. 성性은 자성自性이 없는 무자성無自性으로, 상相 없는 무유정無有定의 성품이니, 원융圓融하여 일체에 걸림이 없고, 일체상一切相을 초월하여, 삼라일체 원융성圓融性으로 두루하여 상相이 없고, 방方이 없이 구족具足하기 때문이다. 삼라일체 존재는 일성一性의 작용이며, 일성一性이 부사의 연緣을 따르는 무자성無自性, 원융법성圓融法性 수연성隨緣成의 현상이다.

법성게法性偈는 법法의 실상實相 성품의 세계며, 이를 밝게 드러낸 깨달음의 실상세계實相世界다. 법성게法性偈의 지혜는 성性의 실상實相, 이사무애理事無礙 사사원융事事

圓融의 법성지法性智로 일성법계一性法界의 실상實相을 드러낸다. 이는 곧, 일심법계一心法界다. 일성一性과 일심一心과 일각一覺은 다른 것이 아니다. 일성一性은 일심一心과 일각一覺의 원융체성圓融體性이며, 일심一心은 일성一性과 일각一覺의 부사의 작용 원융심圓融心이며, 일각一覺은 일심一心과 일성一性의 성품이 밝게 깨어있는 원융각圓融覺이다. 일一은 곧, 원융성圓融性이니, 본성本性인 원융성圓融性을 일성一性이라고 하며, 본심本心인 원융심圓融心을 일심一心이라고 하며, 본각本覺인 원융각圓融覺을 일각一覺이라고 한다. 법성게法性偈는 일성법계一性法界며, 일심법계一心法界며, 일각법계一覺法界다. 법성게法性偈가 일성법계一性法界임은, 일체一切 차별상을 벗어난 원융일성법계圓融一性法界를 밝힌 것이기 때문이다. 법성게法性偈가 일심법계一心法界임은 일체一切 차별심差別心과 상심相心과 사상심四相心을 벗어난 원융일심법계圓融一心法界를 밝힌 것이기 때문이다. 법성게法性偈가 일각법계一覺法界임은 일체一切 차별각差別覺을 벗어나 원융일각요의법계圓融一覺了義法界를 밝힌 것이기 때문이다.

일성一性, 일심一心, 일각一覺은 불이不二의 원융성圓融性, 원융심圓融心, 원융각圓融覺에서 본 것일 뿐, 다를 바 없으니, 일성一性을 요달了達하지 못하면, 일심一心과 일각一覺을 알 수가 없고, 일심一心과 일각一覺에 들 수가 없다.

일성지一性智, 일심지一心智, 일각지一覺智를 자증自證하여, 원융일성지圓融一性智와 원융일심지圓融一心智와 원융일각지圓融一覺智를 발發하지 못하면, 원융일성圓融一性과 원융일심圓融一心과 원융일각圓融一覺을 알 수가 없다. 일심一心을 요달了達하지 못하면, 일성一性과 일각一覺에 들 수가 없다. 또한, 일성一性을 요달了達하지 못하면, 일심一心과 일각一覺에 들 수가 없다. 또한, 일각一覺을 요달了達하지 못하면, 일심一心과 일성一性에 들 수가 없다. 일심一心을 요달了達하거나, 일성一性을 요달了達하거나, 일각一覺을 요달了達하면 법성원융法性圓融에 들어, 원융일심지圓融一心智와 원융일성지圓融一性智와 원융일각지圓融一覺智를 발發하게 된다. 법성원융法性圓融에 듦이, 일심一心, 일성一性, 일각一覺의 실체實體에 듦이다. 일심一心, 일성一性, 일각一覺이 차별심인 상심相心의 분별에는 차별이 있으나, 깨닫고 보면 차별 없는 원융일성圓融一性일 뿐, 따로 나누어 분별할 셋이 없다. 원융일성圓融一性에 들면 일체가 차별 없는 불이不二의 한 성품에 들게 된다. 이것이 법성원융法性圓融의 일성법계一性法界다.

법성法性을 깨닫지 못하면 상심相心인 분별심 사상심四相心 속에 있으므로, 일성一性과 일심一心과 일각一覺을 알 수가 없다. 또한, 분별심에는 일성一性과 일심一心과 일각一覺이 같지 않다. 그러나 원융법성圓融法性을 깨닫고 보면 일성一性과 일심一心과 일각一覺이 한 성품의 작용일 뿐 다를 바 없다. 일성一性이 곧, 원융 일심一心과 일각一覺의 세계며, 일심一心이 곧, 원융 일성一性과 일각一覺의 세계며, 일각一覺이 곧, 원융 일성一性과 일심一心의 세계다. 그러므로 수행의 차별과 특성을 따라 일성一性을 요달了達하든, 일심一心을 요달了達하든, 일각一覺을 요달了達하든, 어느 깨달음의 문門으로 들든 원융일성圓融一性과 원융일심圓融一心과 원융일각圓融一覺의 각성원융覺性圓融을 두루 한목 요달了達하여 통通하게 된다. 이 세계는 다름없는 한 성품 원융일심圓融一心, 원융일성圓融一性, 원융일각圓融一覺이 불이不二인 실상법계實相法界이기 때문이다.

일체 차별은 상심相心 분별에 의한 사상심四相心인 실상實相에 미혹한 무명無明에 의함이니, 법성法性을 깨달아 일심一心을 요달了達하면, 일체불이一切不二의 법성원융法性圓融 일각요의一覺了義에 들게 된다. 일각요의一覺了義는 일각一覺은 원융각圓融覺이며, 요의了義는 원융각圓融覺을 요달了達한 실實이다. 성性이나, 심心이나, 각覺 중, 개인의 수행차별에 따라 어느 것을 깨달아 그 궁극窮極을 요달了達하면, 바로 일성一性과 일심一心과 일각一覺을 각력覺力으로 꿰뚫어 일통원융一通圓融에 이르게 된다. 일체一切에 원융圓融하여 일각一覺을 이루면, 그 자체가 곧, 일성一性과 일심一心임을 깨닫게 된다. 이 일각요의一覺了義에 들어야 비로소 심心을 알게 된다. 일각요의一覺了義에 들지 못하면 일체一切가 무명無明이며, 미혹迷惑의 상심相心인 의식의 분별심分別心이다. 일각요의一覺了義의 원융법계圓融法界가 법성원융法性圓融의 일심一心, 일성一性, 일각一覺의 원융법계圓融法界다. 이 실상법계實相法界가 법성게法性偈의 진성眞性 실상법계實相法界며, 법성게法性偈의 실상지혜實相智慧다. 법성法性의 바른 깨달음을 얻어, 법성게法性偈의 원융실상圓融實相에 듦으로, 법성게法性偈의 상相 없는 십불보현十佛普賢의 능인해인能仁海印 무염청정無染淸淨 주인공主人公을 깨닫게 된다. 일성一性, 일심一心, 일각一覺의 불이원융不二圓融 일각요의一覺了義에 들면, 일중일체다중일一中一切多中一이다.

08 一卽一切多卽一(일즉일체다즉일)
일즉일체 다즉일이네
하나가곧 일체이며 모두가곧 하나이네

하나一가 즉, 일체一切며, 모두가 즉, 하나一다.

일중일체다중일一中一切多中一은 무자성無自性 일성一性
이 곧, 일체상一切相이며, 일체 존재가 곧, 일성一性이다.

일一은 일체一切 존재의 성품으로, 일체 차별상이 끊어
진 실상불이實相不二의 일성一性이다. 일체一切는 실상불
이實相不二의 성품인 일성一性이 인연을 따라 현상을 드러
내는 일체상一切相 일체 존재다. 일즉일체一卽一切는 불이
不二의 법성法性 일성一性이 일체상一切相 일체 존재임을
드러냄이다. 다多는 일체상一切相 일체 존재다. 즉일卽一
은 일체 존재가 곧, 불이성不二性 일성一性의 현상임을 일
컬음이다.

일一을 알면 일체성一切性을 알며, 일一을 모르면 일체성一切性 불이不二를 모른다. 일一은 곧, 일체一切 존재 일체상一切相의 본성本性인 일성一性이다. 일성一性을 증각證覺하면, 일심一心, 일각一覺을 요달了達하게 된다. 일체 존재의 본성本性 원융의 성품 일一을 모르면, 일체불이一切不二 원융일성圓融一性인 법성法性을 증각證覺하지 못해, 일체 존재의 차별상을 가지므로, 차별상심差別相心인 사상심四相心을 가지게 되며, 차별의식差別意識은 상相의 분별심 자아의식을 자신의 실체로 인식하므로 자타自他를 분별하고, 스스로 삼라만상만물森羅萬象萬物 중, 개체個體인 객客으로 떨어진다.

자타自他를 분별함이 각성覺性에 들지 못한 무명의식無明意識 자아의식自我意識이 있음이다. 이것이 자기의 본심本心과 본성本性과 본각本覺과 만법萬法의 법성法性을 모르는 무명無明이며, 미혹迷惑이다. 즉, 이는 일체 분별심 사상심四相心이다. 사상심四相心을 벗어나야 일체불이一切不二의 일성一性에 들게 된다. 일一은 곧, 불각佛覺이며, 불성佛性이며, 불심佛心이며, 무상일심無相一心이며, 무상각無上覺 아뇩다라삼먁삼보리다. 즉, 법성원융法性圓融이며, 제법실상諸法實相이며, 각성원만覺性圓滿이며, 무염청정진여無染淸淨眞如다. 일一을 금강반야바라밀경金剛般若波羅密經에서는 여래如來라고 했으며, 여래如來는 곧, 여如의 뜻義이다. 여如는 곧, 불이不二의 실상實相을 일컬음이다. 여如인 원융일성圓融一性에 들면, 이사무애理事無礙 사사원융事事圓融인 원융법성圓融法性의 실상實相, 즉, 일즉일체다즉일一卽一切多卽一이다.

09 一微塵中含十方(일미진중함시방)

일미진중 함시방이니
한티끌인 그자체가 시방세계 머금었고

한 티끌 속에 시방十方을 머금었다.

일중일체다중일一中一切多中一인 한 티끌의 법성法性이
무자성無自性이므로, 한 티끌 법성法性의 원융성圓融性은
시방十方을 머금었다.

일미진一微塵은 작은 한 티끌 그 자체다. 함시방含十方은
시방을 머금음이다.

일미진중함시방一微塵中含十方은, 진성眞性의 원융무애
圓融無礙 이사理事와 사사事事의 원융무애법계圓融無礙法
界다. 상相의 차별세계는 서로가 장애되어 원융섭수圓融攝
受할 수가 없으나, 법法의 성품 진성眞性은 무자성無自性이

므로 연緣을 따르고, 원융무애圓融無礙 법성法性인 무자성無自性 진성眞性의 무유정無有定의 작용이 이루어진다. 모든 현상은 원융법성圓融法性이 연緣을 따라 흐르는 현상이며, 현상 실체實體의 성품은 원융한 무자성無自性이므로, 머묾이 없고 실체가 없다. 작은 미세한 티끌, 그 현상이 비록 눈에 보이지 않는 작은 티끌이어도, 그 본성本性은 무자성無自性 일성一性이므로, 작은 티끌의 성품 그 자체가 무량무한 구족具足한 원융시방圓融時方을 함유含有하고 있다. 일체 차별상의 본성本性, 원융법성圓融法性인 실상實相에는 일체가 불이不二며, 차별 없는 원융圓融 세계이므로 일체무애도一切無礙道인 상즉상입相卽相入이다. 일체현상一切現象은 차별상差別相이어도 그 성품이 무자성無自性이므로, 그 본성本性이 걸리고 막힘이 없어, 눈에 보이지 않는 미세한 작은 한 티끌의 본성本性이 구족具足한 원융시방圓融十方을 부족함이 없이 함유含有하며, 원융시방圓融十方이 한 티끌 속에 구족具足하다. 상相의 지견知見과 분별심으로는 헤아릴 수 없는 불가사의不可思議며, 원융자재圓融自在한 원융법성圓融法性의 세계다. 이 원융법성圓融法性의 법계法界가 무자성無自性인 무유정無有定의 본성本性, 법성法性 불이성不二性의 법계法界다. 이 실상법계實相法界가 진여일성법계眞如一性法界다. 깨달음을 증각證覺하여 일각요의一覺了義의 진여일성眞如一性에 들면, 미세한 한 티끌이 시방세계를 머금었고, 무량무한 시방세계가 그 본성本性이 일여一如 속에 원융일심圓融一心에 수용受用되고 섭수攝受되어, 일여청정一如淸淨 일심一心 속에 일체상一切相을 허물지 않고, 일체상一切相 그대로 차별 없이 일심一心 속에 머금는다. 즉, 원융圓融의 부사의한 법성法性의 상즉상입相卽相入이며, 이사理事와 사사事事가 원융圓融한 불이성不二性 진성진여법계眞性眞如法界다. 일체상一切相의 분별을 벗어나 원융법성圓融法性에 들면, 원융무애圓融無礙 일심一心이 원만시방圓滿十方을 머금고, 한 티끌 그 자체가 원융시방圓融十方을 머금어, 상즉상입相卽相入의 부사의한 일미진중함시방一微塵中含十方이다.

10 一切塵中亦如是(일체진중역여시)
일체진중 역여시이네
일체티끌 그자체가 이와역시 같음이네

일체 티끌도 역시 이와 같다.

일미진중함시방一微塵中含十方이니, 한 티끌이 시방을 머금었듯, 일체 모든 티끌이 서로서로 각각 시방법계十方法界를 머금었다.

원융법성圓融法性의 세계는 원융무애圓融無礙하여 한 티끌이 시방을 머금고, 각각 일체 티끌이 서로서로 시방을 머금었어도, 시방을 서로 빼앗거나, 빼앗기는 것도 아니며, 각각 티끌이 머금은 시방이 서로 간섭하거나, 부딪히거나, 장애됨이 없다. 이는 이사무애理事無礙며, 사사무애事事無礙의 법성원융법계法性圓融法界이기 때문이다. 가령, 하나의 형상이 거울 속에 비치어도, 그 형상이 거울에 빼앗기는 것도 아니며, 거울 또한 그 형상을 **빼앗아** 거울에 가지고 온 것도 아니다. 또한, 거울이 10개면 하나의 형상이 10개의 거울에 비치고, 거울이 100개면 한 형상이 100개의 거울에 비친다. 그러나 각각의 거울이 한 형상을 각각 **빼앗아** 온 것도 아니고, 거울과 거울끼리 서로 그 한 형상을 비추는데 서로 다툼이나 장애가 없으며, 한 형상이 100개의 거울 속에 있어도 서로 장애되거나, 또는, 그 모습을 **빼앗거나**, 또한 그 형상이 거울 속에 들어간 것도 아니다. 그러나 거울이 비친 형상이 없는 것도 아니며, 거울이 조작造作하여 거짓으로 생성한 거짓의 환幻도 또한 아니다. 원융법계圓融法界 일성一性에 들면, 진여일성법계眞如一性法界는 부사의하고 불가사이하며, 불이不二의 진성眞性은 원융무애圓融無礙하여, 이사무애理事無礙와 사사원융事事圓融의 부사의사不思議事 원융법계圓融法界의 실상진여계實相眞如界다. 진여일성眞如一性에 들면, 일심一心이 시방十方을 온전히 머금었어도, 일심一心이 시방十方을 **빼앗거나**, 내가 시방十方이 되는 것도 아니며, 원융무애자재圓融無礙自在한 이사무애理事無礙와 사사원융事事圓融의 일성법계一性法界이므로, 서로가 걸림이 없어 장애가 없고, 원융무애자재圓融無礙自在한 일체진중역여시一切塵中亦如是다. 이는 일체차별을 벗어버린 원융일심일성법계圓融一心一性法界다. 이 일체一切가 원융한 법성무애法性無礙다. 이 원융법계圓融法界가 원융일심圓融一心, 원융일성圓融一性, 원융일각圓融

一覺의 법계法界다. 곧, 진여일성眞如一性의 원융실상세계
圓融實相世界다. 일체진중역여시一切塵中亦如是가 일심각
성一心覺性 중에 법계원융화엄장엄法界圓融華嚴莊嚴을 이
루고 있으니, 이것이 깨달음 원융각성圓融覺性의 화엄장엄
일심법계華嚴莊嚴一心法界다.

11 無量遠劫卽一念(무량원겁즉일념)
무량원겁 즉일념이니
한량없는 무량겁이 한생각의 그자체며

무량無量한 오랜 겁劫이 곧, 한 생각이다.

일체진중역여시一切塵中亦如是인 원융각성圓融覺性에
는 한량없는 무한한 오랜 세월의 겁劫이 곧, 한 생각 그
자체다.

겁劫의 세월은 세세생생世世生生 그 수數를 셀 수 없는 무
한한 오랜 생生의 세월이다. 그러나 이것이 한 생각 그 자
체다. 법성法性은 상相, 물物, 심心, 의식意識이 끊어진 원
융법성圓融法性 실상實相의 세계이므로, 일체시一切時와
일체물一切物과 일체심一切心이 끊어졌다. 일심一心 또한,
일체상一切相과 일체물一切物과 일체심一切心과 일체의식
一切意識이 끊어진 원융각圓融覺이다. 그러므로 법성法性

과 일심一心에는 상相과 존재의 흐름인, 시時와 세월歲月의 흐름이 끊어졌다. 상相, 물物, 심心, 의식意識, 시時와 세월歲月, 생사生死는 차별현상의 분별심인, 의식의 현상이다. 상相, 물物, 심心, 의식意識, 시時의 세계는, 법성法性이 원융하여 연緣을 따르는 무자성無自性 무주無住의 부사의 찰나의 흐름이므로, 일체상一切相의 성품인 진성眞性에는 과거, 현재, 미래가 없다. 그러나 현상을 따라 흐르는 의식의 상념想念 속에, 상相의 상속상相續相인 상념想念으로 과거, 현재, 미래의 분별심을 가지게 된다. 법성法性이 무자성無自性이므로, 인연을 따르는 현상의 실체 실상實相인, 원융법성圓融法性의 진여일성眞如一性에 들면, 상相, 물物, 심心, 의식意識 일체一切가 끊어져, 과거, 현재, 미래가 존재하지 않는다. 상相, 물物, 심心, 의식意識 존재의 실제實際는 법성法性의 무주성無住性에 의한 찰나의 생멸상生滅相이므로, 과거, 현재, 미래가 존재할 수가 없다. 과거, 현재, 미래는 상相의 실상實相을 벗어난, 상심相心인 의식意識의 상념想念 작용이다. 그러므로 상념想念에 의한 상심相心 일체一切를 환幻이라고 한다. 왜냐면, 일체 존재의 성품 실체가 머무름이 없어, 무주성無住性이므로 일체 존재가 실체가 없으며, 상相의 머무름인 고정된 실체 실상實相이 없으므로, 일체상一切相이 법성法性의 작용으로, 머무름이 없는 무자성無自性의 불가사의한 부사의 현상일 뿐이다. 이것이 존재의 현상이며, 실체며, 섭리며, 진리다.

일체상一切相은 의식의 환영幻影이며, 의식意識의 상속상相續相이다. 의식意識의 세계는 심心의 환영幻影이다. 일체 존재의 실체 실상實相인 이 사실事實을 깨닫지 못하면, 실체 없는 상심相心인 의식意識의 관념觀念과 환영幻影의 상념想念 속에 살아야 한다. 이것이 아인중생수자我人衆生壽者의 사상심四相心이다. 사상심四相心은 일체 존재의 성품, 법성法性을 모르는 상심相心인 자아의식自我意識으로 비롯한다. 물질도, 의식도, 무자성無自性의 성품이 인연을 따르는 흐름의 현상이다. 무자성無自性 성품이 인연을 따르는 법성섭리法性攝理에 의해 머무름이 없는 무자성無自性의 현상, 실체 없는 현상이 상심相心의 인연을 따라 생멸상生滅相과 생멸심生滅心을 생기生起하게 된다. 일체 존재는 머무름이 없고, 머무를 수 없으며, 머무름의 현상이 아니다. 일체상一切相이 머무름이 없고, 실체가 없어, 제법공상諸法空相이다. 이것이 일체 존재의 현상인 실체며, 일체 존재 현상의 섭리다. 머무름이 없는 현상인 존재는 법성섭리法性攝理를 따라 찰나에도 머묾의 고정된 현상인 실체를 가질 수가 없다. 그러므로 머무름에 의한 고정된 실체의 현상은, 법성섭리法性攝理에 의한 존재의 현상세계에는 존재할 수가 없다. 모든 존재는 머무름이 없는 법성섭리法性攝理로 생성되고, 변화한다. 상相의 생멸상生滅相을 드러냄은, 곧, 법성섭리法性攝理를 따르는 무자성無自性 섭리의 인연 현상이다. 이 법성섭리法性攝理는 변하거나 파괴될 수 없는 존재 현상의 섭리攝理다. 이 법성法性의 성품과 섭리攝理와 원리原理를 드러냄이 삼법인三法印이다.

삼법인三法印은 제행무상인諸行無常印, 제법무아인諸法無我印, 열반적정인涅槃寂靜印이다. 법성섭리法性攝理인 제행무상諸行無常은 파괴되지 않으며, 불변不變하는 법성法性 인印의 법법이다. 그러므로 제행무상인諸行無常印이다. 이것은 법성法性의 부사의 작용 행行의 섭리다.

법성섭리法性攝理인 제법무아諸法無我는 파괴되지 않으며, 불변不變하는 법성法性 인印의 법법이다. 그러므로 제법무아인諸法無我印이다. 이것은 법성法性의 부사의 현상 상相의 섭리다.

법성섭리法性攝理인 열반적정涅槃寂靜은 파괴되지 않으며, 불변不變하는 법성法性 인印의 법法이다. 그러므로 열반적정인涅槃寂靜印이다. 이것은 법성法性의 부사의 본성本性 체體의 섭리다.

삼법인三法印인 법성삼리法性三理의 법성섭리法性攝理는 어떤 상황 속에서도 파괴되지 않으므로 불변不變인 법성法性 인印의 법法이다. 일체 존재와 일체법一切法이 법성法性의 섭리인 삼법인三法印에 의해 생성되고, 변화하며, 부사의사不思議事 생멸상生滅相을 드러낸다. 법성게法性偈도 삼법인三法印의 실상實相인 원융일성圓融一性에 들어, 심心과 물物이 일심불이一心不二 속에 원융하고, 일심一心, 일성一性, 일각一覺이 원융일통圓融一通 속에 원융자재圓融自在한 삼법인三法印 실상법계實相法界의 불지佛智다.

삼법인三法印은 상相, 물物, 심心, 의식意識인 일체 존재의 자성自性, 실상섭리實相攝理인 원융법성圓融法性의 세계다. 제행무상인諸行無常印, 제법무아인諸法無我印, 열반적정인涅槃寂靜印인 삼법인三法印의 실상지實相智를 요달了達하여 불지佛智에 들게 된다. 제행무상인諸行無常印을 요달了達하면, 원융법성圓融法性의 부사의행不思議行을 요달함이다. 제법무아인諸法無我印을 요달了達하면, 원융법성圓融法性의 부사의상不思議相을 요달함이다. 열반적정인涅槃寂靜印을 요달了達하면, 원융법성圓融法性의 부사의체不思議體를 요달함이다. 무상無常, 무아無我, 적정寂靜이 법성法性의 섭리와 실상實相을 드러내는 불법佛法의 지혜다.

불법佛法이란, 상相, 물物, 심心, 의식意識의 성품 실상세계로, 유무有無와 생멸生滅을 벗어난 원융일성圓融一性인 법성원융法性圓融의 세계다. 만약 삼법인三法印을 상법相法이나 상견相見으로 보면, 그것은 법성지法性智인 삼법인지三法印智가 아닌, 상相의 생멸견生滅見이다. 변變하는 것은 영원히 변變하지 않는다는 논리論理는 생멸법生滅法인 생멸무상生滅無常이므로, 제법부동본래적諸法不動本來寂 무명무상절일체無名無相絶一切인 실상지實相智에 들면 이 상相의 생멸견生滅見의 논리論理와 법法이 파괴되고 끊어진다. 그러므로 변變하는 것은 영원히 변變하지 않는다는 논리論理는 불법정견佛法正見인 불법정론佛法正論이 아니다. 일체법一切法, 일체상一切相인 만물만심萬物萬心이, 곧, 무자성無自性 법성섭리法性攝理의 무유정법無有定法이기 때문이다. 유무有無와 생멸견生滅見은 삼법인三法印의 법성섭리法性攝理인 무유정법無有定法을 깨닫지 못한, 상相에 머묾의 상견相見이다. 왜냐면, 일체상一切相은 무자성無自性 법성섭리法性攝理인 무유정법無有定法의 현상이며, 법성法性이 머묾이 없고 자성自性이 없으니, 일체 현상이 실체가 없고, 그 실상實相이 무아무상성無我無相性이기 때문이다. 이 법성게法性偈의 실상實相이 법성원융法性圓融인 일성一性이며, 법성게法性偈의 지혜가 무아무상無我無相인 원융일각지圓融一覺智다. 상相의 유무견有無見이나, 생멸견生滅見이나, 영원무상견永遠無常見으로는 실상법계實相法界를 알 수가 없다. 왜냐면 실상법계實相法界는 일체상一切相의 유무有無와 생멸견生滅見과 영원무상견永遠無常見과 지혜법상智慧法相까지 끊어지고 벗어버린 실상實相 원융일성법계圓融一性法界이기 때문이다. 변變하는 것은 영원히 변變하지 않는다는 논리論理는 상相의 유무견有無見인 생멸견生滅見이므로, 무명무상절일체無名無相絶一切의 무자성無自性 원융법성圓融法性의 불법정견佛法正見과 불법정론佛法正論인 삼법인지三法印智와 무자성無自性 무유정법無有定法인 무상무아無相無我와 열반적정涅槃寂靜의 실상實相을 벗어난 상견相見이며, 불지佛智인 각성지혜覺性智慧가 아닌 상相에 머묾의 상견相見에 의한 분별심인 사상심四相心에서 본 상相의 논리論理다. 생멸법生滅法은 실상實相을 모르는 상심의식相心意識의 분별에 의한 유무有無의 상법相法이다. 법성섭리法性攝理인 삼법인三法印은 무자성無自性 무유정법無有定法인 진여일성법계眞如一性法界다. 이를 벗어나면 생멸生滅과 생사生死를 벗어날 수 없고, 생멸식生滅識으로는 삼법인지三法印智와 불지佛智인 불이일성不二一性과 본성本性인 원융법성圓融法性을 깨닫거나 요달了達할 수가 없다. 그러므로 무상각無上覺, 정등각正等覺, 정각正覺인 청정무상각淸淨無相覺 아뇩다라삼먁삼보리에 들 수가 없고, 실상實相인 원융불성圓融佛性을 깨달을 수가 없어, 법성게法性偈의 실상지혜實相智慧인 법성원융지法性圓融智에 들 수가 없다. 변變하는 것은 영원히 변變하지 않는다는 섭리와 논리가 끊어진 법계法界가, 제법부동본래적諸法不動本來寂 무명무상절일체無名無相絶一切인 법성게法性偈의 실상계實相界다. 영원永遠이란 것과 변變한다는 것은 상相의 자성自性인 실상實相을 깨닫지 못한, 상相의 유무有無와 생멸生滅에 의지한 법상法相에 의한 상견相見일 뿐, 불법정견佛法正見인 실상지혜實相智慧가 아니다. 변變하는 것은 영원히 변變하지 않는다는 논리論理와 섭리가 끊어져 초월하고, 상相의 생멸生滅과 유무有無의 변變하는 무상섭리無常攝理가 끊어진 진법계眞法界가 곧, 법성계法性偈의 실상實相, 원융일성圓融一性 본성계本性界다. 삼법인三法印은 불법정견佛法正見의 실상지혜實相智慧인 법성섭리法性攝理이므로 불변不變이며, 파괴됨이 없는 법성法性 인印의 법법法이다. 왜냐면 법성法性은 변하거나, 파괴되거나, 생멸하거나, 물듦 없는 성품이기 때문이다. 이것은 실상實相 본성本性인 법성法性은 무자성無自性이므로 그 실체實體가 없어 유무有無가 아니므로 파괴되거나, 변하거나, 생멸生滅을 벗어난 불이성不二性이기 때문이다. 불법佛法은 실상實相인 무상법無相法이며, 불지佛智는 본성本性인 무상지無相智며, 불각佛覺은 본각本覺인 무상각無相覺이다. 법성계法性偈는 실상實相 본성本性의 지혜 불지佛智인 원융무상각圓融無相覺이며 원융무상지圓融無相智의 법계法界다. 만약 불지佛智인 원융무상각圓融無相覺인 원융무상지圓融無相智를 증각證覺하면 법성계法性偈의 법계法界를 요달了達하게 된다. 법성계法性偈의 지혜智慧를 요달了達하지 못하면, 불법佛法 실상實相을 깨달은 지혜가 아니며, 불법정견佛法正見의 실상지혜實相智慧가 아니다. 법성계法性偈의 법계法界가 아뇩다라삼먁삼보리며, 반야일성般若一性이기 때문이다. 법성게法性偈가 곧, 삼법인일각지三法印一覺智의 각요청정법계覺了淸靜法界다.

사상심四相心인 생멸심生滅心과 유무심有無心과 상相의 분별심分別心으로는 삼법인三法印과 법성게法性偈의 실상實相을 알 수가 없다. 삼법인三法印과 법성게法性偈는 일체상一切相의 생멸生滅과 유무有無를 벗어난, 무자성無自性 무유정법無有定法인 아뇩다라삼먁삼보리의 원융법성圓融法性 일각요의一覺了義인, 일심一心, 일성一性, 일각一覺의 원융일요圓融一了이기 때문이다.

삼법인三法印의 제행무상인諸行無常印은 생멸무상生滅無常인 유무有無의 생멸법生滅法이 아닌, 무자성無自性 무유정법無有定法 법성무주청정성法性無住淸淨性이다. 이는 반야지般若智며, 사량과 분별로는 알 수 없는 진여일성원융眞如一性圓融의 부사의사不思議事다. 제행무상인諸行無常印이 곧, 법성法性의 청정무아淸淨無我인 제법무아인諸法無我印이며, 법성法性의 불생불멸성不生不滅性인 적멸부동寂滅不動의 열반적정인涅槃寂靜印이다. 제행무상인諸行無常印의 지혜는 반야지般若智며, 실상지實相智다. 이는 사량과 분별로는 알 수 없는 진여일성眞如一性 원융圓融의 이사무애理事無礙 사사원융事事圓融인 진성眞性의 부사의사不思議事다.

삼법인三法印의 제법무아인諸法無我印은 상相의 생멸무아生滅無我와 성주괴공成住壞空이 아닌, 무유정법無有定法 제법무자성諸法無自性인 불생불멸성不生不滅性 자성청정무아성自性淸淨無我性인 원융법성圓融法性이다. 제법무아인諸法無我印의 지혜는 반야지般若智며, 실상지實相智다. 이는 사량과 분별로는 알 수 없는, 이사불이理事不二의 진여일성眞如一性 원융圓融의 부사의사不思議事다.

삼법인三法印의 열반적정인涅槃寂靜印은 생멸열반生滅涅槃인 중생衆生 사상심법四相心法이 아닌, 무자성無自性 무유정법無有定法인 청정법성淸淨法性의 본연열반청정부동성本然涅槃淸淨不動性이다. 이는 반야지般若智며, 실상지實相智다. 이는 사량과 분별로는 알 수 없는 각성원융覺性圓融의 진여일성眞如一性인 무명무상절일체無名無相絶一切 제법부동본래적諸法不動本來寂인 일체생멸一切生滅이 끊어진 본연청정법성本然淸淨法性의 부사의不思議 본성本性이다.

삼법인三法印의 지혜는 원융법성圓融法性을 요달了達한 일각요의一覺了義의 아뇩다라삼먁삼보리 원융일성법계圓融一性法界다. 그러나 원융법성圓融法性인 무위자성無爲自性을 깨닫지 못하면, 상相의 생멸生滅과 유무有無의 상견相見을 벗지 못하므로, 상견相見으로 불법佛法에 대해 법상法

相을 가지므로, 청정법성淸淨法性 불법佛法을 상견相見의 법상法相으로 수용하고 섭수하게 된다. 상견相見을 가진 사상심자四相心者의 상相의 상념想念 자아自我에 대한 집착과 상견相見을 소멸하기 위해, 상견의식相見意識으로는 무자성無自性 청정법성淸淨法性을 깨닫지 못하므로 사상심자四相心者의 조도법助道法으로 생멸무상生滅無常인 성주괴공成住壞空과 생멸무아生滅無我인 생멸멸이적멸위락生滅滅已寂滅爲樂의 생멸열반生滅涅槃인 적정寂靜을 설설說說하게 된다. 이것은 사상심四相心 상견相見으로는 본연본성本然本性인 원융법성圓融法性 원융일성圓融一性을 깨닫지 못하므로, 사상심四相心과 자아自我 상견相見의 법상法相을 벗어나지 못해 생멸生滅을 멸멸滅하여 열반涅槃을 구하려는 상심상견相心相見이 있기 때문이다. 사성체四聖諦의 생멸멸이적멸위락生滅滅已寂滅爲樂의 열반적정涅槃寂靜을 증득證得하려는 것은, 법성섭리法性攝理의 법인지法印智가 아닌 상심상견相心相見의 아상我相을 가진 소승지혜小乘智慧에 머문 법상수행자法相修行者를 위한 상견相見 섭수조도법攝受助道法이다.

생멸生滅을 멸멸滅하여 적멸寂滅을 구하는 법상수행자法相修行者는, 실상實相 일각지一覺智인 대승지大乘智, 무위자성無爲自性인 원융법성지圓融法性智를 발발發하지 못하여, 법성원융法性圓融의 본성지本性智인 삼법인三法印을 상견상심相見相心에 의하여 생멸법生滅法으로 수용하고 헤아리게 된다. 생멸상심生滅相心에 가리어 무유정법無有定法인 원융법성圓融法性을 깨닫지 못하면, 법인원융지法印圓融智인 아뇩다라삼먁삼리를 발發하지 못하여, 무유정법無有定法 원융법성圓融法性인 무자성無自性 법성섭리法性攝理의 삼법인三法印을 생멸견生滅見으로 수용하고 헤아릴 수밖에 없다. 이는 원융법성圓融法性인 불생불멸不生不滅의 부사의사不思議事 이사불이理事不二 법성法性의 무위자성無爲自性을 깨닫지 못해, 무유정법無有定法을 상견相見의 법상法相으로 헤아리게 되는 상相에 의지한 사량思量이며 분별심이다.

제행무상諸行無常, 제법무아諸法無我, 열반적정涅槃寂靜이 일각요의一覺了義에 의한 원융일성부사의圓融一性不思議 실상법계實相法界다. 그러나 일성원융법성섭리一性圓融法性攝理인 삼법인三法印을 상심相心에 의해 생멸법生滅法으로 보면, 나我, 자아自我가 있어, 생멸심生滅心을 멸멸하여 열반涅槃에 들려는 유무견有無見을 가진 사상심四相心의 수행자다. 그러나 제행무상諸行無常, 제법무아諸法無我, 열반적정涅槃寂靜을 무자성無自性 원융일성圓融一性의 무유정법無有定法인 불생불멸성不生不滅性임을 요달了達했으면, 상심의식相心意識인 나我, 자아自我가 없어, 무아무상無我無相 대승지大乘智를 발發한 대승지혜大乘智慧의 수행자다.

제행무상諸行無常, 제법무아諸法無我, 열반적정涅槃寂靜을 생멸법生滅法으로 보면, 그 지혜는 불법정견佛法正見 불지佛智인 불생불멸법인지不生不滅法印智가 아니다. 그러나 불이不二의 원융법성圓融法性을 깨달아, 무자성無自性 원융법성圓融法性인 제행무상諸行無常, 제법무아諸法無我, 열반적정涅槃寂靜의 불지佛智인 원융법성圓融法性 무위일성無爲一性에 들면, 생멸법生滅法과 생멸견生滅見의 제행무상諸行無常, 제법무아諸法無我, 열반적정涅槃寂靜이 타파되어 흔적 없이 사라져, 생멸삼법인生滅三法印과 삼법인三法印 상견법상相見法相이 환幻이며, 자아自我의 망식妄識임을 깨닫게 된다. 깨달음과 정견正見과 실상實相과 아뇩다라삼먁삼보리심을 발發함은 상相의 삼법인三法印과 생멸生滅 삼법인三法印과 유무有無 삼법인三法印과 생주괴공成住壞空 삼법인三法印을 벗어나, 불이무자성不二無自性 원융실상圓融實相 원융일성부사의사圓融一性不思議事 삼법인三法印의 법성실상法性實相에 드는 것이다. 실상實相이 아니므로 변화하고, 생멸하며, 파괴되는 것은, 그것이 무엇이든 정법정견正法正見이 아니며, 실상정견實相正見이 아니며, 불법정견佛法正見이 아니며, 무상도無相道 실상實相인 정법진리正法眞理가 아니다. 왜냐면 이는 실상實相을 정定해 봄이며, 실상實相에 대한 법상法相을 가짐이며, 실實과 허虛의 법상法相을 가짐이며, 불이법성不二法性 실상實相을 벗어난 망견妄見이기 때문이다. 그러므로 법상法相

을 일으키거나, 상相의 분별에 의한 것은 정법지혜正法智慧가 아니며, 정법정도正法正道가 아니며, 무위실상無爲實相이 아니며, 법인지法印智가 아니며, 법성지法性智가 아니며, 불지견佛智見이 아니다. 법인法印은 파괴되지 않는 법성法性의 성품이며, 원융본성圓融本性의 섭리며, 무자성無自性 일성一性의 무유정법無有定法 실상實相이다. 유무有無의 생멸심生滅心을 벗어나, 상相의 유무有無와 생멸生滅이 끊어진 아뇩다라삼먁삼보리 원융법성圓融法性에 들면, 생멸멸이적멸위락生滅滅已寂滅爲樂이 환幻이며, 상심相心의 망妄임을 깨닫게 된다. 일체一切가 원융圓融이며, 청정무애清淨無礙 진여일성眞如一性임을 증각證覺하면, 삼법인三法印이 생멸상生滅相을 벗어난 바로 진여일성眞如一性 여래지如來智임을 깨닫게 된다. 법성실상法性實相은 생멸生滅을 벗어난 원융일성圓融一性이므로, 삼라만상만물森羅萬象萬物이 생멸生滅이 끊어진, 불생불멸不生不滅 진여일성원융眞如一性圓融인 이리와 사事를 벗어버린 부사의不思議 원융성圓融性임을 깨닫게 된다. 그러므로 일체一切가 그대로 생멸生滅이 끊어진 실상實相이며, 진여眞如며, 불생불멸不生不滅이며, 무위일성無爲一性이며, 청정법성清淨法性이며, 열반적정涅槃寂靜이다. 깨닫고 보면 일체一切가 원융일성일심법계圓融一性一心法界다. 이는 실상삼법인법계實相三法印法界며, 원융일성진여계圓融一性眞如界다. 이는 곧, 생멸상生滅相과 생멸심生滅心을 벗어난 진여일성원융법계진여일성원융법계法界眞如一性圓融法界다. 이는 곧, 법성게法性偈의 실상계實相界다. 일체불법一切佛法의 실상實相을 원융일성삼법인법계圓融一性三法印法界로 불지원융일각佛智圓融一覺의 법성지혜法性智慧를 드러낸 것이다.

법法, 이 하나를 보는 견견見이 학學에서, 지知에서, 식識에서, 지智에서, 각覺에서, 불이원융일성不二圓融一性에서 보는 것이 다르며, 차별이 있다. 무엇이든 다름과 차별이 있으면 실實이 아니며, 같음과 차별이 없음도 실實이 아니다. 일컬을 것 없어 다름과 차별을 벗어났고, 또한, 같음과 차별이 없음도 벗어나 일여원융一如圓融에 이르면, 그것이 무명무상절일체無名無相絶一切, 제법부동본래적諸法不動本來寂, 법성원융무이상法性圓融無二相임을 깨달은 것이다.

삼법인三法印은 상견相見과 법상法相과 차별지혜差別智慧를 벗어난 것이지만, 지혜의 차별과 견견見의 차별에 따라 법法을 달리 보게 된다. 유위有爲의 상견相見으로는 삼법인三法印을 유견有見과 생멸견生滅見과 성주괴공成住壞空으로 보게 된다. 무위無爲의 공견空見으로는 삼법인三法印을 무자성無自性 공견空見으로 보게 된다. 유위有爲와 무위無爲를 벗어버린 원각圓覺 원융일명圓融一明에서는 그 자체가 유위有爲와 무위無爲와 무자성無自性 공空을 벗어버린 진여일성眞如一性이다. 유위有爲의 삼법인견三法印見은 상

법相法이며, 무위無爲의 삼법인견三法印見은 무자성無自性
공법空法이며, 원각圓覺의 삼법인견三法印見은 일성진여법
一性眞如法이다. 유위견有爲見은 유위상有爲相을 벗어나지
못하고, 무위견無爲見은 무자성無自性 공상空相인 무위상
無爲相을 벗어나지 못한다. 유위有爲와 무위無爲를 벗어버
리면 일체一切가 유위有爲와 무위無爲를 벗어버린 이사불
이理事不二의 진여실상眞如實相인 불성대해佛性大海며, 원
융각명圓融覺明 원각일성圓覺一性이다.

삼법인三法印은 체상용體相用 불이不二인 진여眞如의 원
융일성부사의사圓融一性不思議事다. 일각요의一覺了義에서
보면, 이것이 곧, 법성실상도法性實相道인 법성청정실상장
엄계法性淸淨實相莊嚴界다. 이 법계장엄法界莊嚴이 진성심
심극미묘眞性甚深極微妙 불수자성수연성不守自性隨緣成 이
사명연무분별理事冥然無分別 번출여의부사의繁出如意不思
議 잉불잡난격별성仍不雜亂隔別成 증지소지비여경證智所知
非餘境 이다라니무진보以陀羅尼無盡寶 장엄법계실보전莊嚴
法界實寶殿이다.

중생衆生이든, 불佛이든, 사물事物이든, 삼라만상森羅萬
象 만물萬物이든, 오온五蘊이든, 무명無明이든, 깨달음이
든, 법인法印을 벗어난 것은 없으며, 법인法印을 벗어나면
곧, 법성法性의 섭리가 끊어진 것이라 법성法性을 벗어난

것이므로, 그것이 무엇이든 법성법계法性法界에 존재할 수가 없다. 법인法印은 곧, 법성실상法性實相인 법성섭리法性攝理다. 중생衆生이 아니므로 중생衆生을 벗어나 불佛을 성취하고, 불佛이 아니므로 중생衆生이 되기도 한다. 중생衆生이 중생衆生이 되는 것에도, 법성실상法性實相의 법성섭리法性攝理 속에 가능하며, 불佛이 불佛이 되는 것에도, 법성실상法性實相인 법성섭리法性攝理 속에 가능하다. 중생衆生이 되고, 불佛이 되는 것에도, 그 진성眞性은 중생衆生도 불佛도 아닌 진여진성眞如眞性이므로, 법성섭리法性攝理의 업력業力과 각력覺力을 따라 부사의 중생衆生이 되기도 하고, 부사의 불佛이 되기도 한다. 이 일체一切가 진여진성眞如眞性 부사의不思議 묘명妙明이다. 그러므로 완연한 각覺과 불佛을 성취하면, 중생衆生을 벗어날 뿐만 아니라, 불佛까지 벗어나게 된다. 그것은 본연본성本然本性 각명覺明은 중생衆生도, 불佛도 아니기 때문이다. 중생衆生도 불佛도 상견相見 중생衆生의 분별심과 미망迷妄 속에 존재할 뿐, 불佛의 각성覺性에는 중생衆生뿐 아니라 불佛도 없다. 일체一切가 중생衆生과 불佛을 벗어버린 원융각명圓融覺明일 뿐이다. 삼라만상森羅萬象 만물萬物이 물物이 아니므로, 법성실상法性實相 법성섭리法性攝理 속에 심心과 원융圓融하여 융통融通하고, 물物과 심心이 법성실상法性實相 법성섭리法性攝理 속에 물物과 심心이 불이일성不二一性이며, 물物과 심心이 법성실상法性實相 법성섭리法性攝理

속에 내외內外가 없고 차별이 없어, 법성실상法性實相 법성섭리法性攝理 속에 내가 물物이기도 하고, 물物이 심心이기도 하다. 중생衆生이든, 불佛이든, 물物이든 법성실상法性實相 진여眞如의 법성法性 성품과 섭리攝理를 벗어나면 존재할 수가 없고, 존재하지 않으니, 중생衆生의 섭리든, 불佛의 섭리든, 물物의 섭리든, 심心의 섭리든 생멸生滅과 유무有無의 섭리든, 법성法性의 성품과 법성섭리法性攝理에 의한 부사의 현상이다. 일체一切인 이理와 사事 또한, 법성法性 성품 법성섭리法性攝理의 원융일성圓融一性 부사의사不思議事다. 법성法性의 성품과 법성섭리法性攝理를 벗어나면 일체一切가 단멸斷滅이라 드러낼 중생衆生도 단멸斷滅이라 없고, 불佛도 단멸斷滅이라 없고, 일물一物도 단멸斷滅이라 없고, 일심一心도 단멸斷滅이라 없고, 일각一覺도 단멸斷滅이라 끊어져 존재할 수가 없다. 무명無明의 섭리든, 각명覺明의 섭리든, 법성法性의 성품 진여眞如의 법성섭리法性攝理를 벗어나면, 물物이든, 심心이든, 법法이든 드러낼 그 어떤 무엇도 단멸斷滅이라 끊어져 존재할 수가 없다. 일체一切가 진여眞如 법성法性의 성품 법성섭리法性攝理의 작용세계며, 현상이다. 법성法性 진여眞如의 성품과 법성섭리法性攝理를 벗어나거나, 지혜智慧의 방편方便을 벗어나 그 무엇을 드러내려 하거나, 그 무엇을 일컬을 것이 있다면 이는 사도邪道며, 희론戲論이며, 사견邪見이며, 미혹迷惑의 망견妄見이다.

일체개고一切皆苦는 상상에 머묾의 생멸심生滅心이며, 분별심分別心이며, 사상심四相心이며, 중생심衆生心으로, 법성섭리法性攝理인 무자성無自性 무유정법無有定法의 실상법實相法이 아닌 상상을 정정定해 보는 상법相法이므로 법성섭리法性攝理의 지혜인 법인법法印法이 아니다. 일체一切는 법성法性의 세계며, 법성계法性界는 법성실상法性實相과 법성섭리法性攝理인 삼법인계三法印界이므로, 일체개고一切皆苦가 불변不變인 법인法印이면, 원융불이圓融不二 본성계本性界가 아니므로 중생衆生이 고苦를 벗을 수 없어, 중생이 성불成佛할 수가 없다. 일체개고一切皆苦를 법인法印으로 보면, 각覺을 성취하여 중생衆生의 미혹과 고苦를 벗어난 불佛도, 고苦를 벗지 못한 무명無明의 중생고衆生苦 속에 있는 것으로 보는 무명견無明見이며, 미혹견迷惑見이다. 이는 열반涅槃과 바라밀波羅蜜과 성불成佛을 부정否定하는 미혹의 사견사법邪見邪法이며, 법성지혜法性智慧와 성불成佛의 지혜智慧를 끊어버리는 악법악견惡法惡見이다. 법인法印은 법성실상法性實相에 의한 무자성無自性 법성섭리法性攝理인 일성一性의 무유정법無有定法이므로, 어떤 무엇으로도 파괴할 수 없는 원융법성圓融法性의 섭리다. 일체개고一切皆苦를 법인法印으로 보면, 법성실상法性實相과 법성섭리法性攝理와 무자성無自性과 무유정법無有定法을 부정하며, 이를 고苦와 고苦의 섭리로 보며, 법성섭리法性攝理 속에 있는 무자성無自性 일체一切 존재인 유정무정有情無情과 일체 생명과 만물이 일체개고一切皆苦를 벗어날 수가 없고, 일체개고一切皆苦 속에 있음을 확정確定하는 미혹迷惑의 사견邪見을 가지게 된다. 이것은 중생衆生이 미혹과 고품를 벗어나 성불成佛하는 본성本性 실상實相 실체實體를 망각忘却하고, 알지 못하므로 고품를 벗어난 성불成佛의 실체實體 각성覺性을 왜곡하고 끊어버리는 미혹迷惑의 망견忘見인 무명견無明見이다. 고품와 사상심四相心과 무명無明을 벗어난 불법佛法과 성불成佛과 불계佛界와 불성佛性과 본성本性을 왜곡하는 사견邪見으로 고품를 벗어난 불법佛法의 지혜와 열반涅槃과 바라밀波羅蜜 각성계覺性界를 부정否定하는 무명악견無明惡見이며 망견忘見이다. 일체개고一切皆苦가 법인法印이면, 일체사물一切事物과 일체만상一切萬相과 본성실상本性實相과 각성일심覺性一心과 유상무상有相無相과 유정무정有情無情 등의 일체가 고품임을 결정법結定法으로 확정確定하는 것이므로, 이는 중생이 고품를 벗을 수 없고, 고품를 벗어난 성불成佛과 불각佛覺을 부정否定하는 법法이며, 법성섭리法性攝理에 의한 무유정법無有定法인 삼라일체만물만상森羅一切萬物萬相과 유정무정有情無情이 일체개고一切皆苦에 묶여 있음을 정定해 보는 악견惡見이다. 일체개고一切皆苦는 상相을 집착하는 중생衆生의 무명심無明心인 미혹을 벗어나지 못한 무명無明의 악견惡見이며, 악법惡法이다.

일체개고一切皆苦는 불지혜佛智慧가 아니며, 실상법實相

法이 아니며, 반야般若가 아니며, 대승지大乘智가 아니며, 사성체四聖諦와 팔정도八正道까지 부정否定하는 미혹迷惑의 중생견衆生見이다. 일체개고一切皆苦는 제행무상인諸行無常印, 제법무아인諸法無我印, 열반적정인涅槃寂靜印의 법인지혜法印智慧에 들지 못한 미혹迷惑 중생심衆生心인 오온五蘊과 탐진치貪瞋癡 삼독심三毒心에 의한 망견妄見이다. 의식意識인 사상심四相心의 일체가 환幻임을 깨달으면, 일체개고一切皆苦를 벗어난 법인지法印智에 들게 된다. 원융법성圓融法性인 일성반야지一性般若智에 들면, 중생의 일체고一切苦와 생멸심生滅心이 환幻임을 깨닫게 된다. 중생이 상相과 고苦를 벗어나 불佛을 성취하는 것도, 법성法性의 성품 법성섭리法性攝理인 삼법인三法印, 무자성無自性 무유정법無有定法 실체實體의 원리原理에 있다. 법인지法印智 무유정법無有定法인 아뇩다라삼먁삼보리를 발發하면, 중생의 무량심無量心인 무명無明과 미혹의 일체개고一切皆苦가 환幻임을 깨달아, 일각요의一覺了義로 일체상一切相과 일체심一切心과 과거, 현재, 미래가 끊어진 무명무상절일체無名無相絶一切의 청정일심원융淸淨一心圓融의 일성지一性智를 발發하여, 일체一切가 환幻이며, 무량원겁無量遠劫이 곧, 한 생각卽一念임을 깨닫게 된다. 일체개고一切皆苦와 무명중생심無明衆生心인 미혹의 일체一切가 실체實體 없는 환幻이며, 망념妄念임을 깨달음이 삼법인지三法印智며, 불법佛法의 실상지혜實相智慧다. 삼법인三法印의 실체實體는 법성

法性의 불이성不二性이니, 일체상一切相과 분별심을 벗어난 법인지法印智가 원융지圓融智며, 무자성원융無自性圓融 법성지法性智다. 이 깨달음에 듦이 보리심菩提心인 아뇩다라삼먁삼보리다. 불지佛智 원융청정일각圓融淸淨一覺에는 사상심四相心이 없어 일체개고一切皆苦가 없다. 일체상一切相과 무명無明을 벗어버린 깨달음의 경계에서는, 무엇이든 일컫고 이름할 것이 있으면 그것이 법상法相과 유견有見인 무명無明이며, 상념의식想念意識 미혹의 망념妄念이다. 중생衆生의 분별 사상심四相心 무명無明도 깨닫고 보면 실체 없는 환幻이며, 중생衆生의 무량세월 사상심四相心의 무량원겁無量遠劫도, 한 생각 즉일념卽一念의 공화空華다.

일체개고一切皆苦는 탐貪과 아我가 있는 사상심四相心으로는 그 실상을 알 수 없는 것으로, 이는 중생계衆生界의 삶을 바라보는 각자覺者의 지혜智慧와 대비심大悲心 시야視野와 시선視線일 뿐, 법인法印이 아니다. 법성지혜法性智慧를 발發하여 파괴됨이 없는 청정부동淸淨不動 진여眞如의 결정성結定性 일각요의一覺了義 법인法印에 들면, 일체개고一切皆苦는 중생계衆生界를 바라보는 즉, 불안佛眼의 지혜智慧와 대비심大悲心의 세계임을 깨닫게 된다. 깨달음을 얻어 일체개고一切皆苦를 벗어나면, 각안覺眼에 비치는 중생衆生 삶의 일체개고一切皆苦를 연민憐愍의 시선視線으로 바라보며, 물듦 속에 피어있는 물듦 없는 연꽃을 보게 된다.

12 一念卽是無量劫(일념즉시무량겁)
일념즉시 무량겁이네
한생각인 그자체가 무량겁의 그자체네

한 생각이 곧, 이 무량겁無量劫이다.

무량원겁즉일념無量遠劫卽一念이니, 한 생각 그 자체가 곧, 무량겁이다.

한 생각一念이라 함이 무엇일까? 한 생각의 실상實相을 바로 깨달으면 불佛이며, 한 생각에 미혹해 있으면 바로 중생이다. 한 생각一念이 곧, 법계法界며, 일체법계一切法界가 곧, 한 생각一念 그 자체다. 한 생각이 사라지면 청정제불법계淸淨諸佛法界며, 한 생각 환몽幻夢 속에 있으면 중생법계다. 법계法界는 한 생각인 곧, 일념一念이다. 무량겁無量劫이 생멸하는 환몽幻夢의 한 생각 그 자체다.

여기에서 한 생각—念이라 함은 일어났다 사라지는 념념 念念이 이어지는 그 자체를 일컬음이 아니다. 생각이 일어 난 바로 그 한 생각, 그 자체를 일컬음이다.

빗방울이 풀잎 끝에 맺혀 떨어지려는 그 순간, 맑고 영롱 한 물방울 속에는 주위의 세계가 환히 비쳐, 작은 물방울 속에 한 세계를 온전히 머금은 채 떨어지게 된다. 한 물방 울 속에 한 세계를 온전히 갖추었듯 일념도 이와 같다. 한 생각 속에 한 세계가 구족하고, 무량원겁이 한 생각 속에 맺혀 있다. 한순간 일어났다 사라지는 념념念念이 이어지 는 한순간의 마음이라는 것은 중생들이 생각하는 마음 인 식認識의 세계다. 부처님께옵서 설설說하신 일체불법—切佛 法의 화엄법계華嚴法界와 법화법계法華法界와 반야법계般 若法界와 인과법계因果法界가 곧, 한 생각 속의 일이다. 한 생각, 그 속에 일체불법—切佛法이 있다. 생각이 일어났다 사라지는 단순한 그 자체 실상實相만 명료히 깨달으면, 일 체 법계法界의 실상實相을 깨닫게 된다. 일체 차별세계와 차별현상은 한 생각 그 자체의 모습이다. 한 생각의 실상實 相을 깨달으면 불佛이며, 한 생각의 실상實相을 깨닫지 못 해, 한 생각이 미망법계迷妄法界의 환몽幻夢 속에 있으면 중생이다.

한 생각—念과 법계法界가 다르지 않다. 한 생각이 무량법계無量法界며, 한 생각이 무량겁無量劫이다. 무량법계無量法界가 바로 한 생각이며, 무량원겁無量遠怯이 곧, 한 생각이다. 한 생각 속에 온 우주와 삼라만상을 머금었고, 무량 무한세계가 곧, 한 생각 그 자체다. 한 생각 속에 시時, 세歲, 상相, 의意, 망妄의 환몽幻夢이 구족하다. 한 생각, 이 속에 일체법계一切法界가 장엄하다.

　시간이 흐르고, 세월이 흘러, 무량생無量生의 삶이 지나 쌓이고 쌓여 무량겁이 되고, 옛과 지금이 같을 수 없는 이 일체가 공겁空劫이라, 이 일체가 한 생각 그 자체다. 과거, 현재, 미래, 그 자체가 서로 섞임 없이 원융의 공화空華를 이루니, 이것이 본각本覺의 조화造化며, 본성本性의 부사의不思議며, 본심本心의 현묘玄妙함이다. 흐르는 것 같으나 흐름이 끊어졌고, 흐름이 끊어진 것 같으나 무궁조화無窮造化가 있음은, 본심本心이 단멸斷滅이 아니기 때문이며, 본성本性이 무자성無自性이기 때문이며, 본각本覺이 원융圓融하기 때문이다. 마음이 본심本心, 본성本性, 본각本覺의 부사의 공덕을 수용하지 못해, 법성法性의 부사의 작용의 현상을 따라 머물러 흐르면, 시時와 겁劫이 환몽幻夢 중에 상심相心을 따라, 환幻의 장엄법계莊嚴法界를 이룬다. 상相만 공空한 것이 아니다. 시時와 겁劫이 공시空時, 공겁空劫이니, 삼세三世가 서로 어울러도 섞이지 않고, 서로서로 구족具足하다. 거울은 한 조각이라도 보는 자의 방향을 따라, 각각 달리 온갖 형상과 모양이 비치어도, 각각 형상이 서로 섞이거나 장애됨이 없음은, 거울이 형상을 비치는 것이 아니라, 보는 자의 경계를 따라 거울의 부사의 작용, 공화空華의 조화造化가 일어나기 때문이다. 거울을 통해 형상을 보게 되나 거울에는 그 형상이 없다. 거울이 맑고 맑아 상응相應하는 부사의 작용이 있을 뿐이다.

거울이 아무리 맑고 맑아 만상萬相을 두루 비치어도 마음보다는 더 맑지 못하며, 허공이 아무리 비고 또, 텅 비어도 마음보다는 더 비우지 못한다. 거울이 아무리 맑고 맑아 삼라만상을 두루 비치어, 만상萬相이 한 티끌 빠짐없이 두루 드러나도 그 이상 더 맑지를 못해, 소리와 향기와 맛과 촉각을 비치지 못해 덩그러니 형상만 비칠 뿐이다. 마음은 거울보다 더욱 맑아 심령스러워, 삼라만상 모양과 소리와 향기와 맛과 촉각까지 빠짐없이 모두 비치고, 형체와 모습 없는 무형의 미세 마음 움직임도 고스란히 비치니, 마음 맑음의 신령함을 따를 무엇이 없다. 허공은 텅 비운 것을 몸체로 하여, 자신을 비우고 비워도 마음처럼 비울 수 없어, 텅 빈 그 자체의 자신의 몸체를 감추고 숨길 수 없어, 어쩔 수 없이 막연히 드러내어 놓고 있을 뿐이다. 마음은 비우고 비워, 비운 것도 비워버려, 숨기고 감출 무엇도 없이 비워, 그 자신 모습까지 알 수가 없고, 드러나지 않아, 범부凡夫든, 성인聖人이든, 신神이든, 그 누구도 알 길이 끊어졌다.

마음은 허공보다 더 비웠기에 자신의 몸체를 두지 않아, 몸의 감각과 촉각의 육근六根으로도 알 길이 끊어졌다. 단지, 마음의 조화造化가 있어, 마음이 있음을 알 뿐, 무엇으로도 마음을 보거나 알 길이 끊어졌다. 그러나 마음작용 육근의 식이 끊어지면, 비로소 비침의 부사의 본체를 깨달을 뿐, 상相 없고, 실체가 없으니, 의식과 육근六根으로는 알 수가 없고, 그 어떠한 분별과 헤아림으로도 알 길이 끊어졌다.

아무리 비우고 빈 것과 맑고 맑은 때묻음 없는 것이어도, 무엇이든 몸의 촉각과 감각과 생각으로 헤아려 알 수 있는 것은, 그것이 무엇이든 곧, 상相이며, 눈에 보이지 않는 무형의 마음이어도, 마음으로 헤아려 알 수 있거나, 정신이나 느낌으로 알 수 있는 것은 곧, 상相이 아닌 것이 없다. 마음은 비우고 더 비워 그 몸체까지 비워, 그 실체까지 모습과 형상이 끊어져, 몸의 촉각과 의식의 감각과 지식과 지혜의 분별과 앎으로도 알 길이 끊어졌다. 그러므로 몸의 촉각과 감각과 마음 작용의 모든 것을 벗어버린 깨달음의 상相 없는 지혜로만 깨달을 수 있을 뿐이다. 깨달아도 단지, 상相 없고, 실체實體 없는 성품임을 깨달을 뿐, 분별하고 헤아릴 수 있는 일체 이름과 형상이 끊어졌다. 비우고 비워, 자기 몸체까지 비워, 일체가 끊어져 이름도 없고, 모습도 끊어져, 단지, 상相 없는 깨달음으로만 알 수 있을 뿐, 어떤 촉각과 감각의 무엇으로도 알 길이 끊어졌다. 거울보다 맑고 더 맑아 신령스럽고, 허공보다 비고 더 비어 현묘玄妙하여 부사의不思議며, 불가사의不可思議다. 이 부사의 실체實體가 본심本心이며, 이 부사의 본심本心의 성품이 본성本性이며, 이 부사의 본심本心이 원융으로 항상 밝게 깨어있는 각성覺性이 본각本覺이다. 이 깨달음에 든 의상대사義湘大師의 증도가證道歌가 법성게法性偈다. 한 생각이 멸滅하면 삼세三世가 공空하여 무량겁이 흔적이 없고, 한 생각이 일어나니 만법萬法이 생生하여 무량겁이 완연完然하다. 무량겁이 즉일념卽一念이니, 무량겁이 한 생각 속에 피어난 부사의한 공화空華다. 한 생각 환幻의 공화空華가 사라지면, 사상심四相心 속의 무량겁이 실체 없는 환몽幻夢이니, 흔적 없이 사라진다. 일념一念이 곧, 환幻의 만법장엄萬法莊嚴이며, 한 생각이 사라지면 시방十方을 둘러보아도 한 생각과 무량겁無量劫이 의지할 곳이 없다. 이것이 여래장如來藏 실상實相이다. 한 생각이 일어나면 만법萬法이 일어나고, 한 생각이 사라지면 만법萬法이 사라진다. 무량원겁즉일념無量遠劫卽一念이며, 일념즉시무량겁一念卽是無量劫이다. 사상일념四相一念이 만법萬法이며, 깨달음으로 사상일념四相一念이 사라지면 시時와 만법萬法이 공화空華라, 무염각성無染覺性에는 그 뿌리와 지나온 흔적과 자취가 없다.

13 九世十世互相卽(구세십세호상즉)
구세십세 호상즉이니
구세십세 그모습이 그자체로 하나이니

   구세九世와 십세十世가 서로 모습이 섞이거나 장애 없이 그대로다.

   일념즉시무량겁一念卽是無量劫이니, 삼세三世가 공空하여 구세九世가 원융하고, 십세十世가 걸림 없이 그 자체로 하나이다.

   과거 삼세三世와 현재 삼세三世와 미래 삼세三世인 구세九世와 무량구세無量九世를 섭수하는 하나인 일념一念 일세一世가 더한 십세十世가 서로 섞이거나 걸림 없이 하나하나가 그 자체로 완연完然하다.

   구세九世는 무량세無量世 무량겁을 일컬음이니, 과거의

삼세三世, 현재의 삼세三世, 미래의 삼세三世다. 과거의 삼세三世가 그 전前 과거의 미래세며, 현재의 삼세三世가 과거의 미래세며, 현재의 삼세三世가 미래의 과거세며, 미래의 삼세三世는 다음 미래의 과거세가 된다. 과거를 기점하면 현재는 미래세며, 미래를 기점하면 현재는 과거세며, 현재를 기점하면 과거를 지나 미래로 향하는 흐름의 과정이다. 현재를 돌아보면 과거의 미래를 살고 있으며, 미래의 과거를 살고 있는 것이다. 이것이 가능한 것은 과거, 미래, 현재가 본공本空하기 때문이다. 본공本空하지 않으면 과거, 현재, 미래가 생성될 수가 없고, 존재할 수가 없다. 과거, 현재, 미래가 생성되고, 변화하며 흐르는 것은, 과거, 현재, 미래가 본공本空하기 때문이다. 이 일체가 공화空華다. 실체 없는 성품에서 무량조화無量造化가 일어나고, 자성自性 없는 것에서 무량 인연이 조화造化를 이루며, 만상萬相과 만물萬物이 인연을 따르는 것은, 만상萬相과 만물萬物이 그 법성法性이 무자성無自性이니 실체가 없기 때문이며, 머무름이 없기 때문이다. 현상이 드러남도 실체 없는 법성法性의 성품이 인연을 따르는 조화造化의 법성섭리며, 현상이 사라짐도 실체 없는 법성法性의 성품이 인연을 따르는 법성섭리의 조화造化로 법성法性이 머무름 없는 실체의 흐름이다. 이 흐름이 삼세三世며, 구세九世다. 삼세三世와 구세九世 외에 일세一世는 삼세三世와 구세九世를 수용하고 섭수하는 자아일념自我一念이 일세一世다. 십세十世

가 본공本空이니, 물物도 공空하고, 심心도 공空하고, 시時
도 공空하고, 삼세三世도 공空하고, 구세九世도 공空하고,
일세一世도 공空하여, 십세十世가 원융圓融하여 서로 섞이
거나 걸림이 없어, 하나하나가 그 자체로 완연完然하다. 공
적본심空寂本心은 원융圓融하여, 무자성無自性 무유정법無
有定法인 일체一切의 시時와 물物과 심心을 수용하고 섭수
하여, 십세十世가 공空하다. 십세十世가 본공本空한 것은
본심本心이 본공本空하기 때문이며, 구세九世와 십세十世
가 본공일심本空一心 속의 부사의사不思議事다.

　무엇이든, 그 본성本性이 실체가 없어, 공空하지 않으면
생성될 수가 없고, 그 실체가 머묾 없는 무자성無自性이 아
니면, 인연을 따라 변화하며 흐를 수가 없다. 일체 존재의
생성은 법성法性이 무자성無自性이므로 인연을 따르는 작
용이며, 법성法性은 실체 없는 무자성無自性이기에 삼라만
상 만물조화와 생멸변화 흐름의 섭리가 있다. 생멸변화의
흐름을 따라, 만상萬相과 만법萬法을 수용하고 섭수하는
공적본심空寂本心에 미혹한 자아일념自我一念이 구세九世
를 수용하는 일세一世며, 무유정법無有定法 법성섭리法性
攝理의 인연을 따르는 삼세三世와 구세九世가 무자성無自
性 원융일성圓融一性의 공화空華이므로, 서로 섞임이나 장
애가 없어, 이사理事와 사사事事가 원융하여 서로가 장애
없고, 섞임 없이, 삼세三世와 구세九世가 구족具足하고, 완

연完然하다. 십세十世가 본공本空임을 깨달으면, 십세十世
가 서로 섞이거나 걸림 없는 부사의 원융법계圓融法界 화
엄장엄華嚴莊嚴인 구세십세호상즉九世十世互相卽을 깨닫게
된다. 이는 이사무애理事無礙 사사원융事事圓融의 세계다.
삼세三世와 구세九世, 자아일념自我一念인 일세一世는 상
相의 분별심과 사량으로 헤아려 이해할 수가 있으나, 구세
십세호상즉九世十世互相卽은 원융실상圓融實相을 깨달음으
로 알 수가 있다. 구세십세호상즉九世十世互相卽은 이사무
애理事無礙와 사사원융事事圓融인 법성원융法性圓融 일성
一性에 들면, 본심일각本心一覺 속에 구세십세호상즉九世
十世互相卽을 깨닫게 된다. 이는 원융일성법계圓融一性法界
며, 원융일심법계圓融一心法界다.

14 仍不雜亂隔別成(잉불잡란격별성)
잉불잡난 격별성이네
섞이거나 혼란없이 서로달리 이뤄지네

섞이거나 혼란 없이, 막힘이나 장애 없이 서로 달리 이뤄진다.

구세십세호상즉九世十世互相卽이니, 법성法性이 원융하여 서로 각각 장애 없이 완연하게 이루어진다.

이는 이사무애원융장엄理事無礙圓融莊嚴이다. 과거, 현재, 미래의 삼세三世인 구세九世와 구세九世를 수용하고 섭수하는 자아일념自我一念 일세一世가 하나이어도, 서로 섞이어 혼란하여 어지럽거나 장애되지 않고, 각각 서로 달리 이루어진다.

잉불잡란격별성仍不雜亂隔別成은 무자성無自性 무유정

법無有定法인 이사원융理事圓融 사사무애事事無礙의 법계法界다. 이사理事와 사사事事가 원융圓融함은 이리理와 사事가 무자성無自性이기 때문이다. 이리理는 물物과 심心, 모든 존재의 본성本性이다. 사事는 본성本性의 법성섭리法性攝理에 의한 물物과 심心의 일체 현상이다. 이리理는 모든 현상을 드러나게 하는 작용의 본체本體며, 사事는 이리理의 작용으로 드러나는 일체 현상이다. 이리理와 사事가 따로 있는 것이 아니다. 또한, 이리理와 사事가 다른 것이 아니다. 이理와 사事가 다르면, 일체 존재가 생성될 수가 없다. 이理와 사事가 다를 바 없음은, 이리理의 작용으로 사事가 드러나고, 사事는 이리理의 작용을 따라 변화하고 생멸하기 때문이다. 이리理는 사事의 본성本性이며, 사事는 이리理인 본성本性의 작용으로 드러나는 현상이다. 이리理와 사事의 이러한 작용이 있음은, 이리理와 사事가 둘 다 실체 없는 공空한 무자성無自性이기 때문이다. 이리理가 무자성無自性이므로 인연을 따라 작용하여 현상을 드러내며, 사事가 무자성無自性이므로 인연을 따라 머묾 없는 현상의 흐름인 생멸변화의 모습을 드러낸다. 사事가 머묾 없고 실체 없는 무자성無自性 공상空相이므로, 사사무애事事無礙의 법성작용이 이루어지며, 이리理와 사事가 무자성無自性이므로, 이사무애理事無礙의 원융법계圓融法界 무유정법無有定法의 법성작용이 이루어진다. 이리理와 사事가 둘 다 공空한 실상實相인 일성진심一性眞心에 들면, 일체一切가 생멸이 끊어진 무자성無

自性, 진여일성眞如一性을 깨닫게 된다. 인연을 따라 삼라만상을 드러내지 못하면 무자성無自性 원융법성圓融法性이 아니며, 삼라만상이 드러나고, 생멸변화와 인연섭리를 따라 만물이 운행함은, 원융법성圓融法性인 무자성無自性 성품 섭리의 조화造化 때문이다. 무자성無自性 원융법성圓融法性이 삼라만상을 드러냄은, 이理와 사事가 둘 다 실체 없는 공성空性으로 원융하기 때문이다. 원융일성圓融一性에 들면, 이理와 사事가 둘 다 공空한 심진여일성心眞如一性에 들게 된다. 그러나 이理와 사事를 분별하고 논論함은, 무자성無自性 원융법성圓融法性의 작용으로 드러나는 현상이 있으므로 사事라고 하며, 사事를 드러나게 하는 본성本性이 있으므로, 이를 일러 이理라고 한다. 사事의 본성本性을 이理라고 함은, 드러나는 사事의 현상의 성질과 모양과 특성이 본성本性의 섭리攝理와 이치理致와 원리原理를 따라 드러나는 현상이기 때문이며, 본성本性이 사事의 섭리의 본체며, 사事의 작용과 형태와 특성 성질의 섭리와 원리의 실체이므로 이理라고 한다. 본성本性의 작용으로 드러나는 현상을 사事라고 함은, 본성本性의 섭리작용으로 드러나는 이理의 현상이므로, 현상을 이理의 사事라고 한다. 본성本性의 섭리는 사事의 현상으로 드러나고, 사事의 현상과 작용은 본성本性의 섭리를 따라 드러나고 작용한다. 본성本性 이理는 현상 사事의 이理며, 현상 사事는 본성本性 이理의 사事다.

그러므로 이理의 작용과 섭리는 사事의 작용과 현상으로 드러나고, 사事의 작용과 섭리를 통해 이理의 섭리와 작용을 깨닫게 된다. 이理는 사事의 섭리와 작용의 실체實體이므로 이理며, 사事는 이理의 섭리를 따라 드러나는 현상이므로 사事이니, 이理와 사事가 둘일 수 없고, 또한 다른 것이 아니다. 이는 물과 얼음의 관계와도 같다. 물은 생태환경 영하의 온도로 물의 섭리작용으로 액체인 물의 본모습과는 다른 고체의 얼음으로 변화하며, 얼음이 물의 본래 모습은 아니나, 물의 본래 모습과 성질을 벗어나 있지 않다. 얼음의 형태와 특성은 환경 온도에 의한 물의 섭리의 형태적 변화며, 물의 성질과 특성에 의한 작용과 변화는 영하의 온도로 물이 얼음의 형태와 특성으로 드러난다. 물을 떠나 얼음이 존재할 수가 없고, 얼음을 떠나 물이 또한 있는 것이 아니니, 물과 얼음은 둘일 수 없고, 또한, 다른 것이 아니다. 단지, 얼음을 형성하게 하는 체성體性이 있으니 그것이 물이며, 물의 작용 변화로 드러나는 고체의 형상이 있으니, 그것을 얼음이라고 한다. 얼음의 모습과 성질은 물의 특성 섭리작용에 의함이며, 물의 성질과 특성섭리의 작용으로 온도의 변화에 따라 물이 변화하여 얼음의 형태로 드러나며, 또한 얼음이 본래 물의 모습으로 돌아가기도 한다. 이理의 섭리로 드러나는 현상이 사事며, 사事를 드러나게 하는 실체가 이理다. 이理와 사事는 상相의 유무有無가 아니라, 법성원융法性圓融의 섭리 불이성不二性의 작용이다.

심心의 원융일성圓融一性 본심각력本心覺力을 수용하지 못해, 사事의 현상에 머물러 사事를 따라 의식意識이 흐름이 상심相心이며, 사상심四相心이다. 원융법성圓融法性을 깨달아 사事의 무자성無自性인 상相 없는 실체實體와 본성本性을 깨달으면, 상심相心과 사상심四相心이 소멸하여, 상相의 실체實體인 무아무상無我無相을 체달하여 청정본성淸淨本性에 들어, 물심物心이 둘이 아닌, 이理와 사事가 공空한 법성원융일성法性圓融一性에 들게 된다. 이 진일성眞一性은 진여일성眞如一性으로, 이理와 사事가 공空한 원융적멸부사의본성圓融寂滅不思議本性에 이른다. 이것이 불이성不二性이다. 이 진여일성眞如一性은 이理도 적멸寂滅이고, 사事도 적멸寂滅한 청정부동적멸성淸淨不動寂滅性이다. 이 진여일성眞如一性 원융성圓融性은 이理가 그대로 사事며, 사事가 그대로 이理다. 즉, 이사불이理事不二인 이사명연무분별理事冥然無分別의 법계法界다. 이에 이르면 구세십세호상즉九世十世互相卽이며, 잉불잡란격별성仍不雜亂隔別成의 법계法界다. 이는 원융심圓融心이며, 부사의무애不思議無礙 본심本心, 본성本性, 본각本覺의 일심원융一心圓融, 일성청정一性淸淨, 일각묘현一覺妙玄의 법계法界다. 이는 법성일실法性一實의 현현묘유玄玄妙有다. 즉, 일심一心, 일성一性, 일각一覺의 원융불이성圓融不二性 각명覺明의 세계다.

15 初發心時便正覺(초발심시변정각)

초발심시 변정각이니
초발심을 했을때에 바로정각 이룸이며

초발심初發心 했을 때에 두루 원융圓融한 바로 정각正覺
이다.

초발심初發心과 정각正覺은 다른 것이 아니다. 초발심初
發心이 발보리심發菩提心인 정각正覺이며, 정각正覺이 초
발심初發心이다. 발심發心도 두 경계境界에서 살펴볼 수
가 있다. 상심相心의 수행발심修行發心과 바른 깨달음에 의
한 보리심菩提心 각覺의 발심發心이다. 또한 대비원大悲願
의 보살심菩薩心과 보살행菩薩行의 원력발심願力發心이 있
다. 상심相心의 발심發心은 무상각無上覺을 이루기 위한 수
행발심修行發心이며, 바른 깨달음에 의한 보리심菩提心 각
覺의 발심發心은 본심本心을 발發함이다. 본심本心이 바로
각覺이다. 상심相心과 본심本心은 어떻게 다른가? 상심相

心은 법성法性에 미혹迷惑함으로 나, 자아自我가 있어, 상相을 분별하여, 자타自他와 내외 일체상의 차별심인 사상심四相心에 의한 상相의 분별심이다. 본심本心은 곧, 각覺이다. 본심本心과 본성本性과 본각本覺은 다를 바 없다. 사상심四相心을 여의어 각覺에 들면, 본심本心, 본성本性, 본각本覺의 일여一如에 들게 된다. 이 깨달음 세계가 법성원융법계法性圓融法界다. 본심本心에 들면, 자타불이自他不二며, 물심불이物心不二며, 본심本心이 일성一性이며, 일각一覺이다. 깨달음인 보리심菩提心은 곧, 본심本心이며, 본심本心, 본성本性, 본각本覺이 원융圓融한 일심一心이다. 일심一心, 일성一性, 일각一覺의 일一이란, 하나를 뜻함이 아니다. 일체상一切相을 벗어남으로 일체불이一切不二에 이르게 되니, 일체一切를 벗어버린 절대원융성絶對圓融性을 일一이라고 한다. 이는 일체一切가 상相 없는 원융한 한 성품이기 때문이다. 일一은 곧, 불이성不二性이며 원융성圓融性이다. 각覺에 들면 차별의 하나와 같음의 하나도 사라지고, 일체一切가 하나인 일여一如도 사라지고, 불이不二의 하나도 사라진다. 그러므로 일체一切가 원융하여 불이성不二性으로 하나라고 하며, 오직 그 외는 없으므로 일一이라고 할 뿐이다. 일一은 원융圓融이며, 자재自在며, 무애無礙의 성품을 일컬음이다. 그러므로 각覺에 들면, 원융일심圓融一心과 원융일성圓融一性과 원융일각圓融一覺에 들게 된다. 삼라만상 허공까지 사라진 무한청정無限淸淨 성품 그

자체가 곧, 원융무애圓融無礙 일심一心이다. 그 자체가 곧, 심心의 원융성圓融性이며, 원융각圓融覺이다. 이 각성覺性에는 시방일체十方一切 삼라만상 만물이 부사의 심心 하나에 불이성不二性으로 수용受用되고 섭수攝受된다. 상相을 분별하고, 사상심四相心이 있으면, 본심本心의 부사의 본연각성本然覺性을 수용하고 섭수하지 못하여, 상심相心의 분별심으로 본심本心 각력覺力의 무상공덕無上功德을 등지고, 자아의식自我意識의 분별심에 의지해 본심공덕本心功德을 잃은 상相의 삶을 살게 된다.

발심發心이 발보리심發菩提心이며, 발아뇩다라삼먁삼보리심發阿耨多羅三藐三菩提心이다. 초발심初發心은 사상심四相心을 여의어, 본심本心을 발發함이다. 즉, 깨달음 각覺이다. 이는 사상심四相心과 일체상一切相을 여의어 법성원융일성法性圓融一性에 듦이다. 발심發心의 경계는 일체가 곧, 청정진여淸淨眞如의 세계다. 이 세계는 일체상一切相 그대로 생멸 없는 불생불멸不生不滅인, 법성원융法性圓融 청정진여淸淨眞如다. 초발심시변정각初發心時便正覺은 초발심시初發心時에 바로 일체상一切相을 벗어버린 원융圓融한 정각正覺임을 뜻한다. 정각正覺이란 바른 깨달음이니, 각성覺性의 실實에 듦을 정각正覺이라 한다. 변정각便正覺은 일체상一切相을 벗어 각성覺性 원융불이圓融不二의 성품이 시방十方 일여一如에 원융편만圓融偏滿한 원융각圓

融覺을 일컬음이다. 깨달음으로 사상심四相心뿐만 아니라, 진리의 법상法相까지 벗어나니, 일체상一切相과 깨달음의 정각正覺까지 벗어나, 각覺의 원융실圓融實에 들게 된다. 깨달음은 상相이 아니니, 깨달아도 깨달음의 상相이 없고, 깨달음과 함께 상심相心 자아自我가 흔적 없이 소멸하므로, 깨달아도 깨달은 자者가 없어, 바로 미혹과 깨달음 둘 다 벗어버린 원융일성圓融一性에 들게 된다.

깨달음이란, 나 없음과 일체상一切相이 없음을 깨달음으로, 나 없고, 상相 없는 본심本心을 바로 깨닫게 된다. 깨달음으로 자신의 실체實體인 본연本然의 본심本心과 본성本性과 본각本覺에 들게 된다. 깨달으면 일체상一切相을 벗어나, 정각正覺인 깨달음까지 벗어버려, 일체一切가 각성覺性 원융일성圓融一性 일심一心뿐이다. 깨달음 세계는 원융일심圓融一心 일성일각一性一覺의 세계다. 초발심初發心이 바로 돈각頓覺이다. 초발심初發心에는 전후심前後心이 끊어져, 몰록 본심本心에 들게 된다. 초발심시初發心時에 삼세심三世心과 삼세업三世業과 삼세상三世相이 끊어져, 처음 발심인 초발심初發心의 의미가 끊어진다. 초발심初發心이 돈각頓覺이므로, 다음으로 이어지는 마음도 끊어지고, 뒤를 돌아볼 마음도 끊어져, 초발심初發心이 곧, 전후前後 없는 그대로 청정본성원융각淸淨本性圓融覺이다. 그러므로 초初는 처음의 의미가 아니라 전후前後가 끊어진 돈각頓覺

의 의미를 지닌다. 초발심시변정각初發心時便正覺은 초발심初發心 후에, 다음 또, 발심發心을 해야 할 것이 있는 것이 아니다. 초발심初發心이 곧, 전후심前後心이 흔적 없이 완전히 끊어지니, 초발심初發心이 곧, 완전한 각覺이다. 초발심初發心은 전후심前後心이 단박 끊어져, 본심本心을 발發함을 뜻한다. 이는 곧, 발아뇩다라삼먁삼보리심發阿耨多羅三藐三菩提心이다.

깨달음에는 초初가 시간상이나, 계속 앞으로 나아가는 과정과 계기契機의 처음이 아니다. 깨달음에는 전후가 끊어져 사라짐으로, 흘러가버린 지나온 과거도, 다가올 미래도 끊어진다. 그러므로 깨달으면 초初, 그 자체가 곧, 전후가 끊어진 것임을 깨닫게 된다. 깨달음에는 처음이 없음은, 시간과 상相과 나我의 전후가 끊어짐이 깨달음이기 때문이다. 깨달음에 있어서 초初는 전후가 끊어진 성품이 드러나는 돈각頓覺의 뜻이다. 돈각頓覺은 전후前後와 일체상一切相이 끊어짐이 돈頓이며, 전후前後와 일체상一切相이 끊어진 성품 보리菩提가 각覺이다. 만약 깨달음에 있어서 초初가 시간상의 언어나, 전후의 상황을 뜻하면, 그것은 깨달음이 아니다. 깨달음에는 시간의 흐름과 사물事物의 변화인 전후前後의 흐름 일체가 끊어진다. 시時의 전후前後가 끊어짐으로 깨달음을 발發하게 된다. 깨달음은 시時의 흐름인 일체상一切相이 끊어진 원융세계다. 시간과 전후前後는 상

相의 세계다. 상相을 벗어남이, 시간과 상相의 흐름 전후前後를 벗어나는 것이다. 그러므로 초初는 곧, 돈각頓覺이다. 돈頓도 시간상 단박을 뜻함이 아니다. 시간과 상相의 전후前後가 끊어져, 단박 본심本心이 드러남을 뜻한다. 돈각頓覺이라는 한 언어를 각覺이 의미하는 바 성격이 다른 두 경계에서 볼 수가 있다. 돈각頓覺이 단박 깨달음이면, 각覺이 미혹의 경계를 드러내는 자증自證과 증득證得의 깨달음을 뜻하여 깨달음인 각覺으로 미혹의 경계를 벗어남을 뜻한다. 돈각頓覺이 바로 보리菩提면, 각覺은 미혹의 경계를 드러내는 자증自證과 증득證得의 깨달음이 아니라 바로 원융무애圓融無礙한 청정각성淸淨覺性 즉, 보리菩提며, 돈頓은 일체상一切相과 전후前後가 끊어진 각성覺性, 보리菩提의 실체實體 그 자체다. 각覺이 깨달음이면 미혹의 경계 자증自證과 증득證得을 일컬으며, 각覺이 각성覺性 보리菩提면, 깨달음의 자증自證과 증득證得이 아니라, 자증自證과 증득證得이 본래 없는 본연本然의 원융각성圓融覺性을 일컬음이다. 깨달음은 미혹으로 비롯하며, 깨달음이 곧, 미혹의 경계다. 그러나 원융각성圓融覺性은 미혹과 깨달음이 없는 즉, 보리菩提다.

깨달음의 세계는 상相의 세계가 아니므로, 상相의 흐름인 시간이 끊어져, 절대무위絶對無爲에 들게 된다. 법성게法性偈의 원융법성圓融法性 일성법계一性法界가 돈각일심법계

頓覺一心法界다. 돈각頓覺은 시간상 단박의 깨달음이 아니라, 상相의 흐름인 시간과 전후가 끊어짐을 일컬음이다. 초발심初發心과 돈각頓覺이 즉, 발아뇩다라삼먁삼보리심發阿耨多羅三藐三菩提心이다. 발아뇩다라삼먁삼보리심發阿耨多羅三藐三菩提心의 발發도 깨달음과 보리菩提의 두 차원의 경계에서 일컫고 수용할 수가 있으니, 발發이 깨달음이면 미혹을 벗어나 깨달음을 발發하는 자증自證과 증득證得을 일컬음이며, 발發이 보리菩提면 깨달음의 자증自證과 증득證得이 아닌 본연本然 무연각성無緣覺性 원융일심圓融一心의 공능행功能行 그 자체를 일컬음이다. 자증自證과 증득證得은 미혹을 뿌리로한 사상심四相心의 경계며, 본연각성공능행本然覺性功能行인 발아뇩다라삼먁삼보리심은 깨달음과 자증自證과 증득證得의 미망迷妄이 본래 없는 곧, 본연각성행本然覺性行이다.

무상각無上覺이 정각正覺이며, 정각正覺이 무상각無相覺이며, 무상각無相覺이 본심각本心覺이며, 본심각本心覺이 아뇩다라삼먁삼보리다. 초발심시변정각初發心時便正覺은 초발심初發心을 하고, 다음 또, 더 깊고 높은 깨달음의 발심發心을 하는 그런 것이 아니다. 전후前後와 상相과 나我가 있는 것은 유위법有爲法이며, 상법相法이다. 초발심初發心은 일체一切 유위법有爲法인 전후前後와 상相과 나我가 끊어진 바로 정각正覺이기 때문이다. 그러므로 정각正覺을 이루면 원융일성圓融一性인 변정각便正覺에 이르게 된다. 정각正覺은 곧, 무상원융각無上圓融覺이다. 초발심初發心이 곧, 불각佛覺이다. 실상각實相覺을 모르는 상심相心에서 초발심初發心을 헤아리는 것과 깨달음의 지혜로 초발심初發心을 보는 것은 다르다. 상심相心의 분별심에는 초발심初發心이니, 또, 무엇을 더 깨달아야 하는 것으로 생각할 수도 있다. 그러나 깨달음을 얻어 본심本心이 드러나면, 일체 상相과 심心이 끊어진 본연각本然覺이 완연하여, 그대로 실상본성實相本性이니, 더 나아가고 물러갈 곳이 끊어졌다. 그리고 상심相心을 벗어난 깨달음에는, 깨달음의 증득證得과 깨달은 자者까지 흔적 없이 사라져, 무아무상청정성無我無相淸淨性이다. 깨달으면 상심相心 일체가 환幻이며, 망妄임을 깨닫게 된다. 초발심初發心으로 시時와 상相과 자아自我가 흔적 없이 사라져 원융일성圓融一性에 들면, 초발심시변정각初發心時便正覺이 무명무상절일체無名無相絶一切의 아뇩다라삼먁삼보리심임을 깨닫게 된다. 법성원융法性圓融 본심本心인 실상實相을 깨달음으로 원융일성圓融一性이 진성심심극미묘眞性甚深極微妙며, 무명무상절일체無名無相絶一切이니, 이 경계가 생사열반상공화生死涅槃常共和며, 그 자체가 이사명연무분별理事冥然無分別임을 명료히 요달了達하게 된다.

16 生死涅槃常共和(생사열반상공화)
생사열반 상공화이네
생과사와 열반또한 그자체가 하나이네

생사生死와 열반涅槃이 더불어 하나다.

초발심시변정각初發心時便正覺에 들면, 생사生死와 열반涅槃이 다름이 없다.

생사열반상공화生死涅槃常共和는 생사生死와 열반涅槃이 다름없는 하나다. 생사생멸生死生滅이 부사의 열반성涅槃性 속에 이루어지는 공화空華의 모습이다. 생사생멸生死生滅을 멸멸滅滅하여 열반涅槃에 들려는 것은, 열반법성涅槃法性을 모르는 상심相心의 분별일 뿐이다. 본래 본연법성本然法性이 열반涅槃이 아니면, 열반涅槃을 성취할 수가 없다. 열반涅槃은 단지, 본연本然의 성품일 뿐, 유위법有爲法으로 성취하거나, 인위적으로 도달하거나 완성하는 것이 아니다. 단지, 본성本性과 본심本心과 본각本覺이 생멸生滅 없는 열반성涅槃性이므로, 상심의식相心意識인 사상심四相心을 여읨으로, 본연本然의 열반본성涅槃本性에 드는 것이다. 생멸生滅을 멸멸하여 열반涅槃에 드는 인위적 열반涅槃과 인위적 노력으로 성취하는 유위有爲의 열반涅槃이 없다. 인위적 노력과 유위법有爲法의 수행으로는 열반涅槃에 들 수가 없다. 또한, 생멸生滅을 멸멸할 상相, 심心, 물物, 유무有無가 본래 없다. 왜냐면 일체상一切相, 일체법一切法, 일체심一切心이 그 실체實體가 자성自性이 없어, 멸멸할 상相과 법法과 심心이 없다. 멸멸하려 함이 망념妄念이며, 환幻이다. 만약, 멸멸할 상相과 법法과 심心이 있다면, 그것은 무자성無自性인 상相의 실상實相을 모르는 미혹의 상심相心인 사상심四相心이다. 상相, 법法, 심心의 실체實體, 실상實相을 깨닫고 보면, 상相, 법法, 심心이 자성自性이 없어 무자성無自性이니, 멸멸할 상相과 멸멸할 법法과 멸멸할 심心이 본래 없다. 이 일체一切가 곧, 생멸生滅 없는 진여열반성眞如涅槃性이기 때문이다. 무엇이든 마음에 상相이 있거나, 법法이 있거나, 심心이 있으면, 유무有無의 이견상二見相이 있음이니, 이는 상相과 법法과 심心의 실상實相을 모르는 미혹에 의한 분별심이다. 자기의 본심本心을 깨달으면, 유무有無의 이견상二見相인 사상심四相心 일체一切가 사라진다. 왜냐면, 본래 그 실체가 없는 것이라, 일체一切가 미혹에 의한 분별심이니, 깨달음으로 미혹의 분별심이 사라지면, 분별심에 의한 일체상一切相이 자성自性 없어, 실체 없음을 깨달아 일체상一切相이 사라진다. 이는 생멸生滅 없는 실상實相인 본성本性을 깨달음으로, 실상實相을 모르는 미혹에 의한 일체상심一切相心인 미혹이 소멸하기 때문이다. 본연本然 실상實相에는 일체심一切心의 본심本心과 일체상一切相의 본성本性과 일체각一切覺의 본각本覺이 차별이 없다. 본심本心, 본성本性, 본각本覺이 일체一切가 차별 없는 원융실상圓融實相 무유정無有定의 성품이기 때문이다. 그러므로 개인적 수행 특성의 차별법에 의해 일체심一切心의 본심本心을 깨닫든, 일체상一切相의 본성本性을 깨닫든, 일체각一切覺의 본각本覺을 깨닫든, 어느 것을 깨달아 실상實相에 들어도, 일체심一切心의 본심本心과 일체상一切相의 본성本性과 일체각一切覺의 본각本覺을 두루 한목 꿰뚫어 통通하게 된다. 이 실상實相 세계가 유무有無와 생멸生滅이 끊어진 무위성無爲性이니, 이 무위실상無爲實相을 깨닫게 하려고, 일체상一切相의 유위有爲를 벗어나 무위無爲에 들게 하며, 제상제법諸相諸法의 비상非相과 공空과 실상實相과 자성自性과 본성本性과 생멸生滅 없는 성품인 본연本然의 열반성涅槃性을 깨닫도록 한다. 심신선근心信善根과 지혜근기智慧根機와 수행기연修行機緣을 따라 바른 깨달음에 들면, 본심本心과 본성本性과 본각本覺과 제상비상諸相非相과 공空과 실상實相과 자성自性과 열반涅槃과 불생불멸不生不滅과 불각佛覺과 불지혜佛智慧와 반야般若와 보리菩提와 바라밀波羅蜜과 아뇩다라삼먁삼보리와 불성佛性과 법성法性과 각성覺性과 삼법인三法印과 무아無我와 무상無相과 진여眞如 등을 두루 한목 꿰뚫어 통通하게 된다. 만약, 두루 꿰뚫어 한목 통通함에 미진未盡함이 있다면, 식識의 미세미혹微細迷惑을 더 제거해야 하며, 각명력覺明力의 지혜를 더 밝혀야 한다. 깨달음을 얻지 못한 무명심無明心에는 단지, 깨닫고 깨닫지 못함이 과제일 수 있으나, 깨닫고 보면 용심각력用心覺力의 무한성無限性은 항상 열려 있어, 그 부사의不思議함은 불가사의不可思議며, 무량무한無量無限이다.

본래 멸滅할 생사生死가 없고, 멸滅할 생멸生滅이 없다. 단지, 생사生死와 생멸生滅이 그대로 불생불멸不生不滅의 열반성涅槃性임을 깨달아, 생사생멸심生死生滅心이 끊어져, 본연本然의 열반성涅槃性에 들게 된다. 일체생멸一切生滅이 본래本來 생멸生滅이 끊어진 열반성涅槃性이니, 열반涅槃은 생멸生滅을 멸滅하여 열반涅槃에 드는 것이 아니다. 일체생멸一切生滅의 본성本性이 생멸生滅이 끊어진 열반성涅槃性임을 깨달아, 본래 본연本然의 본성本性, 열반성涅槃性에 든다. 일체 생멸심의 본심本心이 생멸生滅 없는 열반성涅槃性이니, 생멸生滅을 멸滅하여 열반涅槃에 듦이 아니라, 본래 본연本然의 생멸生滅 없는 열반심涅槃心을 깨달아, 생멸生滅이 끊어진 열반본심涅槃本心에 드는 것이다. 본래 생멸生滅이 끊어진 본연본성本然本性의 열반성涅槃性을 깨닫고 보면, 열반涅槃은 생멸심生滅心을 멸멸하는 것과 아무런 관계도 없음을 깨닫게 된다. 생멸심生滅心을 멸멸하여 열반涅槃에 들려는 것은, 의식意識인 생멸상심生滅相心의 사량과 분별일 뿐이다. 생멸生滅을 멸멸하여 열반涅槃에 들려함은, 상相의 실상을 모르는 미혹 상심相心인 무명심無明心의 망념妄念이다. 상相의 실상을 깨달아 상相의 본성이 무자성無自性임을 깨달으면, 일체상一切相이 무상無相이므로 멸멸할 상相과 멸멸할 심心이 없음을 깨닫게 된다. 열반涅槃은 생멸生滅을 멸멸하여 열반涅槃에 드는 것이 아니다. 본래 본연본성本然本性이 생멸生滅이 끊어진 열반성涅槃性이므로, 생멸生滅의 실상實相인 본성本性을 깨달아 본연本然의 본성本性인 열반涅槃에 들게 된다. 그러므로 생멸生滅과 열반涅槃은 둘이 아니다. 생멸生滅이 곧, 열반성涅槃性임을 깨달음이 실상지혜實相智慧다. 상相의 실상實相이 생멸生滅이 끊어진 열반성涅槃性임을 모름이 무명無明이며, 상相의 실상實相을 모르는 무명無明으로 생멸상生滅相과 생멸심生滅心을 가짐이 실상實相을 모르는 미혹이며, 상심相心이며, 사상심四相心이다.

열반涅槃이 생멸生滅을 떠나 따로 있거나, 구하는 것이 아니다. 열반涅槃에 드는 것은, 멸멸할 심心과 상相이 없

고, 구求할 열반涅槃이 없음을 깨달아, 본연本然의 열반본
성涅槃本性에 들게 된다. 제법부동본래적諸法不動本來寂인
열반본성涅槃本性의 실상지혜實相智慧를 열면, 일체상一切
相이 무자성無自性인 법성진여성法性眞如性이므로, 무위실
상지혜無爲實相智慧에 들어 원융각성圓融覺性 아뇩다라삼
먁삼보리로 일체불법一切佛法의 실상實相을 두루 꿰뚫어
통通하여, 실상지혜實相智慧가 원만구족圓滿具足하고, 무
상각無上覺 불지혜佛智慧를 두루 밝게 열어 원만구족圓滿
具足하게 된다.

상相을 유무의식有無意識 사상심四相心으로 보면, 일체상
一切相이 생멸生滅의 차별상差別相이므로, 유무有無의 차
별심差別心으로 자타自他를 분별하고, 내외상內外相을 일
으켜, 상심相心 상념想念인 자아의식自我意識으로 만법만
상萬法萬相을 분별하여, 자타내외분별업력自他內外分別業
力의 삶을 살게 된다. 사상심四相心이 있으면 상相의 실상
지혜實相智慧가 없어, 상相이 상相이 아님을 모르므로, 생
멸生滅 없는 상相의 실상實相은 보려하지 않고, 상심相心으
로 상相을 멸멸滅하여, 생멸生滅 없는 열반涅槃에 들려고 한
다. 이것이 상견相見 법상法相으로 불법佛法을 수용하는 정
법사견正法邪見이다. 그러나 상相은 상심相心으로 멸멸滅할
수 없으며, 본래 상相이 상相이 아님을 깨닫지 못하면, 상
相을 멸멸滅하려는 상심相心은 오히려 상相은 멸멸滅하지 못하

고, 상상相을 불러일으키는 상상相의 생기행生起行이 된다. 상相은 상심相心으로 멸滅할 수가 없다. 단지, 상상相이 상상相이 아닌, 상상相의 성품 실상實相을 깨달음으로, 실상지혜實相智慧에 의해 상상相과 상심相心이 본래 없어 끊어지게 된다. 무엇이든 불법佛法을 상견相見과 법상法相으로 헤아리게 되면 사견邪見에 떨어진다.

무엇이든, 깨달음에는 본연本然 본성本性과 실상實相에 속한 것은 상심相心과 상견相見과 법상法相으로는 얻을 수가 없고, 성취할 수가 없다. 단지, 본래 그러한 본연本然을 깨닫는 본성本性의 지혜를 발發해야 한다. 본성本性의 지혜를 발發하려면, 본성本性을 왜곡하는 상심相心을 제거해야 한다. 분별의 상심相心은 본성本性을 모르는 생멸심生滅心으로 본성本性의 실상實相을 알 수가 없다.

그러나 간화선看話禪 화두話頭 의정선疑情禪에는 화두話頭 자체가 본연本然과 실상實相을 바로 드러내므로, 화두話頭에 대한 긍정적 의정疑情이 궁극窮極의 본연本然과 실상實相을 향向하므로, 수행인성修行因性과 지혜근기智慧根機와 심신일행心身一行의 기연機緣에 응應하여 각성覺性을 열어, 본연本然의 실상實相을 깨달아 무위본심無爲本心에 들게 된다. 간화선看話禪 화두話頭의 의정선疑情禪으로 깨달음을 얻어도, 화두話頭 의정疑情의 인위적 노력과 행위는 깨달음을 증득證得하는 과정과 계기는 되어도, 깨달음 자체는 간화선看話禪 화두話頭의 의정선疑情禪을 벗어나, 단지, 망妄의 분별심 환幻을 멸滅하는 과정이었음을 깨닫게 된다. 단박, 깨달음과 동시에 본래 구할 것 없고, 성취할 것 없는, 원만圓滿하고 구족具足한 성품을 깨닫는다. 깨닫고 보면, 깨닫고자 함이 곧, 망妄이며, 환幻이었음을 깨닫게 된다. 깨닫고 나면, 깨달음을 위한 수행뿐 아니라, 깨닫기 전의 일체 모든 것이 망妄이며, 환영幻影이며, 망妄의 환몽幻夢이였음을 깨닫게 된다. 이는 곧, 미망迷妄을 여의어 벗어나니, 깨닫기 전의 일체一切가 꿈속 일이며, 깨달음을 위한 수행까지 더불어 망妄이며, 미망迷妄 속의 환몽幻夢이였음을 깨닫게 된다. 화두話頭에 대한 긍정적 의정疑情이, 미망迷妄인 일체 분별심을 제거하는 과정이었음을 깨달음을 통해 비로소 알게 된다. 간화선看話禪 수행은 의정疑情이 수행修行의 근본이며, 생명이다. 바른 의정疑情이 깊을수록 분별심이 끊어지며, 일체 차별경계差別境界가 한 의정疑情 속에 하나로 묶이어, 일체 차별경계를 한목 꿰뚫게 된다.

바른 깨달음을 얻으면, 어떤 수행을 계기로 깨달았든, 본연本然 본성本性은 둘일 수 없으니, 만약, 바른 깨달음이면 어느 수행문修行門으로 깨달음에 들었든, 그 깨달음은 차별이 없다. 그러나 개인이 선택한 수행修行 과정의 경험과 수행경계修行境界와 수행修行 특성에 의한 수행지혜修行智慧의 차별특성이 있다. 이는 각종 수행경계修行境界를 바탕한 경험적 수행지혜다. 깨달음을 위한 모든 수행修行은, 본연本然의 본성本性을 깨닫고자, 실상實相을 모르는 중생심衆生心인 무명無明과 미혹迷惑을 제거하는 단지, 수단과 방법일 뿐이다. 사람에 따라 무명심無明心인 미혹迷惑과 업력業力의 차별특성과 지혜근기智慧根機와 선근근기善根根機의 심성心性 역량力量이 다르니, 무량의無量義 수행법으로 각각 차별의 근기根機를 수용하고 섭수하여, 본연本然 본성本性과 실상實相을 깨닫도록 한다. 그러므로 수행근기修行根機의 차별특성을 따라, 각각 모든 수행법이 깨달음을 위한 수행적 수단과 방법의 지혜를 달리한 것뿐이다. 깨달음을 위한 수행의 우열은 사람에게 있을 뿐, 수행법에 있는 것이 아니다. 깨달음을 위한 바른 수행법이면, 그 수행을 수용하는 수행자의 바른 안목과 지혜근기에 따라 차별이 있으니, 수행자가 선택한 깨달음을 전제로한 수행에서, 수행정신이 무엇을 중시하고, 수행본심이 어떤 지혜에 의지하며, 깨달음을 위한 행위 지음에서 수행일심修行一心이 어느 경계에 머물러, 향심向心의 경계가 어디에 있는가가 중요하다. 길이 있다고 도道가 아니며, 도道라고 일컫는다 하여, 다 도道라고 할 수가 없다. 무엇이든 수행 내면에는 허虛와 실實이 있으니, 깨달음을 위한 실도實道는 수행법修行法에 있는 것이 아니라, 수행자 내면의 밀밀密密한 행위지음에 있음이니, 밀밀密密한 행위지음에 허虛와 실實을 점검하고, 허虛와 실實, 정正과 사邪를 명확히 분별함이 깨달음을 위한 실도實道를 잃지 않는 것이다. 그러나 무상도無上道에는 길도 없고, 도道도 없어, 원융圓融하고 자재自在하여 일컫고 드러낼 도道와 법法이 없다. 도道라 일컬으면, 아직 지음作이 있음이며, 마음에는 분별심이 있어, 상심相心에 머물러 있다. 도道는 원융圓融뿐, 따로 도道를 두면, 지혜가 실중實中을 벗어나 상相에 머물게 된다.

본연本然 본성本性의 무위진성無爲眞性에는 오직, 원융圓融뿐, 도道가 없다. 없는 이것이 참으로 진대도眞大道다. 원융일성圓融一性 진대도眞大道를 무유정법無有定法이라 했으며, 이 법法이 법성원융도法性圓融道며, 이 지혜가 원융일성圓融一性 아뇩다라삼먁삼보리다. 이 깨달음의 실상實相을 증각證覺한 각성실상계覺性實相界의 증도가證道歌가 법성게法性偈다.

생멸生滅의 성품이 열반涅槃이며, 열반성涅槃性이 인연을 따라 무자성無自性 부사의사不思議事 생멸상生滅相을 드러낸다. 일체 생멸生滅이 생멸生滅이 끊어진 그 자성自性의 성품을 깨달으면, 바로 생멸生滅이 끊어진 열반涅槃에 들게 된다. 생멸生滅을 떠나 열반涅槃이 없고, 열반涅槃을 벗어나 생멸生滅이 없다. 열반涅槃은 생멸生滅의 성품이며,

생멸生滅은 열반涅槃 본성本性의 무유정법無有定法 부사의
사不思議事 작용이다. 인위적으로 수행하여 열반涅槃을 생
성生成하거나, 완성完成하거나, 이룩하는 열반涅槃은 없다.
일체一切가 그대로 열반涅槃이다. 일체一切가 그대로 생멸
生滅이 끊어진 열반성涅槃性임을 봄이 본성本性을 깨달음
이다. 제상諸相의 실체와 본성本性이 열반성涅槃性임을 깨
닫지 못하여, 상심相心의 미혹으로 생사생멸상生死生滅相
을 가짐이 사상심四相心이다. 제상諸相의 본성本性과 제심
諸心의 본심本心에는 생生도 없고 멸滅도 없다. 생生이 불
생不生이며, 멸滅이 불멸不滅이다. 무자성無自性 본성本性
은 무자성無自性 청정성清淨性이며, 인연을 따르는 무유정
행無有定行이므로 멈춤이 없고, 머무름이 없어, 생사生死
와 생멸상生滅相을 드러내어도 그 자체가 생멸生滅이 끊어
진 열반성涅槃性이다. 이것을 깨닫는 것은 상심相心을 여
의어 본성本性에 들면, 생멸상生滅相 그대로 무자성無自性
청정성清淨性임을 깨닫게 된다. 이는 부사의不思議 진여일
성眞如一性 법성원융법계法性圓融法界다. 청황적백清黃赤
白, 장단대소長短大小 그 모습 그대로 열반涅槃이며, 적멸
성寂滅性이다. 이는 곧, 이사무애理事無礙며 사사원융事事
圓融이다. 생멸상生滅相에서 생멸生滅이 끊어진 성품, 상相
의 자성自性을 보면, 곧, 생生이 생生이 아니며, 멸滅이 멸
滅이 아님을 깨닫게 된다. 생멸生滅이 멸滅한 적멸성寂滅性
은 생멸生滅을 벗어나 깨닫는 것이 아니라, 생멸生滅의 자

성自性을 봄인즉, 생生이 불생不生이며, 멸滅이 불멸不滅인 적멸寂滅의 열반성涅槃性을 깨닫게 된다. 생멸生滅의 성품이 열반涅槃이며, 적멸寂滅의 열반성涅槃性이 인연을 따라 무자성無自性 무유정법無有定法을 드러냄이 생멸상生滅相이다. 여기에 일성묘법一性妙法의 현현묘유부사의사玄玄妙有不思議事인 파괴됨이 없는 결정성結定性 체체體, 상相, 용용用, 이사불이원융무애理事不二圓融無礙의 무자성無自性 법성섭리法性攝理인 삼법인三法印의 부사의사不思議事가 있다. 그러므로 생멸상生滅相을 드러내어도 머묾의 실체가 없고, 자성自性의 실체가 없어 불생불멸상不生不滅相이니, 상相이 생生하여도 적멸상寂滅相이며, 상相이 멸滅해도 멸滅하는 상相 그 자취가 없다. 머묾 없는 원융법성圓融法性을 상심相心으로 헤아리면, 상相의 변화로 헤아리게 되고, 법성法性을 깨달은 자는, 법法의 변화가 끊어진 무자성無自性 부사의 무유정행無有定行인 법성法性의 청정실상淸淨實相을 볼 뿐이다. 깨달음이란 생멸生滅을 벗어나는 것이 아니라, 생멸生滅이 끊어진 생멸生滅의 본성本性을 증각證覺할 뿐이다. 원융圓融과 자재自在는 생멸生滅을 벗어나 있는 것이 아니다. 이는 생멸生滅의 성품이 생멸生滅이 끊어진 청정법성淸淨法性의 세계다. 유무有無의 마음은 생멸심生滅心 속에 이루어지고, 생멸生滅의 성품 적멸성寂滅性을 깨달으면 유무有無의 마음이 끊어져, 본심각성本心覺性에 들게 된다. 청정본심淸淨本心 본각本覺에 들면 생사生死도 없고, 열반涅槃도 없는, 각일성覺一性에 들게 된다. 생멸生滅도 공화空華며, 열반涅槃도 공화空華라, 생멸생사生滅生死도 벗어버리고, 열반涅槃도 벗어버린 각일성覺一性에 들면, 생멸생사生滅生死와 열반涅槃이 불이성不二性인 생사열반상공화生死涅槃常共和를 깨닫게 된다. 생멸생사生滅生死의 성품이 열반涅槃이며, 열반涅槃이 생멸생사生滅生死의 실상實相이다. 이것이 법성원융法性圓融이며, 무유정법無有定法 진성眞性의 무유정행無有定行이다. 이는 곧, 생멸生滅이 끊어진 진여일성법계眞如一性法界다.

17 理事冥然無分別(이사명연무분별)

이사명연 무분별이니
이와사가 그러함에 분별또한 없음이여

이理와 사事가 명연冥然하여 분별이 없다.

생사열반상공화生死涅槃常共和라, 이理와 사事의 분별이 끊어졌다.

이理는 일체상一切相의 본성本性이며, 사事는 본성本性의 작용으로 드러나는 현상인 일체상一切相이다. 명연冥然은 분별이나 나눌 수 없음을 일컬음이다. 명연冥然의 명冥은 밝고 어둠의 상태를 일컬음이 아니라, 이理와 사事가 원융하여 나눌 수 없어 분명하지 않은 불이不二임을 일컬음이다. 이는 이사무애理事無礙 원융일성圓融一性이기 때문이다. 명연冥然의 연然은 본래 그러하기 때문이다. 명연冥然은 즉, 이사불이성理事不二性인 본연성本然性은 이理와 사

事가 분별이 없는 불이不二의 원융성圓融性이므로, 법성게
法性偈에는 이를 이理와 사事가 원융하여 분별할 수 없고,
나뉠 수 없음을 명연冥然이라 했다. 즉, 생사열반상공화生
死涅槃常共和다. 깨달음을 증각證覺해 본성本性에 들면, 사
事만 공空한 것이 아니라, 이理까지 공空하다. 그러므로 깨
달음으로 사事를 여읨인즉, 이理까지 벗어나게 된다. 이는
사事를 건립建立하므로, 사事를 바탕하여 이理가 건립建立
되나, 사事를 여의면 이理까지 무너져, 이理와 사事를 한
목 둘 다 벗어나게 된다. 그러므로 깨달음에 들면, 여읜 사
事도 없고, 증득證得하여 든 이理도 없다. 깨달음의 각성覺
性, 원융일성圓融一性에는 사事도 없고, 이理도 없다. 왜냐
면, 법성法性 원융일성圓融一性은 사事뿐만 아니라 이理까
지 벗어버린 원융무위청정성圓融無爲淸淨性일 뿐, 상相의
세계가 아니기 때문이다. 상相을 벗어나므로 무상無相까지
벗게 되고, 유위有爲를 벗어나므로 무위無爲까지 벗어나게
되며, 무명미혹無明迷惑을 벗어나므로 깨달음 각성覺性까
지 한목 벗어나게 된다. 이는 상相이 실체 없음과 진성眞性
이 무자성無自性이라, 상相을 벗음과 함께 진성眞性의 법상
法相인 진상眞相까지 벗어나게 된다. 그러므로 깨달음으로
상相을 벗어나 사상심四相心의 일체상一切相과 자아自我가
소멸하므로 깨달음을 얻은 나我가 없고, 깨달음에 들어도
깨달음 본성本性 진성眞性이 무자성無自性이므로 실체實
體가 없어, 깨달음이 의지할 상相이 없으므로 깨달음과 함

께 바로 원융일성圓融一性 청정각淸淨覺, 원융본성圓融本性에 이르게 된다. 깨달으면 무명미혹無明迷惑과 깨달음을 한목 벗어나게 되며, 상相과 무상無相을 한목 벗어나게 되며, 불각不覺과 각覺을 한목 벗어나게 되며, 사事와 이理를 한목 벗어나, 일체가 청정진성淸淨眞性 원융일성圓融一性 일심一心이다. 이는 각성원융覺性圓融 부사의 여래장如來藏, 진여실상법계眞如實相法界다. 즉, 청정무위진성淸淨無爲眞性 진여일성계眞如一性界다. 이는 곧, 원융법성부사의 일심圓融法性不思議一心이다. 이는 각원만覺圓滿 원융법계圓融法界이므로, 삼라만상 일체一切가 일심一心 속에 원융圓融하게 수용受用되고 섭수攝受되는, 일각여일법계一覺如一法界다. 이 실상법계實相法界에는 삼라森羅 일체만상一切萬相이 원융일심圓融一心의 공화空華다. 삼라일체森羅一切가 곧, 본심本心의 부사의 무량공덕 공능功能의 부사의 무한조화無限造化다. 이 법계가 번출여의부사의繁出如意不思議 법계法界다. 본심本心의 부사의 공능功能 무량공덕법계無量功德法界 부사의 여래장如來藏에 들면, 원융일성圓融一性으로 이사理事가 원융圓融하여 명연冥然이라 무분별無分別임을 깨닫게 된다. 일체一切가 무자성無自性이며, 생멸生滅 없는 진여일성眞如一性이다. 이 법계法界가 불성일각법계佛性一覺法界다.

18 十佛普賢大人境(십불보현대인경)

십불보현 대인경이네
시방제불 무량현성 대인경지 경계라네

시방제불十方諸佛 무량현성無量賢聖 대인경지大人境地 경계境界이다.

이사명연무분별理事冥然無分別은 모든 부처님과 모든 현성賢聖의 대지혜大智慧가 열린 경지境地다.

이理와 사事가 불이성不二性인 명연冥然의 무분별無分別 법성원융法性圓融의 경계境界는, 시방제불十方諸佛과 무량현성無量賢聖의 대인경지大人境地의 경계境界다.

십불보현대인경十佛普賢大人境은 이사명연理事冥然 무분별無分別의 원융무애圓融無礙 부사의 경계境界는, 일성원융각성一性圓融覺性의 시방제불十方諸佛과 무량현無量賢

聖의 대지혜大智慧가 열린 대인경지大人境地임을 일컬음이다. 이사명연理事冥然은 사事뿐만 아니라, 이理까지 벗어버린 원융일성圓融一性의 경계다. 깨달음을 증각證覺하면 원융일성圓融一性에 들어, 이理와 사事의 분별의 경계가 사라진다. 그러므로 깨달음으로 사事를 여의면, 더불어 이理까지 벗어나게 된다. 깨달음 각성覺性인 원융일성圓融一性에는, 사事와 이理를 둘 다 벗어나, 사事와 이理가 둘 다 사라진 경계가 법성원융法性圓融 깨달음의 경계다. 만약, 사事는 상相의 생멸生滅이며, 이理를 원융圓融으로 생각하면 이는 무위견無爲見의 상심상견相心相見이다. 사事의 일체상一切相을 여의어 이理에 들어도, 이理에 듦이 없음은, 이理는 상相이 아니며 실체가 없어, 깨달음으로 상相인 사事뿐만 아니라, 진성眞性 이理까지 벗어나, 원융무애圓融無礙의 원융일성圓融一性에 들게 된다. 깨달음은 유무생멸有無生滅의 상相을 멸멸滅滅함과 동시에 바로 자아의식自我意識과 사상심四相心이 흔적 없이 소멸하여, 자아自我의 내가 없으므로, 이理에 들어도 이理에 든 내가 없고, 이理 또한 상相이 아니니, 실체 없는 이理의 성품을 명료하게 깨달아, 이理의 법상法相 진상眞相까지 한목 벗어나게 된다. 그러므로 사事의 상相을 타파함과 동시에 이理까지 타파하여, 이理와 사事를 벗어난 원융일성圓融一性 일각一覺에 들게 된다. 깨달음의 지혜에는 유무생멸有無生滅의 일체상一切相이, 유무有無와 생멸生滅이 끊어진 청정진여淸淨眞如 무자성無自性,

제법공상諸法空相인 불생불멸不生不滅의 무유정법無有定法
임을 깨닫게 된다. 일체상一切相이 유무有無의 생멸상生滅
相이 아니라, 그대로 청정무자성淸淨無自性인 실상實相임
을 깨닫게 된다. 일체一切가 원융일성圓融一性인 이사무애
理事無礙와 사사원융事事圓融의 부사의사不思議事 진여일
성眞如一性이다.

　깨달음의 실상實相, 원융일성圓融一性의 경계境界에는,
삼법인三法印의 법성무주행法性無住行인 제행무상인諸行
無常印과 법성무주상法性無住相인 제법무아인諸法無我印과
법성무주본성法性無住本性인 열반적정인涅槃寂靜印이 원융
일성圓融一性 속에 지극至極하여 분별이 없어, 행行인 무위
용無爲用과 상相인 무위상無爲相과 체體인 무위본성無爲本
性이 원융일성圓融一性 속에 이법계理法界와 사법계事法界
와 이사무애법계理事無礙法界와 사사무애법계事事無礙法
界가 원융圓融하여, 삼법인三法印 제행무상인諸行無常印이
곧, 제법무아인諸法無我印이며, 열반적정인涅槃寂靜印이
며, 사법계四法界의 이법계理法界며, 사법계事法界며, 이사
무애법계理事無礙法界며, 사사무애법계事事無礙法界인 불
이不二의 원융일성圓融一性임을 깨닫게 된다.

　또한, 제법무아인諸法無我印이 곧, 제행무상인諸行無常
印이며, 열반적정인涅槃寂靜印이며, 사법계四法界의 이법

계理法界며, 사법계事法界며, 이사무애법계理事無礙法界
며, 사사무애법계事事無礙法界인 불이不二의 원융일성圓
融一性임을 깨닫게 된다.

또한, 열반적정인涅槃寂靜印이 곧, 제행무상인諸行無常
印이며, 제법무아인諸法無我印이며, 사법계四法界의 이법
계理法界며, 사법계事法界며, 이사무애법계理事無礙法界
며, 사사무애법계事事無礙法界인 불이不二의 원융일성圓
融一性임을 깨닫게 된다.

또한, 사법계四法界의 이법계理法界가 곧, 사법계事法界
며, 이사무애법계理事無礙法界며, 사사무애법계事事無礙法
界며, 삼법인三法印의 제행무상인諸行無常印이며, 제법무
아인諸法無我印며, 열반적정인涅槃寂靜印인 불이不二의 원
융일성圓融一性임을 깨닫게 된다.

또한, 사법계四法界의 사법계事法界가 곧, 이법계理法界
며, 이사무애법계理事無礙法界며, 사사무애법계事事無礙法
界며, 삼법인三法印의 제행무상인諸行無常印이며, 제법무
아인諸法無我印이며, 열반적정인涅槃寂靜印인 불이不二의
원융일성圓融一性임을 깨닫게 된다.

또한, 사법계四法界의 이사무애법계理事無礙法界가 곧,

이법계理法界며, 사법계事法界며, 사사무애법계事事無礙法界며, 삼법인三法印의 제행무상인諸行無常印이며, 제법무아인諸法無我印이며, 열반적정인涅槃寂靜印인 불이不二의 원융일성圓融一性임을 깨닫게 된다.

또한, 사법계四法界의 사사무애법계事事無礙法界가 곧, 이법계理法界며, 사법계事法界며, 이사무애법계理事無礙法界며, 삼법인三法印의 제행무상인諸行無常印이며, 제법무아인諸法無我印이며, 열반적정인涅槃寂靜印인 불이不二의 원융일성圓融一性임을 깨닫게 된다.

깨달음을 얻어 실상實相에 들면, 삼법인三法印의 제행무상인諸行無常印, 제법무아인諸法無我印, 열반적정인涅槃寂靜印과 사법계四法界의 이법계理法界, 사법계事法界, 이사무애법계理事無礙法界, 사사무애법계事事無礙法界가 불이不二의 원융일성圓融一性임을 깨닫게 된다. 이 일체一切가 곧, 진여일성眞如一性이며, 유무有無와 생멸상生滅相을 벗어버린 각성원융覺性圓融인 일심一心, 일성一性, 일각一覺의 원융세계다. 일심一心, 일성一性, 일각一覺의 일一은 일체상一切相을 벗어버린 원융무애圓融無礙의 성품을 일컫는다. 이 실상경계實相境界는 일심一心, 일성一性, 일각一覺이 불이不二의 일성一性이다. 일심一心은 일체상一切相을 벗어버린 원융본심圓融本心이며, 일성一性은 일체상一切相

을 벗어버린 원융본성圓融本性이며, 일각一覺은 일체상一切相을 벗어버린 원융본각圓融本覺이다. 이 법계法界는 원융일성圓融一性으로 진여일심眞如一心, 진여일성眞如一性, 진여일각眞如一覺의 불이원융성不二圓融性이다. 이 진법계眞法界는 심心, 성性, 각覺이 다르지 않고, 차별이 없으며, 둘이 아니므로, 심心이 곧, 성性이며, 각覺이다. 또한, 성性이 곧, 심心이며, 각覺이다. 또한, 각覺이 곧, 심心이며, 성性이다. 이 법성원융法性圓融의 실상實相 진여진성眞如眞性은 부사의청정심不思議淸淨心이며, 부사의청정성不思議淸淨性이며, 부사의청정각不思議淸淨覺이다. 이 원융일성圓融一性에는 일체유위一切有爲가 유무有無의 생멸生滅이 끊어진 무자성無自性 불생불멸不生不滅인 일체무위一切無爲며, 제법청정공상諸法淸淨空相인 진여일성법계眞如一性法界다.

상심相心을 여의어 자아自我와 사상심四相心을 멸멸滅하면, 나, 자아自我가 없어, 자타 내외가 사라진 원융일성圓融一性에 들게 된다. 원융일성圓融一性에 들면, 사事와 이理를 모두 벗어난다. 그러므로 이理와 사事가 명연冥然이라, 깨달음을 얻어도 깨달음이 머무를 이理가 없고, 유무有無의 상相이 없어, 머무를 사事도 없다. 만약, 이理이거나, 사事이거나, 머무를 곳이 있거나, 깨달아 무위無爲에 머물러 있다면, 아직 사事와 이理의 상相을 벗지 못한 미혹의 상념想

念 속에 갇혀 있어, 바른 깨달음이 아니다. 깨달음을 얻은 무위無爲인 이理가 있거나, 깨달음을 얻어 벗어난 사事가 있다면, 그것은 상相의 상념想念 미망迷妄을 벗어나지 못한 중생衆生이다. 중생과 부처, 유위有爲와 무위無爲, 불각不覺과 각覺, 이 일체一切가 미혹의 환幻이며, 망妄 중의 일이다. 원융일성圓融一性에 들면, 일체가 망妄의 환幻임을 깨닫게 된다. 망妄의 환幻이 사라지면, 일체一切가 즉, 이사명연무분별理事冥然無分別의 원융일심圓融一心이다. 원융일심圓融一心에는 삼라만상 만물이 원융일심圓融一心 속에 수용受用되고 섭수攝受되어, 일체一切가 심心의 일각원융一覺圓融 십불보현대인경十佛普賢大人境임을 깨닫게 된다.

19 能仁海印三昧中(능인해인삼매중)
능인해인 삼매중에는
능인자재 해인삼매 그가운데 묘용이라

능인能仁 해인海印 삼매중三昧中이다.

십불보현대인경十佛普賢大人境은 능인자재能仁自在 해인
삼매海印三昧 그 가운데 묘용妙用이다.

시중市中에 유통되는 화엄일승법계도華嚴一乘法界圖나
법성게法性偈 중에는, 능인能仁의 구절이 능인能仁, 또는
능인能人, 또는 능입能入으로 유통되는 것도 있다. 그러나
능인能仁이든, 또는 능인能人, 능입能入이든, 이 구절 법法
의 뜻이 달라지는 중요한 결정적 역할은 하지 않는다. 어느
것으로 그 뜻을 새기든 구절 법法의 뜻義과 의미가 손상하
지 않는다. 능인能仁이면 부처님을 뜻하며, 능인能人은 능
성能聖을 일컬으며, 능입能入은 능각能覺을 뜻한다. 이 구

절에서는 능인能仁, 능인能人, 능입能入의 인仁, 인人, 입入
보다, 능能이 무엇을 드러내고, 지칭하며, 뜻하는 지가 중
요하다. 왜냐하면 인仁, 인人, 입入은 공능功能의 작용 능
행能行이기 때문이다.

　능能은 원융본성圓融本性의 공능功能 능행자재能行自在
를 뜻한다. 이는 이理와 사事, 유有와 무無, 상相과 무상無
相, 물物과 심心, 무명無明과 지혜智慧, 불각不覺과 각覺을
벗어난 걸림 없는 자재自在와 각명覺明을 뜻한다. 이 경계
가 십불보현대인경十佛普賢大人境이다. 십불보현대인경十
佛普賢大人境은 이사명연무분별理事冥然無分別이며, 이사
명연무분별理事冥然無分別이 원융일성圓融一性인 생사열반
상공화生死涅槃常共和다. 능能은 원융일성圓融一性 부사의
일심각명一心覺明이다. 즉, 원융각성일명계圓融覺性一明界
며, 진여진성원융각眞如眞性圓融覺이다. 이는 이사理事가
공空한 일심각명一心覺明이다. 능인해인能仁海印은 본각청
정각명本覺淸淨覺明을 일컬음이다. 곧, 본심정本心定을 일
컬을 뿐, 수행을 통해 증득證得한 유위각명有爲覺明이 아닌
본심청정무위정本心淸淨無爲定이다. 이는 본연본심정本然
本心定이다. 능인해인삼매중能仁海印三昧中은 청정본심淸
淨本心의 본연무위삼매本然無爲三昧를 일컬음이다. 중생도
없고, 불佛도 벗어버린 무연각성일심일각無緣覺性一心一覺
이다. 이는 부사의不思議 본연본심청정성本然本心淸淨性으

로 일체상一切相을 수용하고 섭수하는 일심본연一心本然의 경계境界다. 중생은 육근의식六根意識으로 만상萬相을 수용하고 인식하는 것 같아도, 실상實相은 그렇지가 않다. 무연청정본심無緣淸淨本心 본각本覺의 부사의 작용으로 일체상一切相을 깨닫고, 중생은 청정본심淸淨本心에 의한 일체상一切相을 상심相心 의식意識으로 분별하게 된다. 이 무연본심無緣本心 부사의본각不思議本覺에 들려면, 원융본성圓融本性 본연本然의 원융성圓融性 능能의 경계에 들어야 한다. 능인해인삼매중能仁海印三昧中은 본연본심本然本心의 원융일각청정圓融一覺淸淨이 곧, 능인해인삼매중能仁海印三昧中이다. 본연본심本然本心의 부사의각명不思議覺明 작용 속에 중생이든, 불佛이든, 삼라만상 일체상一切相을 수용受用하고 섭수攝受하는 부사의사不思議事가 있다. 능인해인삼매중能仁海印三昧中은 능인해인삼매중能仁海印三昧中이어야, 이 실상實相이다. 깨닫고 보면, 보고 듣는 일체가 바로 능인해인삼매중能仁海印三昧中이다. 중생이 유무有無의 생멸심生滅心 속에 있어도 능인해인삼매중能仁海印三昧中이며, 중생이 사상심四相心 미혹 속에 있어도 능인해인삼매중能仁海印三昧中이다. 중생이든 불佛이든 각성覺性은 차별이 없고, 본심조화本心造化인 공능功能의 묘용妙用은 차별이 없다. 단지, 차별이 있다면, 용심用心이 실상본심實相本心의 공능功能에 듦과 들지 못함의 차별이다. 그로 인하여 생멸에 듦과 생멸에 들지 않음의 차별이 있으며, 용심용心用이 본심공덕本心功德과 각력覺力을 수용하지 못함의 무명상심無明相心과 용심用心에 본심공능本心功能의 각능覺能을 수용하므로, 부사의 본심공능本心功能 용각능행用覺能行의 차별이 있다. 무명미혹無明迷惑으로 용심用心에 본심공능本心功能을 수용하지 못해, 무명심無明心 자아의식自我意識과 사상심四相心에 얽매인 업력業力의 삶을 살며, 용심用心에 본심공능本心功能을 온전히 수용하여, 자아의식自我意識과 사상심四相心이 없어, 본심원융각성本心圓融覺性으로 일체상一切相을 벗어난 원융일심圓融一心 각성覺性의 삶을 사는 차별이 있다.

해인삼매海印三昧는 수행으로 증득證得한 유심삼매有心三昧나, 증득삼매證得三昧가 아니며, 수행으로 얻거나 성취한 자증삼매自證三昧가 아니며, 또한, 생멸生滅을 멸멸한 적멸심삼매寂滅心三昧가 아니다. 해인삼매海印三昧는 본연본성本然本性의 부사의본심정不思議本心定이니, 단지, 깨달음을 얻으면, 보고 듣는 일체一切가 본연각성本然覺性인 해인삼매海印三昧임을 깨닫게 된다. 본심本心은 생멸生滅이 없어 열반성涅槃性이니, 청정부동淸淨不動 일심一心 속에 부사의不思議 심心의 묘용妙用 본심작용本心作用이 있으니, 이는 일체만법만상一切萬法萬相을 수용受用하고 섭수攝受하는, 본심본연本心本然의 부사의공덕不思議功德이다. 보고 듣는 일체一切가 본심본연本心本然의 부사의공덕不思

議功德 공능功能에 의한 본심청정해인삼매本心清淨海印三昧의 부사의작용不思議作用이다. 이 작용은 이사무애理事無礙와 사사원융事事圓融의 일심원융一心圓融에 의한 부사의작용不思議作用임을 깨달음을 통해 알게 된다. 참으로 불가사의며, 불가사의한 본심공덕本心功德의 부사의공능不思議功能 능행能行의 조화造化다. 깨달음을 얻어 원융일성圓融一性에 들면, 일체一切가 일심一心임을 깨달아 미망迷妄의 환幻만 벗으면, 일체一切가 그대로 각覺이다. 보고 듣는 일체一切가 상심相心이나, 의식意識이 아니라, 해인삼매海印三昧임을 깨달으려면 본심本心에 들어야 한다. 본심本心에 들지 못하면, 보고 듣는 일체가 상심의식相心意識인 자아의식自我意識에 의한 분별심 사상심四相心을 벗어날 수가 없다. 본심本心에 들고자 하면, 상심相心인 자아의식自我意識과 사상심四相心을 여의어야 한다. 유심有心과 아상我相이 있으면 원융본심圓融本心에 들 수가 없다. 상심相心인 자아의식自我意識과 사상심四相心이 있으면, 상相 없는 원융본심圓融本心에 들 수가 없다. 왜냐면, 상심相心인 자아의식自我意識과 사상심四相心이 없는 원융각성圓融覺性이 본심本心이기 때문이다. 본심本心에 드는 깨달음은 곧, 나 없음을 깨달음이며, 일체상一切相이 없음을 깨달음이며, 나와 사상심四相心이 없음을 깨달음으로 본심本心에 들게 된다. 깨달음과 함께, 실체 없는 망妄의 상相인 상심相心 자아의식自我意識과 사상심四相心이 흔적 없이 사라진

다. 이는 본래 실체 없는 상념想念에 의한 환영幻影이기 때문이다. 상심相心의 미혹을 벗음인즉 본연본심本然本心 능인해인삼매중能仁海印三昧中에 들게 된다. 능인해인삼매중能仁海印三昧中은 심心의 본연본심법계本然本心法界다. 깨달으면 중생만 사라지는 것이 아니다. 중생을 벗어남과 함께, 부처도 한목 벗어나게 된다. 깨달으면 미혹만 벗어나는 것이 아니다. 구하고 성취하려는 불佛과 각覺도 한목 벗어나게 된다. 바른 깨달음의 지혜는 중생과 불佛을 둘 다 벗어나게 된다. 불성佛性인 본연심本然心은 중생도 아니기에 중생의 모습이 되기도 하며, 중생도 아니기에, 중생衆生의 상相과 의식을 벗어 불佛이 되기도 한다. 그러므로 깨달음을 증각證覺하여 불각佛覺에 들면, 중생의 미혹만 벗어날 뿐만 아니라, 불각佛覺에도 머무르지 않는다. 중생의 미혹을 벗고, 불佛의 청정각淸淨覺도 벗어버려야, 무애자재無礙自在한 일각원융一覺圓融에 들게 된다. 불佛의 깨달음은 중생이 갈구渴求하는 노래며, 중생衆生이라는 언어言語는 불佛이 중생에게 준, 중생임을 자각하여 벗어나게 하는 불종자佛種子의 씨앗이며, 불佛이 가진 꿈의 희망은 중생衆生이란 언어 속에 그 뜻이 함유含有되어 있다. 불佛은 중생이 꾸는 꿈이니, 꿈을 깨면 중생도 환幻이며, 불佛도 환幻임을 깨달아, 중생과 불佛을 한목 벗어나게 된다. 그러므로 중생에게도 속박되지 않고, 불佛에도 속박되지 않는 원융일심圓融一心에 들게 된다. 이것이 본연본심本然本心 원융일각

圓融一覺의 세계다. 이곳에 이르러 무엇에도 머묾이 없어 짝할 이가 없으면, 원융圓融 속에 천상천하유아독존天上天下唯我獨尊이 되어, 삼라 일체가 능인해인삼매중能仁海印三昧中이다. 자아自我와 사상심四相心이 있으면 마음이 상견相見에 얽매어 천상천하유아독존天上天下唯我獨尊을 모를 뿐만 아니라, 아무리 헤아리고 추측해도 능인해인삼매중能仁海印三昧中을 알 수가 없다. 능인해인삼매중能仁海印三昧中을 모르면 무명무상절일체無名無相絶一切인 이사명연무분별理事冥然無分別과 생사열반상공화生死涅槃常共和를 알 수가 없다. 이 일체가 원융일심圓融一心이며, 원융일각본성법계圓融一覺本性法界며, 법성원융일심계法性圓融一心界다.

20 繁出如意不思議(번출여의부사의)

번출여의 부사의라네
여의법이 쏟아지는 부사의함 그자체네

여의법如意法이 쏟아지는 부사의不思議다.

능인해인삼매중能仁海印三昧中은 진성심심극미묘眞性甚深極微妙라 불수자성수연성不守自性隨緣成의 여의법如意法이 쏟아지는 시방장엄十方莊嚴 부사의함이다.

번출여의부사의繁出如意不思議는 능인해인삼매중能仁海印三昧中의 부사의사不思議事다. 번출繁出은 부사의 청정본성清淨本性으로 삼라森羅 부사의 일체만법만상一切萬法萬相이 출현出現함을 일컫는다. 여의如意란 뜻과 같음이 아니고, 무자성無自性 부사의 법성法性의 원융자재圓融自在를 일컬음이다. 번출여의繁出如意는 깨달음을 얻어 원융일성圓融一性에 들면 본연본성本然本性의 경계, 능인해인삼매중能仁海印三昧中에 일어나는 원융본성圓融本性의 공능功能인 걸림 없고 장애 없는 부사의 원융무애圓融無礙 능행조화能行造化의 번출여의부사의繁出如意不思議를 체달體達하게 된다. 삼라森羅 일체一切가 원융일성圓融一性의 공능功能인 법성法性의 능행조화能行造化다. 원융일성圓融一性이 곧, 본심本心의 성품이며, 만물萬物의 본성本性이다. 번출여의부사의繁出如意不思議는 원융청정일심圓融淸淨一心의 공능功能, 원융일성圓融一性의 부사의不思議 능행조화能行造化로, 삼라일체森羅一切 만물만상萬物萬相이 출현出現함을 일컫는다. 이는 능인해인삼매중能仁海印三昧中의 부사의사不思議事다. 원융청정일심圓融淸淨一心의 일심一心은 한마음이 아니라, 원융심圓融心인 본연本然의 성품으로, 일체一切가 일심一心이며, 일심一心을 벗어난 한 티끌도 없는 원융일심구족원만법계圓融一心具足圓滿法界다. 능인해인삼매중能仁海印三昧中 번출여의부사의繁出如意不思議 일체一切가, 깨닫고 보면, 각覺인 일심공능一心功能의 부사의 능행조화能行造化며, 삼라일체만물만상森羅一切萬物萬相이 각覺의 일심一心을 벗어나 있지 않다. 여기에서 각覺의 일심一心이라 함은 원융일심계圓融一心界라, 원융일심圓融一心, 원융일성圓融一性, 원융일각圓融一覺이 차별 없는 일성一性이다. 일체一切가 원융圓融이며 일심一心일 뿐, 이 경계에서는 일심一心, 일성一性, 일각一覺이 따로 없어, 둘 없는 원융한 한 성품이라, 일심一心 즉, 일성一

性이며 일각一覺이며, 일성一性 즉, 일심一心이며 일각一覺이며, 일각一覺 즉, 일심一心이며 일성一性이다. 상심相心이나 분별심分別心 사상심四相心이 있으면 이 경계를 헤아려 알 수가 없다. 이는 자타내외일체상自他內外一切相이 끊어진 법성원융일각법계法相圓融一覺法界며, 본심일각실상법계本心一覺實相法界다. 삼라만상만물 일체一切가 그대로 청정본심淸淨本心 공능功能의 능행조화能行造化인 능인해인삼매중能仁海印三昧中의 번출여의부사의繁出如意不思議다. 이 지혜智慧 대각경지大覺境地의 경계가 능인해인삼매중能仁海印三昧中이다. 대각경지大覺境地는 크게 깨달은 경지가 아니라, 완연完然한 본연각성本然覺性 원융일심圓融一心을 일컬음이다. 깨달음과 각覺의 차이는 깨달음은 무명미혹無明迷惑을 벗어나 본연각성本然覺性에 듦이며, 각覺은 심心의 본성本性이 본래 깨어 있는 보리菩提인 본연각성本然覺性을 일컬음이다. 본연각성本然覺性은 깨달음의 각覺과 불각不覺을 벗어났다. 깨닫고 깨닫지 못함은 미혹에 의한 분별심일 뿐, 본연각성本然覺性에는 깨닫고 깨닫지 못함을 벗어났다. 그러므로 경經이나 해설의 글 내용 중에 각覺의 뜻을, 미혹을 벗어난 깨달음과 심心의 본연본성本然本性이 항상 밝게 깨어 있는 보리菩提인 원융본연각성圓融本然覺性을 구분하여 인지하는 지혜가 필요하다. 깨달음인 증득證得을 일컫는 각覺과 본연각성本然覺性 보리菩提인 각覺을 분별하지 못하면, 글의 뜻이나 내용을 이해하는데 잘못 이해하거나, 오류를 범할 수가 있다. 경經의 해설에서 각覺을 깨달음이나, 깨어있는 각성覺性을 구분하지 않고 깨달음으로 표현하면, 각覺의 본뜻이 왜곡될 수도 있다. 각覺이 깨달음의 각覺이면 깨달음 자체인 증각證覺을 일컬으며, 각覺이 깨어 있는 각성覺性이면, 즉, 보리菩提를 일컬음이다. 깨달음을 얻어 항상 깨어 있는 각성覺性 보리菩提에 들면, 각성覺性 보리菩提는 깨닫고 깨닫지 못함과 아무런 관계가 없음을 알게 된다. 그러므로 깨닫고 깨닫지 못함의 일체一切가 곧, 미망迷妄 속의 망념妄念이며, 꿈속 망妄의 환영幻影임을 알게 된다. 능인해인삼매중能仁海印三昧中에 번출여의부사의繁出如意不思議는 무명심無明心인 상심相心의 미혹을 벗어, 정각正覺 발보리심發菩提心에 들면, 바로 이 부사의경계不思議境界 능인해인삼매중能仁海印三昧中 번출여의부사의繁出如意不思議의 각성경계覺性境界에 들게 된다. 이 법계장엄상法界莊嚴相에 들면, 번출여의부사의繁出如意不思議가 우보익생만허공雨寶益生滿虛空임을 한목 깨닫게 된다.

21 雨寶益生滿虛空(우보익생만허공)

우보익생 만허공이니
법의비는 중생위해 허공중에 가득하고

법의 보배로운 비는 중생을 위해 허공 중에 가득하다.

진성심심극미묘眞性甚深極微妙 불수자성수연성不守自性隨緣成이라, 번출여의부사의繁出如意不思議로 중생에 이로운 보배로운 법보法寶의 비는 허공 중에 가득하다.

우보雨寶는 법성원융法性圓融의 부사의 조화造化로 만물만상萬物萬相이 번출여의부사의繁出如意不思議를 드러냄이다. 익생益生은 삼라일체만물만상森羅一切萬物萬相에 의지해 무량생명無量生命이 살아가니, 법성섭리法性攝理의 작용 불수자성수연성不守自性隨緣成에 의한 삼라일체만물森羅一切萬物이 무량생명無量生命을 이롭게 함을 일컬음이다. 만허공滿虛空은 허공에 가득함을 일컬음이니, 곧, 삼라

일체만물만상森羅一切萬物萬相이다. 삼라만상만물 속에 생명의 삶을 살아가는 이 일체一切가 법성원융法性圓融에 의한 불가사의 공능功能, 무한무량조화無限無量造化임을 드러냄이다. 일체 생명이 삶을 의지하는 곳은, 삼라일체 만물만상이니, 이 만물 존재 일체가 원융일성圓融一性 법성섭리法性攝理의 부사의 작용에 의한 능행조화能行造化다. 이 일체 존재의 생성과 현상은 법성法性의 공능행功能行인 능행조화能行造化의 섭리다. 법성法性은 만법萬法의 성품이며, 만법萬法은 원융일성圓融一性의 공능功能에 의한 능행조화能行造化다. 원융일성圓融一性은 곧, 일심一心이 실체며, 일심一心인 원융일성圓融一性의 부사의 능행조화能行造化가 시방삼라일체十方森羅一切 허공 중에 가득하니, 이 부사의 공능功能, 능행조화能行造化의 일체상一切相에 의지해, 일체 생명이 살아감이 우보익생만허공雨寶益生滿虛空이다.

22 衆生隨器得利益(중생수기득이익)
중생수기 득이익이네
중생들은 근기따라 이로움을 얻는다네

중생들은 근기根機따라 이로움을 얻는다.

번출여의부사의繁出如意不思議 우보익생만허공雨寶益生滿虛空이니, 중생들은 근기根機따라 이로움을 얻는다.

중생수기衆生隨器는 중생의 근기根機인 복福, 덕德, 지혜智慧와 심心의 역량을 일컬음이다. 득이익得利益은 중생의 근기根機인 복福, 덕德, 지혜智慧와 심心의 역량에 따라 이로움을 얻음을 일컬음이다. 청정자성조화淸淨自性造化로 만물만상이 허공 중에 가득해도, 중생의 근기根機와 선근공덕善根功德과 지혜근기智慧根機와 심신心身의 복福, 덕德, 지혜智慧의 무량차별과 심心의 역량 인연사因緣事에 따라, 법계法界 무량무한無量無限의 부사의한 공덕功德의 이로움을 얻는다. 중생의 차별계는 복福, 덕德, 지혜智慧의 차별과 심心의 역량 근기根機의 차별상이다. 이는 심心 공덕을 발현하는 지혜근기智慧根機와 선근인성善根因性과 심心의 역량 정도에 따라, 법법의 공덕功德인 각성지혜覺性智慧와 인과因果의 삶과 법법을 수용하고 증각證覺함을 일컬음이다. 원융일성圓融一性의 공능功能인 능행조화能行造化 법성섭리法性攝理의 불수자성수연성不守自性隨緣成에 따라, 만법만상萬法萬相이 생성되고 장엄하니, 복덕지혜福德智慧의 일체가 법성섭리法性攝理의 작용을 벗어나 있지 않다. 일체 생명과 만물이 법성섭리法性攝理의 능행조화能行造化로 존재하며, 일체 생명과 만물이 법성섭리法性攝理의 공능功能에 의해 살아가니, 일체 존재의 삶의 일체가 법성섭리法性攝理의 작용이다. 지혜 또한, 법법의 성품과 작용의 섭리를 벗어나 있지 않고, 법법의 성품과 작용의 섭리에 미혹하면 그것이 무명無明이며, 법법의 성품과 작용의 섭리에 미혹한 마음작용이 무명無明인 사상심四相心이다. 법법의 성품과 작용의 섭리에 밝은 지혜와 수순하는 역량 근기根機에 따라 이로움을 얻으며, 법법의 성품 작용의 섭리에 어두워 지혜가 없으면, 무명의식無明意識의 분별심 사상심四相心인 상相에 머묾과 탐착심 자아욕망에 따라 상相에 의지한 중생심의 삶을 살게 된다. 법성지혜法性智慧는 법법의 성품, 무명무상절일체無名無相絶一切인 자성自性과 본성本性의 무자성無自性 실상實相의 지혜다. 이는 법法의 성품 작용과 섭리인 불수자성수연성不守自性隨緣成의 인과因果와 무유정법無有定法과 제상비상諸相非相과 무상무아無相無我 법성원융法性圓融의 지혜다. 본성本性의 지혜를 열면 원융본성圓融本性인 법성작용法性作用의 무유정법無有定法 지혜를 열게 된다. 법성法性 무유정법無有定法의 지혜를 열면 제상비상諸相非相과 무상무아無相無我의 지혜를 열며, 본성本性 본각本覺의 지혜를 열게 된다. 법성지혜法性智慧는 그 지혜가 무엇이든 원융일성圓融一性인 원융법성삼법인지圓融法性三法印智로 귀결歸結된다. 원융법성삼법인지圓融法性三法印智는 법성法性의 체상용體相用을 통철通徹하여, 법성法性 부사의 원융일성圓融一性에 이르게 하니, 원융일성圓融一性에 들면, 일체불이一切不二 각명일성覺明一性에 들게 된다. 이것이 일체一切를 벗어버린, 일체一切의 근원인 일심一心이다. 일심一心은 일체一切가 원융일심圓融一心뿐, 또 다른 무엇이, 또 다른 일법一法이 있지 않다. 일심一心은 일체차별一切差別과 일체시비一切是非와 일체정사一切正邪와 상相과 무상無相, 유위有爲와 무위無爲, 중생衆生과 불佛, 각覺과 불각不覺을 모두 벗어버린 각원융覺圓融이다. 일심一心은 오직 원융성圓融性이니 원융일심圓融一心이라고 하며, 원융각圓融覺이라고도 한다. 이 성품이 원융성圓融性으로 제법諸法의 본성本性이며, 일체불이一切不二 원융법성圓融法性인 제법諸法의 자성自性이며, 무유정법無有定法의 실체實體 무자성無自性이

다. 일심一心, 원융일성圓融一性 공능功能의 능행조화能行
造化인 법성원융法性圓融의 무유정법無有定法으로 번출여
의부사의繁出如意不思議 우보익생만허공雨寶益生滿虛空이
니, 모든 중생이 선근공덕善根功德과 지혜근기智慧根機에
따라 이로움을 얻으므로, 중생수기득이익衆生隨器得利益이
라 한다. 이는 법성法性의 묘용妙用이며, 심心 부사의 공능
功能 무한공덕無限功德이다.

23 是故行者還本際(시고행자환본제)
시고행자 환본제시에
이런고로 수행자여 본래본성 돌아갈때

　이런고로 수행자여 본래本來의 본성本性으로 돌아갈
때다.

　제법부동본래적諸法不動本來寂 무명무상절일체無名無相
絶一切이니, 이런고로 수행자여 본래本來의 본성本性 법法
의 본제本際로 돌아가려면　증지소지비여경證智所知非餘境
이니 파식망상필부득叵息妄想必不得이다.

　시고是故는 법성원융무이상法性圓融無二相 제법부동본
래적諸法不動本來寂 무명무상절일체無名無相絶一切 증지소
지비여경證智所知非餘境임을 뜻한다. 이는 법성게法性偈의
법성원융무이상法性圓融無二相으로부터 중생수기득이익
衆生隨器得利益까지를 드러냄이다. 이는 법성法性이 원융

하여 무명무상절일체無名無相絶一切이니 상심相心으로는 알 수가 없다. 행자行者는 법法의 실상實相의 깨달음을 얻고자 하는 모든 이를 일컬음이다. 이는 자기의 본심本心과 본성本性과 본각本覺을 깨달으려는 자와 중생의 무명無明과 미혹을 벗으려는 자와 윤회와 생사고生死苦를 벗으려는 자와 사상四相을 여의려는 자와 제법諸法의 실상實相을 깨달으려는 자와 무위無爲에 들려는 자와 위 없는 깨달음 아뇩다라삼먁삼보리를 얻으려는 자와 불佛을 성취하려는 자와 불지혜佛智慧를 증득하려는 자와 구경열반究竟涅槃과 바라밀에 이르려는 자者다. 환본제還本際는 본래 본연本然의 자기 성품으로 돌아감을 일컬음이다. 이는 사상심四相心을 여의어 자기의 본제本際인 본심本心, 본성本性, 본각本覺의 참모습, 진성眞性 실제實際에 돌아감을 일컬음이다. 시고행자환본제是故行者還本際는 일체상一切相을 초월한 자기 본성本性에 이르고자 하는 자者를 일컬음이다. 이는 자기의 실체實體 참모습, 일체상一切相을 초월한 자기의 본성本性 진성眞性으로 돌아감을 일컫는다.

24 叵息妄想必不得(파식망상필부득)
파식망상 필부득이네
망상심을 쉬잖으면 필히얻지 못하리라

망상妄想을 쉬잖으면 필히 얻지 못한다.

법성원융무이상法性圓融無二相이라 무명무상절일체無名無相絶一切이니, 증지소지비여경證智所知非餘境이므로, 분별심分別心 망상妄想을 쉬잖으면 필히 얻지 못한다.

망상妄想은 망妄은 헛된 것이며, 실체實體 없는 것을 일컬음이다. 상想은 마음의 상념想念, 즉, 분별심 생각이다. 망상妄想은 법法의 성품, 실상實相을 깨닫지 못한 상相의 상념想念 일체 작용인 사상심四相心이다. 파식망상叵息妄想은 상相의 사량思量 분별심인 사상심四相心이 소멸해야 함을 일컫는다. 필부득必不得은 상相에 머묾인 사상심四相

心이 있으면 본래本來 자기 본성本性을 필히 얻지 못함이다. 파식망상필부득叵息妄想必不得은 사상심四相心을 여의지 않으면 자기의 본성本性, 진성眞性을 깨닫지 못함을 일컬음이다. 의식의 상념想念인 상相의 분별심, 사상심四相心을 여의어야 상相 없는 자기 본성本性, 본심本心에 들게 된다. 상相에 머묾인 의식의 상념想念 사상심四相心이 있으면, 일체一切를 상相에 머묾의 분별심으로 헤아리므로, 실상實相과 본심本心과 본성本性과 본각本覺과 깨달음과 반야와 해탈과 열반涅槃과 진여진성眞如眞性과 아뇩다라삼먁삼보리와 무아無我와 무상無相과 무유정법無有定法과 무상각無上覺과 해탈지견解脫智見과 성불成佛과 불지혜佛智慧 등, 일체무위법一切無爲法을 유심有心인 상심相心으로 얻으려 하며, 성취하려 하며, 완성하려고 한다. 그러나 무위법無爲法 일체一切는 의식의 상념想念인 유심有心의 상심相心으로는 성취하지 못한다. 무위법無爲法 일체一切는 상相을 벗어났으므로, 유심有心의 상심相心으로 얻지 못하고, 성취하지 못한다. 무위無爲는 상법相法이 아니므로, 무위無爲에 들고자 하면, 상相에 머묾의 유심有心인 일체상심一切相心을 여읨으로 무위無爲에 들게 된다. 유심有心은 일체차별상差別相에 머묾인 유위법有爲法이라, 실상實相과 본성本性을 벗어난 사상심四相心이므로, 일체一切가 차별이며, 같지 않다.

상심相心에는, 깨달음, 반야, 열반, 아뇩다라삼먁삼보리, 불지혜佛智慧 등, 유위법有爲法처럼 모두 하나하나의 지혜와 법法을 성취해야 하는 것으로 생각하게 되나, 상심相心을 여의어 무위無爲에 들면, 일체무위법一切無爲法과 무위지혜無爲智慧를 한목 두루 꿰뚫어 통通하게 된다. 일체유위법一切有爲法과 일체유위지혜一切有爲智慧는 하나하나 성취하고, 얻어야 하는 상법相法이지만, 일체무위법一切無爲法과 일체무위지혜一切無爲智慧는 진여일성법眞如一性法이므로, 의식의 상념想念인 사상심四相心을 여의어 바로 무위실상無爲實相에 들면, 일체무위법一切無爲法과 일체무위지혜一切無爲智慧를 한목 두루 꿰뚫어 통通하게 된다.

실상實相과 본심本心과 본성本性과 깨달음과 반야와 해탈과 열반涅槃과 아뇩다라삼먁삼보리와 무아無我와 무상無相과 무유정법無有定法과 무상각無上覺과 해탈지견解脫智見과 성불成佛과 불지혜佛智慧 등은, 하나하나를 별법別法으로 지혜智慧를 밝히고, 깨달음을 얻거나 성취하는 유위지혜有爲智慧와 유위법有爲法이 아니다. 상相을 여의어 사상심四相心이 사라지면 무위無爲에 듦으로, 한목 꿰뚫어 두루 통通하게 되는 원융圓融의 무위지혜無爲智慧다. 이는 일체 상相과 차별을 벗어버린 무위원통지혜無爲圓通智慧이다. 그러므로 의식의 상념想念인 상심相心으로는 무위지혜無爲智慧를 하나라도 얻거나, 성취하거나, 완성할 수가 없다. 의식의 상념想念인 상심相心으로는 넘볼 수 없는 세계며, 추측과 사량으로도 헤아리어 알 수 없는 제법부동본래적諸法不動本來寂 무명무상절일체無名無相絶一切의 각성원융覺性圓融의 지혜智慧이기 때문이다. 유위법有爲法과 유위심有爲心인 상相, 생멸生滅, 유무有無, 사상四相, 사상심四相心 일체一切를 요약하면, 그 바탕은 상相이며, 그 근원과 뿌리는 상相의 상념想念 자아의식自我意識인 나다. 일체유위법一切有爲法은 상相을 바탕하고, 나를 근원으로한 상심相心이므로, 상相이 없고, 나 없는 본심本心, 본성本性, 본각本覺, 깨달음, 실상實相, 반야般若, 열반涅槃, 바라밀波羅蜜, 아뇩다라삼먁삼보리, 무유정법無有定法 등을 알 수가 없다. 단지, 의식의 상념想念인 사상심四相心과 나를 여읨으로 깨닫게 되는 무위법無爲法이다.

일체유위법一切有爲法인 일체상一切相과 의식의 상념想念인 나와 사상심四相心은 무위無爲에 드는 바른 깨달음과 함께 흔적 없이 사라진다. 왜냐면, 일체상一切相은 본래 뿌리가 없고, 실체實體가 없는 의식의 환영幻影인 상념想念이므로, 깨달음으로 의식의 상념想念과 나, 자아自我가 사라짐과 동시에 바로 일체유위상一切有爲相이 흔적 없이 사라진다. 깨달음이란 다름 아닌 나 없음을 깨달음이며, 일체상一切相이 없음을 깨달음이며, 또한, 나의 실상實相이 상相이 아님을 깨달음이며, 일체상一切相의 실체實體 실상實相

이 무아無我며, 무상無相임을 깨달음이다. 이는 또한, 실상實相 그 자체가 무자성無自性이며, 일체법一切法과 일체상一切相이 청정무유정법淸淨無有定法임을 깨달음이다. 즉, 유무有無와 생멸生滅의 일체유위一切有爲를 벗어나, 일체상一切相이 그대로 불생불멸不生不滅이며, 그 성품이 적멸부동寂滅不動인 일체무위一切無爲를 깨닫게 된다. 일체상一切相이 생멸生滅이 끊어진 무자성無自性 청정진여일성淸淨眞如一性임을 깨닫게 된다. 이 무위경계無爲境界에는 일체차별상一切差別相이 사라지고, 있는 그대로의 일체상一切相이 차별差別 없는 가운데 차별差別이어도, 그 자성自性이 없어 무자성無自性이므로 머물 곳이 없고, 일체一切 청황적백靑黃赤白과 대소장단大小長短 그대로 생멸生滅 없는 무아무상無我無相인 실상實相이다. 일체一切가 원융일성圓融一性의 부사의不思議며, 원융일성圓融一性의 공능功能에 의한 불가사의한 능행조화能行造化 부사의법계不思議法界다. 이 무위경계無爲境界에서는 삼라만상만물森羅萬象萬物이 흔적 없이 사라진 가운데 시방十方이 원융圓融하여 나 없는 일심一心만이 충만하고, 생멸상生滅相을 벗어난 청정무자성淸淨無自性 삼라만상만물森羅萬象萬物이 온전히 일심一心 속에 수용되어 섭수됨이 뚜렷하고 선명하며, 일체一切가 원융일심圓融一心이며, 일체一切가 원융일성圓融一性이며, 일체一切가 원융일각圓融一覺이다. 심心과 성性과 각覺이 차별이 없어 원융불이성圓融不二性이니, 심心과 성性과 각覺

이 분별없이 원융圓融하여 일체一切가 그대로 일심一心이며, 또한, 일성一性이며, 또한, 일각一覺이다. 일심一心은 본심本心이며, 일성一性이 본심本心의 성품이며, 일각一覺이 본심本心의 본각本覺이다. 그러므로 일체一切가 일심一心이며, 일체一切가 그대로 완연完然한 원융각圓融覺이다. 이것이 법성원융무이상法性圓融無二相인 제법부동본래적諸法不動本來寂이며, 무명무상절일체無名無相絕一切인 진성심심극미묘眞性甚深極微妙이니, 일체상一切相이 그대로 생사열반상공화生死涅槃常共和며 이사명연무분별理事冥然無分別이다. 이 공화空華가 번출여의부사의繁出如意不思議며, 각성각명覺性覺明의 이다라니무진보以陀羅尼無盡寶가 장엄법계실보전莊嚴法界實寶殿이다. 이 무위지혜無爲智慧를 얻고자 하거나 성취하고자 하면 파식망상필부득叵息妄想必不得이다. 왜냐면, 나와 대상對象의 상相이 있으면 넘볼 수 없는 법계며, 의식의 상념想念으로는 사량과 추측으로 헤아려도 알 수 없는 무위지혜無爲智慧이기 때문이다. 분별상分別相인 나와 상相, 물物과 심心은 둘이 아니다. 나我 곧, 상相이며, 상相의 주인공이 나다. 물物이 곧, 심상心相이며, 심心이 곧, 물物과 상相에 의한 마음이다. 나를 여의지 않고 상相을 여의려 하면 영원히 상相을 벗어날 수가 없다. 왜냐면 나, 곧, 상相이기 때문이다. 일체상一切相은 의식에 의한 상념想念이니, 나를 두고 상相을 여의려면 상相을 벗어날 수가 없으나, 나를 여의면 일체상一切相이 흔적 없이

사라져 바로 무위無爲에 들게 된다. 무위無爲에 들면 나라
고 생각했던 것이 나 아니며, 내 마음이라고 생각했던 것이
망妄의 환幻일 뿐, 마음이 아님을 깨닫게 된다. 이러한 현
상은 나와 상相을 여의어, 생멸生滅이 없고 원융圓融한 부
사의 본심本心 무위無爲를 깨달아, 상相이 상相이 아니며,
의식의 상념想念이 망妄의 환幻임을 깨달았기 때문이다. 무
위실상無爲實相인 무위본성無爲本性에 들면, 일체불법一切
佛法의 실상實相과 불법일체지혜佛法一切智慧를 한목 두루
꿰뚫어 통通하게 된다. 무위본성無爲本性에 들어 실상지혜
實相智慧를 열므로, 무상지無上智와 무상각無上覺과 일체바
라밀지혜一切波羅蜜智慧와 구경열반究竟涅槃과 대승지大乘
智와 일승지一乘智와 불지불각佛智佛覺을 한목 두루 꿰뚫
어 통通하게 된다. 무위실상無爲實相에 들어 일체지一切智
를 두루 한목 꿰뚫어 통通하게 되는 것은, 무위실상無爲實
相에는 일체一切가 차별 없는 원융한 한 성품이기 때문이
다. 본심本心에 들면 일체차별一切差別 없는 무위지혜無爲
智慧에 들어, 일체불법一切佛法의 실상지혜實相智慧를 두루
구족具足하게 열게 된다. 왜냐면, 일체불법一切佛法이 본심
本心을 벗어나 있지 않고, 본심本心을 벗어나면 세간법世間
法이든 출세간법出世間法이든 진속眞俗의 일체一切를 드러
낼 수가 없고, 속俗뿐만 아니라 진제眞諦까지 발붙일 곳이
없기 때문이다. 그러나 일심실상一心實相인 원융일성圓融
一性에는 속俗뿐만 아니라 진제眞諦까지 발붙이고 의지할

곳이 없어, 홀로 우뚝 일체一切를 벗어났다. 이에 천상천하무여불天上天下無如佛이며, 이를 일러 여여如如며 원융圓融이라 한다. 이 실상實相은 정사正邪를 벗어났고, 진속眞俗을 벗어났으며, 각覺과 불각不覺을 벗어났고, 중생과 불佛을 벗어났다. 어느 누구, 어느 무엇 짝할 자者가 없고, 견줄 것 없어, 홀로 격외格外 청정淸淨이라, 천상천하유아독존天上天下唯我獨尊이라 하니, 이 말을 듣고 사상심四相心을 가진 자者는 상심相心으로 헤아려 높고 높은 불지혜佛智慧와 대각大覺의 상相을 일으켜, 허물없고 티 없는 성품에 아我의 탑塔이 충천衝天한 높고 높은 상相을 일으키나, 깨달음을 얻어 단지, 머무름이 없으면, 나와 상相이 흔적 없이 사라져, 그 높고 높은 중중존重重尊이, 상相 없는 청정淸淨한 자기 본연本然의 성품이다.

파식망상필부득叵息妄想必不得은 나 있으면 필히 얻지 못함이니, 나 없는 그 자리가 삼세제불三世諸佛이 출현出現하는 무상처無相處며, 무상심無相心이다. 사상심四相心이 있으면 무엇이든 상相으로 헤아리니, 중생衆生과 불佛도 상相으로 헤아리고, 자타自他도 상相으로 헤아리며, 지혜와 깨달음도 상相으로 헤아리니, 나를 여읠 줄을 모르고 상심相心에 상相을 더하여 얻으려 하고 성취하려 하니, 나 있으면 그것이 무명無明이며, 나 없으면 바로 불각佛覺의 깨달음이다. 나 있으면 그것이 상심相心이며, 나 없으면 바로 반야般若다. 나 있으면 그것이 중생衆生이며, 나 없으면 바로 불佛이다. 나 있으면 그것이 번뇌며, 나 없으면 바로 무여 열반無餘涅槃이다. 나 있으면 그것이 속박束縛이며, 나 없으면 바로 해탈解脫이다. 나 있으면 그것이 사상심四相心이며, 나 없으면 바로 불지혜佛智慧다. 나 있으면 그것이 미혹迷惑이며, 나 없으면 바로 아뇩다라삼먁삼보리심이다. 마음은 걸림 없이 원융하나, 나, 그 생각과 상념想念이 나를 구속拘束하니, 나, 그 상념想念이 타파되어 사라지면 나를 구속할 상相이나 법法이나 지혜智慧 그 무엇도 없다. 바로 천상천하무여불天上天下無如佛이다.

단지, 처음을 알 수 없는 지금에 이르기까지 각성覺性을 등진 무명無明으로 망환妄幻의 묵은 습관 나를 집착하며, 자타自他를 분별하고 상相을 탐착하는 분별의 망업妄業 습기習氣를 멈추거나, 끊거나, 쉴 수가 없어 여래如來께서 불지혜佛智慧로 상相의 실상實相을 드러내고, 사상심四相心을 가진 일체중생의 청정본성淸淨本性을 드러내어도 깨닫지 못함은, 자기 본성本性 각성覺性에 미혹한 무명無明으로, 자기의 실체 각성覺性을 등진 망업妄業을 쌓은 묵은 습기習氣 때문이니, 자타自他를 분별하고, 상相을 탐착하는 묵은 습기習氣 망상妄想을 쉬지 않으면, 자신의 본래본성本來本性 본연각성本然覺性에 들 수가 없다.

나我 있음이 무명無明이며, 자타분별自他分別이 미혹이며, 상相에 머무르는 망妄의 묵은 습기習氣가 탐착이다. 자타내외自他內外가 분명하고 명백함이 사상심四相心이며, 육근六根의 촉각에 머무르고 탐착함이 생사生死의 길이다. 나와 남을 분별하고, 좋아하고 미워함이 있음이 나我 있음에 의한 무명심無明心이다. 나我 있음이 망념妄念이니, 육근六根 중에 보고 듣는 자者, 나我가 없어 자타自他가 없으면 그것이 무심無心이며, 육근六根의 안과 밖이 없어 두루 원융圓融하여 청정淸淨이면 불이不二 즉, 무애無礙다.

홀연히 지혜가 열리면 일체一切의 환몽幻夢을 벗어난 각명覺明에는 망업妄業의 실체와 그 흔적 티끌을 찾을 수가 없다. 이는 불이不二 즉, 여如며 각覺이다. 불이不二, 여如, 각覺이 곧, 심心이다.

25 無緣善巧捉如意(무연선교착여의)

무연선교 착여의이니
연을벗은 선교따라 여의법을 이루오면

상相 없는 선교방편善巧方便 여의법如意法을 이룬다.

일체 상相이 끊어진 반야바라밀법으로 본성本性에 든다.

무연無緣은 일체상一切相과 법法이 끊어진 무위실상無爲
實相인 무명무상절일체無名無相絶一切를 일컬음이다. 선
교善巧는 실상본성實相本性에 드는 반야바라밀般若波羅蜜
의 자성청정본성법自性淸淨本性法이다. 무연선교無緣善巧
는 일체 상相과 법法이 끊어진 무위법無爲法 반야바라밀법
般若波羅蜜法이다. 여의如意는 뜻과 같음이 아니라, 상相에
걸림 없는 본성실상本性實相의 자재自在한 원융을 일컬음
이다. 즉, 무자성無自性 법성원융法性圓融인 무위본성無爲
本性의 지혜다. 착여의捉如意는 일체상一切相에 걸림 없는

무위본성無爲本性 반야지혜般若智慧에 듦이다. 무연선교착
여의無緣善巧捉如意는 일체상一切相을 벗어버린 반야바라
밀般若波羅蜜 무위법無爲法에 의지해 반야지혜般若智慧로
원융본성圓融本性인 실상實相에 듦을 일컬음이다. 무위본
성無爲本性 실상實相에 드는 일체무위법一切無爲法 반야바
라밀법般若波羅蜜法이 무연선교법無緣善巧法이다. 무연선
교無緣善巧는 일체상一切相과 연연이 끊어진 반야般若의 지
혜인 아뇩다라삼먁삼보리 무위실상법無爲實相法이다. 이는
일체상一切相을 벗어버린 대승大乘과 최상승最上乘의 일승
법一乘法인 반야바라밀般若波羅蜜의 무자성無自性 본성지
혜법本性智慧法이다.

불법佛法의 실상實相과 지혜는 상相과 사상심四相心의 일
체상一切相을 벗어났다. 정견正見, 반야般若, 진여眞如, 무
여열반無餘涅槃, 아뇩다라삼먁삼보리, 바라밀波羅蜜, 무아
無我, 무상無相, 공空, 무위無爲, 무유정법無有定法, 각성覺
性, 자성自性, 청정淸淨, 무애無碍, 원융圓融, 무염無染, 실
상實相, 본심本心, 본성本性, 본각本覺, 불성佛性, 불지혜佛
智慧 등, 일체 실상불법實相佛法이 무연법無緣法이다. 무연
법無緣法은 일체상一切相과 연연이 끊어진 무명무상절일체
無名無相絶一切의 실상實相 자성법自性法이다. 상법相法은
유무有無, 생멸生滅, 자타自他, 유위有爲의 차별법差別法이
며, 무연법無緣法은 일체상一切相을 벗어버린 무자성無自

性 본성本性의 실상법實相法이다. 무연無緣은 곧, 무명무
상절일체無名無相絶一切다. 무위실상無爲實相 본성本性에
들어, 일체상一切相에 걸림 없는 원융圓融이 곧, 여의如意
다. 이는 곧, 본성本性을 수순함이니, 무연선교착여의無緣
善巧捉如意는 곧, 반야지혜般若智慧의 보리심菩提心이다.

26 歸家隨分得資糧(귀가수분득자량)
귀가수분 득자량이네
고향기는 분수따라 재물양식 얻으리라

고향으로 돌아갈 때 분수따라 재물과 양식을 얻는다.

본래本來의 본성本性으로 돌아갈 때에, 지혜의 역량따라 법法을 성취한다.

귀가수분득자량歸家隨分得資糧은, 무연선교착여의無緣善巧捉如意로 자기 본성本性으로 돌아갈 때에, 지혜근기 智慧根機의 역량따라 본성지혜本性智慧를 증득證得한다는 뜻이다.

귀가歸家는 자기의 본래 본성으로 돌아감이다. 수분隨分 은 무연선교착여의無緣善巧捉如意의 자성지혜自性智慧의 역량, 지혜智慧의 밝음이다. 득자량得資糧은 자성지혜自

性智慧의 역량따라 반야般若의 무한 공덕과 법法의 실상實相을 성취함이다. 깨달음을 얻고, 법法을 성취하며, 일체불법一切佛法의 지혜를 구족원만具足圓滿하게 하고, 아뇩다라삼먁삼보리와 제법실상諸法實相에 들며, 무상각無上覺을 성취하고, 불지혜佛智慧에 두루 밝음에 드는 일체一切가, 본래 본연本然의 본성本性에 드는 귀가歸家다. 본래 본연本然의 본성本性은 중생과 불佛이 차별이 없고, 중생이 아뇩다라삼먁삼보리를 증득하고, 제법실상諸法實相을 깨달으며, 불지혜佛智慧를 구족원만具足圓滿한 이 일체一切가 본연本然의 본성本性에 듦일 뿐, 수행을 통해 성취하고, 지혜智慧를 밝혀 이룩한 성취와 완성完成의 법法이 아니다. 본래 본연本然의 본성本性에는 원융지圓融智의 밝음이 원만구족圓滿具足하고, 불佛의 원만구족圓滿具足한 일체지一切智가 부사의본성지不思議本性智며, 일체불법지혜一切佛法智慧가 원융본성圓融本性의 각명覺明, 무아무상지無我無相智다. 깨달음을 얻어 무상각無上覺 아뇩다라삼먁삼보리를 성취하여도, 성취하여 얻은 소득법所得法이나, 소득지혜所得智慧나, 증득지證得智가 아니라, 본래 본연本然의 본성本性인 각성覺性의 밝음에 이르렀을 뿐이다. 깨달음을 얻어 지혜를 성취하여도 본래 자기 본성本性이며, 무상각無上覺 아뇩다라삼먁삼보리를 성취하여도, 본래 자기 본성本性의 각성覺性인 무상각無上覺이다. 수행으로 증득證得한 구경지혜究竟智慧인 무상정등각無上證等覺과 구경究竟의 무여열반無餘涅槃이 수행으로 증득證得하여 이룬 무상지혜無上智慧와 무여열반無餘涅槃이 아니다. 이는 자기 본래 본연본성本然本性의 밝은 성품일 뿐이다. 자기 본성本性의 부사의한 무한본연공덕無限本然功德과 원융일성圓融一性인 각성覺性의 밝음을 깨달아 증득證得하여도, 이는 증득證得의 지혜가 아니라 본래 본연본성本然本性의 밝음일 뿐이다. 깨달음을 얻고, 아뇩다라삼먁삼보리의 지혜를 증득證得하여도, 깨달음과 증득證得은 무명심無明心인 자아의식自我意識과 사상심四相心을 여의는 것일 뿐, 본성本性에는 깨닫고 증득證得한 깨달음과 증득證得이 없다. 왜냐면, 깨닫고 증득證得한 그 부사의 무상지혜無上智慧가 곧, 자기 본연본성本然本性의 지혜이기 때문이다. 그러므로 깨달았거나 증득證得한 깨달음과 증득상證得相이 있으면, 무명심無明心 사상四相을 벗어나지 못한 미혹迷惑의 망妄이며, 환幻의 망념妄念일 뿐이다. 사상심四相心의 일체상념一切想念은 상相의 차별 속에 있으므로 상견相見의 법상法相으로 구하고, 성취하며, 얻는 상相의 차별심差別心이 있으나, 깨달음으로 본성증각本性證覺에 들면, 일체차별상一切差別相과 일체차별심一切差別心을 벗어나므로, 구하고, 성취하며, 얻은 상相이 끊어지게 된다. 왜냐면 깨달음은 곧, 일체 차별상差別相과 일체 차별심差別心을 벗어난 여여如如 본성本性의 지혜이기 때문이다. 상相은 곧, 일체 차별세계며, 일체 차별세계는 다름도 상相이며, 같음도 상相이며, 있음도 상相이며, 없음도 상相이다. 상相을 벗어나면, 일체 차별을 벗어난 일여一如며, 여여如如의 본성本性 지혜를 발發하게 된다.

 의식의 상심相心은 모든 것이 차별 속에 있으므로 무엇이든 상相의 상념想念으로 헤아리므로, 미혹迷惑의 경계에서 깨달음을 얻고 성취함인 자증自證과 증득상證得相을 가지게 된다. 그러나 깨달음 그 자체가 곧, 자기 본연本然의 성품이니, 깨달아도 깨달음 자체가 없다. 단지, 보고 듣는 이 자체가 나와 대상이 둘이 아닌 청정본성清淨本性임을 바로 깨닫게 된다. 깨달음과 동시에 자아의식自我意識인 나와 상대相對인 타他와 대상對象인 일체상一切相의 경계가 흔적이 없이 사라져, 자아의식自我意識인 나도 없고, 상대相對인 남도 없으며, 육근六根의 촉각과 감각의 대상對象인 일체상一切相의 경계가 사라져, 깨달음에 들어도 자아상념自我想念인 나我가 없어 깨달은 자가 없고, 본성本性이 상相이 아니니 깨달음을 얻어 본성本性에 들어도 깨달음의 상相이 없고, 또한 얻은 깨달음이 없다. 그러므로 바른 깨달음을 얻으면, 자기 본성本性 실상實相의 지혜를 발發하여, 원융일성圓融一性 일심一心 속에 깨달음과 깨달음을 얻은 것이 없어, 자증自證과 증득證得한 것이 있을 수가 없다. 만약 깨달음에 들어 깨달음을 얻은 것이 있거나, 깨달음을 얻은 자가 있다면, 그것은 아직 미망迷妄을 벗어난 바른 깨달음에 든 것이 아니다. 완전한 깨달음에 들면 깨달음도, 깨달음을 얻은 자도 없다. 그러므로 만약 깨달음을 얻은 것이 있거나 깨달은 자가 있다면, 그것은 아직 상相에 머묾의 미혹迷惑인, 아상我相을 여의지 못한 무명망념無明妄念의 환영幻影 속에 있음이다. 깨달음이란 나我 없음을 깨달음이니, 깨달음으로 깨달은 나가 있고, 깨달음을 증득證得한 얻음이 있음은, 그 자체가 곧, 아직 나我의 상념想念을 벗어나지 못한 미혹迷惑 속이다. 이는 아직 깨달음이 완연完然하지 못하기 때문이다. 완연한 깨달음에 들면 자아自我 나의 상념想念은 완전히 끊어져 사라진다. 구경열반究竟涅槃을 성취하고, 무상각無上覺 아뇩다라삼먁삼보리를 완성하여도, 나 없고, 상相 없는 본연본성本然本性에 듦이니, 깨달음을 얻은 자증상自證相과 증득상證得相이 있으면, 아직 미망迷妄의 상념想念인 나를 벗어나지 못한 망념妄念 속에 있음이다.

본연본성本然本性은 각覺과 불각不覺을 벗어났고, 중생과 부처를 벗어났으며, 자타自他와 일체상一切相을 모두 벗어났다. 그러므로 깨달음에 각覺과 불각不覺, 중생과 부처, 자타自他와 일체상一切相 그 무엇이라도 상념想念의 상相이 있으면 바른 깨달음이 아니다. 완연完然한 깨달음 각성覺性에 들면, 불佛과 중생, 각覺과 불각不覺, 상相과 무상無相, 유위有爲와 무위無爲 일체를 벗어난 원융일성圓融一性

에 들게 된다. 깨닫고 보면, 깨달음이란 단지, 무명無明의 상념想念 미망迷妄을 벗어난 것일 뿐, 깨달음으로 자성自性과 본성本性과 불지혜佛智慧와 열반涅槃과 무상각無上覺을 성취하거나 얻은 것이 아니다. 무상각無上覺에 든 깨달음은 단지, 본연본성本然本性의 각명覺明일 뿐이다. 그러나 미망迷妄을 벗어난 지혜근기智慧根機의 차별에 따라 각覺의 원만함에 이르니, 이것이 귀가수분득자량歸家隨分得資糧이다. 각성覺性의 밝음이 완연完然한 원만불각圓滿佛覺에 이르기까지 지혜각성智慧覺性의 밝음에 따라, 일체현성一切賢聖의 부사의 차별상差別相이 있다.

27 以陀羅尼無盡寶(이다라니무진보)

이다라니 무진보이니
이와같은 다라니의 다함없는 보배로써

다라니陀羅尼의 다함없는 보배이다.

귀가수분득자량歸家隨分得資糧은 이다라니무진보以陀羅尼無盡寶다.

다라니陀羅尼의 뜻은 총지總持, 능지能持, 능차能遮다. 총지總持는 일체 부사의 공덕을 다 지니고 있으므로 총지總持라고 한다. 이는 심心의 부사의 공능功能이다. 능지能持는 능히 일체 모든 선법善法과 부사의 공덕을 행하므로 능지能持라고 한다. 이는 심心의 부사의 능행자재能行自在 각覺의 유출流出이다. 능차能遮는 일체 악惡과 사邪, 무명無明과 미혹迷惑을 능히 소멸하므로 능차能遮라고 한다. 이는 심心의 부사의 능행공덕能行功德이다. 다라니陀羅尼 총지總持는 불가사의한 공덕을 가진 본심本心을 일컬음이다. 삼라만상 만물을 생성生成하고 수용受用하며 섭수攝受하는 총지總持는 곧, 일심一心 마음이다. 본심本心이 원융일심圓融一心이며, 일심一心이 곧, 원융일성圓融一性이다. 본심本心은 일체 삼라만상 만물과 일체불법一切佛法의 부사의공덕不思議功德과 아뇩다라삼먁삼보리와 무여열반無餘涅槃과 일체반야바라밀과 각성지혜覺性智慧의 일체선법一切善法을 유출流出하고, 불가사의한 원융무애圓融無礙 무량불지혜無量佛智慧를 원만구족圓滿具足하며, 또한, 그 일체一切를 수용하고 섭수한다. 다라니陀羅尼 총지總持는 곧, 일심一心 공능功能의 부사의 공덕을 일컬음이다. 일심一心을 벗어나면 일체 공덕을 지니고 유출流出하는 총지總持, 다라니陀羅尼가 없다. 일체총지一切總持는 곧, 불가사의 공능功能의 실체實體, 일심一心의 공능功能 능행자재能行自在를 통해 유출流出되며, 심心의 일체一切 자재원만自在圓滿이 일심一心의 공능력功能力을 유출流出함이다. 불가사의한 일체 공덕을 유출流出하는 다라니陀羅尼, 총지總持인 일심一心은 법계法界에 다함 없는 불가사의한 무량공덕 총지總持인 보물寶物이다. 법계法界의 일체만상一切萬相과 부사의한 공덕 일체만법一切萬法의 다라니陀羅尼 총지總持가 일심一心임은, 일심一心은 곧, 일체법계一切法界를 생성生成하고, 일체 만법만상을 수용섭수受用攝受하는 부사의공능不思議功能 능행자재能行自在 능행조화能行造化의 공덕행功德行을 하기 때문이다. 일심一心은 무량무한공덕無量無限功德의 체성體性이며, 만법萬法의 모체母體이므로, 일심一心은 불가사의 공덕을 지닌 법계法界의 총지總持다. 깨달음으로 자증自證하여 일심一心에 들면, 불가사의한 공능功能을 지닌 능행자재能行自在한 능행조화能行造化의 법계제일보물法界第一寶物이 곧, 일심一心임을 깨닫게 된다. 이 일심一心으로부터 삼라만상만물森羅萬象萬物과 일체제불一切諸佛과 일체무상불법一切無上佛法을 유출流出하고, 또한, 부사의 공능功能 능행조화能行造化로 일체一切 만법만상萬法萬相을 수용섭수함을 깨닫게 된다. 깨달음을 얻어 원융실상圓融實相에 들면 삼라만상만물이 일심一心의 공덕이며, 일체一切가 일심一心 공능功能의 화현化現임을 깨닫게 되므로, 일심一心이 곧, 부사의 법계法界의 총지總持, 다라니陀羅尼임을 명료히 여실하게 깨닫게 된다. 이 일심장엄법계一心莊嚴法界가 법성게法性偈의 장엄법계실보전莊嚴法界實寶殿이다. 일체一切 시방법계장엄十方法界莊嚴이 곧, 일심공능一心功能의 원융공덕법계圓融功德法界다. 장엄법계실보전莊嚴法界實寶殿이 각만다라覺曼陀羅, 제불만다라諸佛曼陀羅, 실상만다라實相曼陀羅, 원융일성만다라圓融一性曼陀羅, 무진공덕無盡功德 불가사의불계不可思議佛界 일체만다라一切曼陀羅가 곧, 일심법계一心法界 공덕유출功德流出이다. 무진보無盡寶는 일심一心의 부사의사不思議事 무량무한공덕無量無限功德이 드러남이다. 삼라森羅 일체만상

계一切萬相界와 제불諸佛 일체공덕계一切功德界가 원융일
심일성圓融一心一性의 부사의자재不思議自在, 부사의총지
不思議總持 능행能行의 조화造化다. 일체법계一切法界가 일
심一心 부사의공능不思議功能의 능행조화能行造化이니, 이
다라니무진보以陀羅尼無盡寶는 일심원융법계공덕장엄一心
圓融法界功德莊嚴을 일컬음이다.

28 莊嚴法界實寶殿(장엄법계실보전)

장엄법계 실보전이네
법의세계 장엄하여 참된보배 전당이네

장엄莊嚴한 법法의 세계 참된 보배 전당이다.

이다라니무진보以陀羅尼無盡寶의 청정법계淸淨法界 장엄
莊嚴이 실상보전實相寶殿이다.

장엄법계莊嚴法界는 법성섭리法性攝理에 의한 일체만법
만상一切萬法萬相과 일체제불지혜一切諸佛智慧의 실상장
엄實相莊嚴인 부사의 법성원융법계法性圓融法界를 일컬음
이다. 유위실상有爲實相을 깨달아 무위법계無爲法界에 들
면 부사의 일심법계장엄一心法界莊嚴을 깨닫게 된다. 참
으로 불가사의하고 불가사의한 일심一心의 원융무애장엄
법계圓融無礙莊嚴法界다. 깨달음에 들면 일심장엄一心莊嚴
과 실상법계장엄實相法界莊嚴을 깨닫게 된다. 깨달음의 원융각성圓融覺性 일심장엄一心莊嚴은 상相 없는 청정일심淸淨一心이 자타自他와 삼라만상 일체유위상一切有爲相이 흔적 없이 사라진, 온 우주 법계가 일심각성一心覺性이 구족장엄具足莊嚴함이며, 실상법계장엄實相法界莊嚴은 깨달음의 각성覺性에 들면 일체상一切相이 그대로 무자성무유정법無自性無有定法 청정진여진성淸淨眞如眞性인 실상장엄구족계實相莊嚴具足界임을 깨닫게 된다. 의식상념意識想念 사상심四相心에는 대상對象을 분별하는 작자作者인 행위자行爲者, 자아의식自我意識을 자기로 알고 있으나, 깨달음으로 자기의 실체 본성本性에 들면 의식상념意識想念인 사상심四相心을 벗어나 원융본심圓融本心 본연본성本然本性을 깨닫게 된다. 자기의 실체 원융본심圓融本心 본연본성本然本性을 깨달으면, 자타일체상自他一切相을 벗어나 본연본성本然本性 일심一心이 온 우주삼라宇宙森羅에 원융으로 충만하고, 원융한 성품, 자기 실체 본연본성本然本性을 명료히 깨닫게 된다. 그러므로 자아自我 일체상一切相의 망념妄念인 사상심四相心을 벗어나게 된다. 이 실상實相 본성경계本性境界에서는 일체현상一切現象인 제법제상諸法諸相이 바로 생멸生滅이 끊어진 무자성無自性 청정본성진여淸淨本性眞如임을 깨닫게 된다. 상相에 머묾의 의식상념意識想念에는 일체상一切相이 생멸유무生滅有無의 생성生成, 변화變化, 소멸消滅하는 상相으로 인식되지만, 각성지혜覺性智慧인 반야실상지혜般若實相智慧에는 일체상

一切相이 생멸生滅이 끊어진 불생불멸不生不滅 진여진성眞如眞性인 무자성청정공상無自性淸淨空相이다. 무명의식無明意識의 상념想念은 실상實相을 모르는 상심相心이라 상相에 머묾의 마음이므로 상相을 분별하며 집착하지만, 깨달음을 얻어 실상각성지혜實相覺性智慧인 반야般若에 들면 일체가 그대로 상相 없는 바로 실상實相이다. 그러므로 일체상이 차별 없는 성품 속에 인연을 따라 일체상을 드러내어도, 그 실체實體와 실상實相이 없어, 머물고 집착할 상相이 없다. 일체가 무유정법無有定法인 청정공상淸淨空相이다. 깨달음을 얻어 각성覺性에 들면 상相을 벗어나 실상實相을 깨닫는 것이 아니라, 상相이 그대로 바로 무자성실상無自性實相임을 깨닫게 된다. 깨달음 각성覺性의 경계에는 유무有無의 생멸심生滅心이 인식하듯 상相이 없어 상相에 머묾이 아니라, 일체상一切相이 무자성無自性인 공상空相이므로 실체 없는 상相이니, 머무를 상相인 내외內外와 자타自他가 없어, 머무를 상相도, 머무를 나도 없다. 내외內外 일체상一切相이 없어 일체一切가 원융일심圓融一心이며, 청정무자성淸淨無自性인 법성원융법계法性圓融法界다. 깨달음 원융일성圓融一性에 들면 일체一切가 일심장엄一心莊嚴인 이다라니무진보以陀羅尼無盡寶며, 장엄법계莊嚴法界 실상보전實相寶殿이다.

상심相心인 사상심四相心을 여의어 실상법계實相法界에

들면, 유위有為를 벗어나므로 무위無為까지 벗어버려, 나我와 의식意識과 마음과 일체불법一切佛法과 각覺과 깨달음까지 벗어난다. 자타내외일체상自他內外一切相을 벗어나 삼라만상만물森羅萬象萬物뿐 아니라, 빈 허공虛空과 하늘까지 사라져 흔적 없는 그곳에 원융일심일각圓融一心一覺의 원융각명圓融覺明만이 오롯하여, 일체가 사라진 곳에 불생불멸不生不滅 진여일성眞如一性, 부사의사不思議事 이사무애理事無礙와 사사원융事事圓融의 일심화엄장엄一心華嚴莊嚴 진여일성청정법계眞如一性淸淨法界 장엄莊嚴 속에, 부사의 본심공능本心功能으로 보는 자者 없이 보게 되고, 듣는 자者 없이 듣게 되며, 법성원융法性圓融의 진여각명眞如覺明 속에 일체상一切相이 그대로 불생불멸청정장엄상不生不滅淸淨莊嚴相임을 바로 깨닫게 된다. 원융일성圓融一性의 깨달음에 들면 일체상一切相이 생生도 없고 멸滅도 없는 무유정법無有定法 무자성無自性인, 원융일성청정진여장엄법계圓融一性淸淨眞如莊嚴法界를 명료히 여실하게 깨닫게 된다. 참으로 부사의不思議 불가사의不可思議며, 깨달음 진여일성眞如一性이 그대로 일심원융一心圓融 장엄법계실보상전莊嚴法界實相寶殿이다. 일심一心이란, 원융각圓融覺을 일컬을 뿐, 식심識心이 아니며, 한마음이 아니다. 일심一心은 단지, 일체一切가 원융圓融의 심心일 뿐, 일심一心 외는 일물一物도 없다. 일체一切가 일심一心인 원융심圓融心이며, 원융각圓融覺이다. 일심一心은 일체만물一切萬物과 허공천虛空天이 사라진 그 자리에 일심一心만이 오롯한 원융심圓融心이며, 원융각圓融覺이다. 이것이 일체상一切相을 벗어버린 불이不二의 변정각便正覺이며, 이 일심一心이 일체상一切相에 걸림 없는 원융심圓融心이며 원융각圓融覺이다. 일심一心의 일一은 불이不二며, 원융자재圓融自在를 일컬음이다. 이는 곧, 일심본성一心本性이다. 이 진성眞性은 중생과 불佛과 깨달음과 무위無爲까지 벗어났다. 이 경계境界가 법성원융무이상法性圓融無二相이라 제법부동본래적諸法不動本來寂이며, 무명무상절일체無名無相絶一切이니 진성심심극미묘眞性甚深極微妙다. 이 경계는 이사무애理事無礙 사사원융事事圓融으로 잉불잡난격별성仍不雜亂隔別成이며, 이사명연무분별理事冥然無分別의 생사열반상공화生死涅槃常共和다. 이 경계는 원융진성圓融眞性으로 부사의 자재自在한 번출여의부사의繁出如意不思議로 일심공능一心功能의 능행조화能行造化인 이다라니무진보以陀羅尼無盡寶며, 실상보전實相寶殿 장엄법계莊嚴法界다. 깨달음으로 원융일심圓融一心에 들면, 일심一心이 곧, 일체총지一切總持며, 일심공능一心功能 능행조화能行造化가 곧, 이다라니무진보以陀羅尼無盡寶다. 일심부사의一心不思議 공능功能의 능행자재能行自在가 삼라만상만물森羅萬象萬物을 수용섭수受用攝受하는 능인해인삼매중能仁海印三昧中이며, 삼라일체森羅一切가 바로 일심장엄一心莊嚴인 법성원융시방장엄법계法性圓融十方莊嚴法界다. 이 실상장엄實相莊嚴은 이사

理事가 원융한 이사명연무분별理事冥然無分別이며, 법성원융法性圓融인 무유정법無有定法 무자성시방장엄無自性十方莊嚴이 시방법계十方法界 부사의 만물의 무량조화無量造化 번출여의부사의繁出如意不思議며, 삼라일체森羅一切 시방법계十方法界가 그대로 일심장엄一心莊嚴 실상보전實相實殿인 장엄법계실보전莊嚴法界實寶殿이다.

29 窮坐實際中道床(궁좌실제중도상)
궁좌실제 중도상이면
법의실제 깨달아서 중도좌에 앉으면은

구경究竟의 실제實際 중도中道 자리에 든다.

장엄법계실보전莊嚴法界實寶殿인 구경실체究竟實際 중도
中道에 이른다.

궁좌窮坐는 구경究竟을 다한 궁극처窮極處다. 이는 본성
本性의 본연본처本然本處다. 실제實際는 실상실체實相實體
를 일컬음이다. 중도상中道床은 일체상一切相 일체법一切
法을 벗어버린 진성眞性에 듦을 일컬음이다. 중도中道는 유
有와 무無, 생生과 멸滅, 유위有爲와 무위無爲, 무명無明과
깨달음覺, 상相과 무상無相, 아我와 무아無我, 중생衆生과
불佛을 벗어버린 불이不二의 진성眞性이다. 진성실제眞性
實際에 들면 변邊과 중中을 벗어버린, 변邊과 중中이 없는

무위진성無爲眞性이다. 중도中道란 일체상一切相을 벗어버리린 진여진성眞如眞性이다. 중도中道가 곧, 법성섭리法性攝理며, 삼법인三法印이다. 중도中道의 중中은 원융실상圓融實相이며, 도道는 이사무애理事無礙 사사원융事事圓融인 무자성無自性 법성섭리法性攝理다. 이는 곧, 원융법성계圓融法性界다. 유有와 무無, 생生과 멸滅, 무아무상無我無相과 불생불멸不生不滅까지 끊어진, 불이진성不二眞性 원융일성도圓融一性道다.

중도中道는 실상實相이며, 무위無爲며, 무유정법無有定法이다. 중도中道의 지혜가 반야般若며, 아뇩다라삼먁삼보리다. 중도中道의 실체實體는 원융일성圓融一性이며, 본심本心, 본성本性, 본각本覺이다. 중도中道가 반야般若, 바라밀波羅蜜, 정견正見, 무자성無自性, 실상實相, 무아無我, 무상無相, 깨달음, 각성覺性, 열반涅槃, 불생불멸不生不滅, 공空, 진여眞如, 무생無生, 무염無染, 불지佛智, 불성佛性 등이다. 중도中道는 무위본성無爲本性의 섭리이므로 일체상一切相을 벗어났으며, 무위본성無爲本性이 인연을 따라 만물만상을 드러내는 법성섭리法性攝理가 곧, 중도섭리中道攝理다. 본연본성本然本性이 중도中道의 실체며, 만물만상은 중도中道의 섭리인 무자성無自性의 섭리를 따라 생멸변화하며, 무유정법無有定法의 무자성무위청정상無自性無爲淸淨相을 드러낸다. 일체一切가 중도中道의 섭리를 따라 나아가며, 중도中道의 섭리가 곧, 법성法性 무자성無自性의 섭리다. 그러므로 일체상一切相이 중도상中道相이며, 중도상中道相은 곧, 무유정법無有定法인 무자성청정상無自性淸淨相이다. 중도中道를 일체상의 성품, 자성自性이라고 하며, 법성法性이라고 하며, 실상實相이라고 한다. 중도中道를 깨달음이 상相의 성품, 자성自性을 깨달음이며, 실상實相을 깨달음이며, 법성法性을 깨달음이며, 본성本性을 깨달음이다. 실상實相 중도中道의 깨달음이 아뇩다라삼먁삼보리며, 중도中道의 지혜가 법성지法性智인 실상지實相智 반야般若다. 그러므로 중도中道는 원융일성圓融一性의 본심本心, 본성本性, 본각本覺의 세계며, 중도中道의 깨달음이 곧, 각覺이다. 그러므로 각覺은 일체상一切相을 벗어나며, 일체 차별을 벗어버린 본성本性의 실상각實相覺이다. 궁좌실제중도상窮坐實際中道床은 일체상一切相과 일체불법一切佛法까지 끊어진 본심本心, 본성本性, 본각本覺의 원융일심圓融一心, 원융일성圓融一性, 원융일각圓融一覺의 청정진여진성淸淨眞如眞性의 세계다. 궁좌실제중도상窮坐實際中道床은 무명무상절일체無名無相絶一切인 본연본성本然本性이다. 깨달음으로 일체상一切相을 벗어버린 자기의 본연본성本然本性 청정진성淸淨眞性에 들면, 일체一切가 그대로 궁좌실제중도상窮坐實際中道床이다.

30 舊來不動名爲佛(구래부동명위불)

구래부동 명위불이네
본래부터 부동이라 이름하여 불이라네

본래本來로 부동不動이라 이름하여 불佛이라네.

궁좌실제중도상窮坐實際中道床이 일체상一切相에 물듦 없고 머묾 없는 원융한 본연본성本然本性인 본래불本來佛이다.

구래舊來는 시원始原 없는 무량원겁無量遠劫으로부터 지금에 이르기까지 일컬음이다. 부동不動은 생사生死와 생멸生滅이 없음과 상相에 머묾이나, 상相에 이끌림이나, 상相에 동動함이 없음을 일컫는다. 부동不動은 본연본성本然本性의 물듦 없는 무애성無礙性이다. 이는 청정일심淸淨一心 원융일성圓融一性이다. 명위불名爲佛은 이름하여 불佛이다. 본연본성本然本性 청정원융일심일성淸淨圓融一心一性

에는 법신불法身佛도, 보신불報身佛도, 화신불化身佛도 티끌이며, 흔적이 없다. 만약, 법보화신法報化身 삼신불三身佛을 헤아리거나, 법보화신法報化身 삼신불三身佛이 있으면, 원융일심圓融一心이 아니다. 원융일심圓融一心에는 일체불법一切佛法과 제불일체신諸佛一切身도 그 흔적을 찾아볼 수가 없다. 제불諸佛의 흔적이라도 있으면, 원융일심圓融一心이 아닌, 분별상分別相인 사상심四相心이다. 무엇이든 티끌 같은 분별심分別心이 있으면, 원융일심圓融一心 무명무상절일체無名無相絶一切가 아닌 상심相心이며, 상견相見이다. 진성眞性에는 유위有爲와 무위無爲, 세간법世間法과 일체불법一切佛法이 끊어져 일체상一切相이 없으니, 분별함이 있으면 사상심四相心이며, 자증각自證覺이 있으면 아상我相이며, 중생衆生이 있거나, 불佛이 있으면 법상法相이며, 깨달음이 있거나, 무위無爲가 있으면 나 있음이니, 이는 곧, 무명심無明心이다. 불성佛性이 있거나, 불생불멸不生不滅이 있거나, 진여眞如가 있거나, 무위실상無爲實相이 있거나, 불지혜佛智慧가 있거나, 반야般若가 있거나, 바라밀波羅蜜이 있거나, 열반涅槃이 있거나, 보리심菩提心이 있거나, 본심本心이 있거나, 본성本性이 있거나, 본각本覺이 있거나, 원융일심圓融一心이 있거나, 원융본성圓融本性이 있거나, 원융본각圓融本覺이 있거나, 각성覺性이 있거나, 아뇩다라삼먁삼보리가 있으면, 아직 법상法相을 벗지못한 무명심無明心인 미혹迷惑이다. 일체一切가 사라진 곳에 나 또한 없어 적멸寂滅이면, 공무견空無見에 **빠졌으며,** 이 말을 헤아리면 미혹에 의한 사량의 분별심이다. 원융일심圓融一心을 체달體達하면, 유무有無와 유위무위有爲無爲와 일체불법一切佛法과 법성게法性偈가 흔적이 없어, 걸림 없는 일심일각一心一覺 원융圓融이면, 무명무상절일체無名無相絶一切 궁좌실제중도상窮坐實際中道床 구래부동명위불舊來不動名爲佛이다.

법성원융무이상法性圓融無二相이 무명무상절일체無名無相絶一切니, 궁좌실제중도상窮坐實際中道床이면 구래부동명위불舊來不動名爲佛이다.

2. 심(心)의 삼대성(三大性)

심(心)의 삼대성(三大性)

　심心의 삼대성三大性은 본심本心, 본성本性, 본각本覺이다. 본심本心, 본성本性, 본각本覺의 본本이라고 함은, 인위적人爲的이거나, 창조創造하거나, 생성生成하거나, 조작造作하여 만들어지는 유위有爲나 생멸生滅, 또는, 어떤 원인으로 형성되는 것이 아닌, 본래本來 본연本然의 성품이란 뜻이다. 심心이란, 일체一切 만법만상萬法萬相을 수용섭수受用攝受하며, 뜻과 의지를 따라 정신작용을 하는 성품을 일컫는다. 성性이란, 심心을 작용하게 하는 바탕 성품을 일컫는다. 각覺이란, 심心이 항상 밝게 깨어있는 성품을 일컫는다. 본심本心은 생멸生滅이 없고, 상相 없는, 원융자재圓融自在한 본연本然의 마음을 일컫는다. 본성本性은 마음의 바탕 성품으로, 생멸生滅이 없고, 상相 없는 청정무자성淸淨無自性 본연성本然性을 일컫는다. 본각本覺은 생멸生滅이 없고, 상相 없이 항상 밝게 깨어 있는, 본연本然의 원융각성圓融覺性을 일컫는다. 본심本心의 특성은, 생멸生滅이 없고 상相 없이 원융하여 일체一切 만법만상萬法萬相을 융섭融攝하고, 뜻과 의지, 정신작용을 따라 부사의 원융자재圓融自在의 작용을 한다. 본성本性의 특성은, 생멸生滅이 없고 상相 없는 무자성無自性 원융한 성품으로, 본심本心과 본각本覺의 부사의 작용을 하는 바탕 성품이다. 본각本覺의 특성은, 생멸生滅이 없고 상相 없이 원융하여 항상 밝게 깨어 있어, 일체一切를 두루 밝게 아는 원융각성圓融覺性이다. 심心을 본심本心, 본성本性, 본각本覺으로 구분한 것은, 심心의 부사의 작용 특성을 한목 드러낼 수가 없어, 심心의 일체작용一切作用 부사의 특성을 본심本心, 본성本性, 본각本覺의 삼대성三大性으로 구분한 것이다.

본심本心도 심心이며, 본성本性도 심心이며, 본각本覺도 심心이다. 본심本心, 본성本性, 본각本覺이 심心임은, 심心의 일체一切 작용이 본심本心, 본성本性, 본각本覺의 원융일성圓融一性 속에 이루어지기 때문이다. 본심本心의 성품과 작용에는 본성本性과 본각本覺의 작용이 있다. 본심本心, 본성本性, 본각本覺은 불이不二의 원융일성圓融一性이라 따로 분별할 수 없으나, 본심本心, 본성本性, 본각本覺의 부사의 작용 특성, 심心의 삼대성三大性의 차별이 있어, 본심本心, 본성本性, 본각本覺의 심心의 특성을 요별了別하여 드러낼 뿐이다. 본심本心, 본성本性, 본각本覺은 불이不

二의 원융일성圓融一性이라, 일심一心 작용에 부사의 원융
일체圓融一體로 함께 작용한다. 본심本心의 원융일성圓融
一性 작용 속에 심心의 특성과 성性의 특성과 각覺의 특성
차별 속에, 하나로 융화融化되어 불이不二의 원융작용으
로, 심心의 불가사의한 원만圓滿 작용이 이루어진다.

　심心의 삼대성三大性 부사의 작용 특성에는, 본심本心,
본성本性, 본각本覺이 불이不二의 원융 속에 하나로 융화되
어 더불어 함께하며, 본심本心, 본성本性, 본각本覺의 각각
특성이 융화되어, 본심本心, 본성本性, 본각本覺이 각각 부
사의 작용이 원활하고 충실하며, 충만하게 한다. 개별 특성
의 작용에서도, 본심本心의 작용에는, 본성本性과 본각本覺
이 더불어 함께하므로, 본심本心의 부사의 작용이 원활하
고 충실하며, 충만하게 한다. 본성本性의 작용에도, 본심本
心과 본각本覺이 더불어 함께하므로, 본성本性의 부사의 작
용이 원활하고 충실하며, 충만하게 한다. 본각本覺의 작용
에도, 본심本心과 본성本性이 더불어 함께하므로, 본각本覺
의 부사의 작용이 원활하고 충실하며, 충만하게 한다.

　그러므로 심心의 작용에는 본심本心, 본성本性, 본각本覺
의 어느 작용의 특성이 빠지거나, 어느 것이라고 부사의 특
성을 발휘하지 못하면, 본심本心, 본성本性, 본각本覺의 부
사의 각각 특성의 작용이 이루어지지 않는다. 그러므로 본

심本心의 작용에는 본성本性과 본각本覺을 온전히 수용섭수受用攝受한 불이不二의 원융일체圓融一體며, 본성本性의 작용에도 본심本心과 본각本覺을 온전히 수용섭수受用攝受한 불이不二의 원융일체圓融一體며, 본각本覺의 작용에도 본심本心과 본성本性을 온전히 수용섭수受用攝受한 불이不二의 원융일체圓融一體다. 그러므로 본심本心이라고 할 때에는, 그 성품 속에 본성本性과 본각本覺을 불이不二의 원융일성圓融一性으로 수용섭수受用攝受해 있으며, 또, 본성本性이라고 할 때에는, 그 성품 속에 본심本心과 본각本覺을 불이不二의 원융일성圓融一性으로 수용섭수受用攝受해 있으며, 또한, 본각本覺이라고 할 때에는, 그 성품 속에 본심本心과 본성本性을 불이不二의 원융일성圓融一性으로 수용섭수受用攝受해 있다. 그러므로 본심本心, 본성本性, 본각本覺이 불이不二의 원융일성圓融一性이므로, 심心의 삼대성三大性의 작용이 각각 특성이 다를 뿐, 서로 떨어져 있거나, 다른 별개別個가 아니다. 그러므로 본심本心, 본성本性, 본각本覺의 관계는, 본심本心에서는 본심本心의 본성本性이며, 본각本覺이다. 본성本性에서는 본성本性의 본심本心이며, 본각本覺이다. 본각本覺에서는 본각本覺의 본심本心이며, 본성本性이다.

본심本心, 본성本性, 본각本覺의 성품 실상實相은 물物과 심心과 성性과 각覺이 차별이 없으며, 물物과 심心과 성性

과 각覺이 다르지 않으며, 둘이 아니다. 물物, 심心, 성性, 각覺의 성품을 깨달으면, 물物, 심心, 성性, 각覺이 다르지 않다. 그러므로 물物의 성품을 깨달아도 심心과 성性과 각覺의 성품을 깨닫게 되며, 심心의 성품을 깨달아도, 물物과 성性과 각覺의 성품을 깨닫게 되며, 성性의 성품을 깨달아도, 물物과 심心과 각覺의 성품을 깨닫게 되며, 각覺의 성품을 깨달아도, 물物과 심心과 성性의 성품을 깨닫게 된다. 그 까닭은, 물物과 심心과 성性과 각覺의 성품이 다르지 않고, 그 성품과 근원이 둘이 아니기 때문이다. 그러므로 물物, 심心, 성性, 각覺의 어느 것 중, 그 무엇의 실상實相을 깨달아도, 물物, 심心, 성性, 각覺의 실상實相을 한목 깨닫게 된다. 물物과 심心과 성性과 각覺의 성품이 다르지 않으므로, 어느 것의 본성本性을 깨달아도, 물物과 심心과 성性과 각覺의 불이不二의 성품, 원융일성圓融一性에 들게 된다. 그러므로 생멸심生滅心을 벗어나 본심本心을 깨닫고자 하거나, 만유萬有의 본성本性을 깨닫고자 하거나, 심心의 각성覺性 본각本覺을 깨닫고자 하면, 깨달음을 향한 각종 수행에서 오직, 자기의 마음 본성本性을 깨닫도록 했으며, 아뇩다라삼먁삼보리와 반야般若의 지혜를 발發하는 깨달음과 실상實相에 드는 경經에서는 일체상一切相의 실상實相과 비상非相을 드러내어 깨닫도록 했다. 본심本心을 깨닫든, 본성本性을 깨닫든, 본각本覺을 깨닫든, 제상비상諸相非相을 깨닫든, 무엇을 깨닫든, 물物과 심

心의 일체상一切相을 벗어나 진여일성眞如一性의 한 성품, 원융일성圓融一性에 들게 된다. 이는 일체一切가 원융일성 圓融一性인 원융실상圓融實相 원융법성圓融法性의 한 성품 이기 때문이다.

그러므로 실상지혜實相智慧를 발발發發하는 경經에서는, 제 법제상諸法諸相의 비상非相과 실상實相과 본성本性과 무아 無我와 무상無相과 무자성無自性인 무유정법無有定法과 법 성法性의 실상實相을 깨닫도록 했다. 제법제상諸法諸相의 본성本性인 실상實相을 깨달음으로 일체상一切相을 벗어 나, 물物과 심心과 성性과 각覺의 불이不二의 원융일성圓 融一性에 들게 된다. 깨달음이란, 물物, 심心, 성性, 각覺의 본성本性을 깨달음이며, 깨달음으로 물物, 심心, 성性, 각 覺의 본성本性에 들게 된다. 물物, 심心, 성性, 각覺의 실상 實相과 본성本性이 무아無我, 무상無相, 무자성無自性, 무 유정법無有定法, 청정자성淸淨自性, 공성空性이다. 이 깨달 음이 무상각無相覺이며, 무상정등정각無上正等正覺인 아뇩 다라삼먁삼보리다. 이 지혜智慧가 불지혜佛智慧며, 반야般 若며, 대승大乘과 최상승最上乘, 일불승一佛乘의 실상지혜 實相智慧다.

본심本心이 일심一心이며, 본성本性이 일성一性이며, 본 각本覺이 일각一覺이다. 본심本心이 일심一心이며, 본성本

性이 일성一性이며, 본각本覺이 일각一覺임은 본심本心, 본
성本性, 본각本覺은 상相이 없어 무자성無自性이며, 원융圓
融하여 일체一切에 걸림 없고, 일체상一切相과 시방十方을
초월超越해 원융성圓融性이 방方 없이 구족具足하기 때문
이다. 시방삼라十方森羅 일체一切가 일심一心이며, 일성一
性이며, 일각一覺이다. 일심一心, 일성一性, 일각一覺의 일
一은 불이不二의 원융성圓融性을 일컬으며, 삼라일체森羅
一切가 일심一心, 일성一性, 일각一覺을 벗어나 있지 않다.
삼라일체森羅一切가 곧, 일심一心, 일성一性, 일각一覺 이
자체自體다. 일一은 근본根本이며, 근원根源이며, 일체一切
가 그 자체自體이므로 일一이라고 한다. 본심本心이나, 본
성本性이나, 본각本覺을 깨달아 각원융覺圓融에 들면, 심心
의 삼대성三大性인 원융일심圓融一心, 원융일성圓融一性,
원융일각圓融一覺을 깨닫게 되며, 원융일심圓融一心, 원융
일성圓融一性, 원융일각圓融一覺이 불이不二의 원융성圓融
性인 원융각명圓融覺明에 들게 된다. 본심本心, 본성本性,
본각本覺의 작용이 심心으로 귀결歸結되므로, 원융일심圓
融一心, 원융일성圓融一性, 원융일각圓融一覺을 요약하여
일심一心이라고 한다. 일심一心의 실상實相은 본심本心, 본
성本性, 본각本覺이 차별 없는 불이不二의 원융성圓融性으
로, 심心의 삼대성三大性이 부사의 원융각명圓融覺明을 이
룬다.

본심本心, 본성本性, 본각本覺인, 심心과 성性과 각覺의 부사의 특성을 요별了別함은, 심心의 일체一切 작용이 본심本心, 본성本性, 본각本覺 삼대성三大性의 작용이기 때문이다. 심心이라 함은 일체一切를 수용섭수受用攝受하며, 뜻과 의지, 정신을 따라 부사의한 심心의 작용이 있기 때문이다. 성性이라고 함은 심心을 작용하게 하는 성품, 본성本性이 있기 때문이다. 각覺이라고 함은 심心을 살아 있게 하는, 항상 밝게 깨어있는 성품, 본각本覺이 있기 때문이다. 본심本心은 상相 없는 성품으로, 일체상一切相과 일체방一切方에 걸림 없이 원융圓融하여 자재하고, 일체一切가 온전히 원융일심圓融一心 능행조화能行造化의 부사의 공덕이므로, 일체一切를 일심一心이라고 한다. 심心의 본성本性 공능功能이 불가사의하고 능행자재能行自在하여, 상相 없는 성품이 일체상一切相과 일체방一切方에 걸림 없이 원융圓融으로 자재自在하고, 일체一切가 온전히 원융일성圓融一性의 작용이므로, 일체一切를 일성一性이라고 한다. 심心의 본각本覺 상相 없는 성품은, 일체상一切相과 일체방一切方에 걸림 없이 밝게 깨어있어 원융圓融하여 자재自在하고, 일체一切가 온전히 원융일각圓融一覺의 작용이므로, 일체一切를 일각一覺이라고 한다. 본심本心, 본성本性, 본각本覺의 특성을 요별了別함은, 심心이라 일컬음에는 심心의 성품과 작용의 부사의 특성이 있어, 그 특성을 요별了別한 것이다. 일체一切를 일심一心, 또는 일성一性, 또는 일각一覺,

또는 원융일심圓融一心, 또는 원융일성圓融一性, 또는 원융
일각圓融一覺이라 함은, 일체一切가 불이不二의 원융성圓
融性으로 그 성품으로 충만해 있기 때문이다. 일체一切가
차별 속에 있으면, 그것은 일체상一切相의 본성本性과 실상
實相을 벗어난 차별견差別見의 분별인 사상심四相心의 헤
아림이다. 깨달음으로 일체상一切相의 본성本性인 실상實
相에 들면, 일체상一切相이 차별 없고 원융한 한 성품에 들
므로, 일심一心이라 하여도, 그것이 일성一性과 일각一覺
과 차별 없는 불이不二의 성품이며, 또한, 일성一性이라 하
여도, 일심一心과 일각一覺과 차별 없는 불이不二의 성품이
며, 또한, 일각一覺이라 하여도, 일심一心과 일성一性과 차
별 없는 불이不二의 성품이다. 그리고 일체一切가 일심一
心이라 함에는, 심心의 성품 원융일심圓融一心 본연성本然
性에서 요명了明한 것이며, 또한, 일체一切가 일성一性이라
함에는, 성性의 성품 원융일성圓融一性 본연성本然性에서
요명了明한 것이며, 또한, 일체一切가 일각一覺이라 함에
는, 각覺의 성품 원융일각圓融一覺 본연성本然性에서 요명
了明한 것이다.

일체一切가 일심一心임은, 일체一切가 심心으로 완연完
然하고 충만充滿하며 구족具足하기 때문이다. 일체一切가
일성一性임은, 일체一切가 성性으로 완연完然하고 충만充
滿하며 구족具足하기 때문이다. 일체一切가 일각一覺임은,

일체一切가 각覺으로 완연完然하고 충만充滿하며 구족具足하기 때문이다. 일체一切가 원융일심圓融一心임은, 일체一切가 부사의 원융심圓融心으로 완연完然하고 충만充滿하며, 구족장엄具足莊嚴하기 때문이다. 일체一切가 원융일성圓融一性임은, 일체一切가 원융성圓融性으로 완연完然하고 충만充滿하며, 구족장엄具足莊嚴하기 때문이다. 일체一切가 원융일각圓融一覺임은, 일체一切가 원융각圓融覺으로 완연完然하고 충만充滿하며, 구족장엄具足莊嚴하기 때문이다.

불이不二의 원융圓融에는 차별差別과 같음如을 둘 다 벗어났으므로, 차별도 없고 같음도 없다. 그러므로 차별과 같음은 분별 속의 차별견差別見이며, 불이不二의 원융圓融에는 차별과 같음을 벗어버린 원융圓融 속에, 심心과 성性과 각覺의 부사의 특성이 있으니, 심心이라고 함은 일체一切를 수용섭수受用攝受하며, 뜻과 의지, 정신작용으로 부사의 자재自在한 심心의 작용이 있기 때문이다. 성性이라고 함은 심心을 작용하게 하는 원융圓融한 무자성無自性 성품의 본성本性이 있기 때문이다. 각覺이라고 함은 심心이 항상 밝게 깨어있어, 일체一切에 걸림 없이 밝게 아는 원융圓融의 각성覺性이 있기 때문이다. 심心이 원융심圓融心이니, 원융심圓融心의 작용에는 원융성圓融性과 원융각圓融覺이 함께 작용한다. 성性이 원융성圓融性이니, 원융성圓融性의 작용에는 원융심圓融心과 원융각圓融覺이 함께 작용한다. 각覺이 원융각圓融覺이니, 원융각圓融覺의 작용에는 원융심圓融心과 원융성圓融性이 함께 작용한다. 그러므로 심心의 작용에 본성本性이나 본각本覺이 없으면, 심心의 작용은 있을 수가 없다. 성性의 작용에 본심本心이나 본각本覺이 없으면, 성性이 작용할 수가 없다. 각覺의 작용에 본심本心이나 본성本性이 없으면, 각覺의 작용이 있을 수가 없다.

그러므로 항상 걸림 없이 두루 밝게 깨어있는 원융각성圓融覺性과 청정무자성淸淨無自性 원융본성圓融本性이 없으면, 심心의 무애자재無礙自在한 부사의 작용이 이루어질 수가 없다. 부사의한 원융본심圓融本心과 청정무자성淸淨無自性 원융본성圓融本性이 없으면, 각覺의 부사의 밝음인 원융각성圓融覺性의 작용이 있을 수가 없다. 청정무자성淸淨無自性 원융본성圓融本性과 밝게 깨어있는 원융각성圓融覺性이 있어도, 심心의 부사의 능행能行의 원융작용圓融作用이 없으면, 본성本性과 본각本覺의 부사의不思議 성품 작용의 그 공능功能을 잃는다. 심心의 불가사의 능행能行 부사의 자재작용自在作用이 있음으로, 본성本性과 본각本覺의 무한 가치와 부사의한 무한조화無限造化의 공능功能을 행行한다. 심心의 부사의 자재작용自在作用은, 본성本性과 본각本覺의 공능功能의 조화造化며, 작용이다.

본심本心, 본성本性, 본각本覺의 불이성不二性 원융일성 圓融一性이, 심心의 부사의 능행能行 공능작용功能作用을 하니, 이를 심성心性이라고 한다. 항상 밝게 깨어있는 본각 本覺의 부사의 능행能行 공능작용功能作用을 하니, 각성覺 性이라고 한다. 성性은 일체一切의 바탕이며, 심心과 각覺 의 체성體性이므로, 성性을 일러 본성本性이라고 한다. 본 심本心, 본성本性, 본각本覺은 심心의 성품과 작용의 특성 을 요별了別한 심心의 삼대성三大性이니, 하나의 특성을 잃 으면 셋을 다 잃는다. 삼대성三大性은 곧, 심心의 한 작용 속에 이루어지는 불이不二의 원융일성圓融一性 능행조화能 行造化다. 원융일성圓融一性은, 일심一心인 원융일대성圓 融一大性과 일성一性인 원융일대성圓融一大性과 일각一覺 인 원융일대성圓融一大性이 원융일성圓融一性으로 원융불 이성圓融不二性이다. 원융일성圓融一性인 원융불이성圓融 不二性에는 심心, 성性, 각覺도, 본심本心, 본성本性, 본각 本覺도, 일심一心, 일성一性, 일각一覺도 이름하거나, 일컬 을 상相과 법法이 없다. 단지, 심心의 부사의 작용 속에 심 心의 삼대성三大性의 특성이 한목 작용하며, 심心의 부사의 원융자재圓融自在 능행조화能行造化를 충실하게 한다. 그 러므로 본심本心, 본성本性, 본각本覺은 심心의 한 작용 속 에 이루어지는 원융일성圓融一性이다.

원융일성圓融一性에는 일체一切가 불이성不二性이라, 본심本心, 본성本性, 본각本覺뿐만 아니라, 일체一切가 진여진성眞如眞性 원융일성圓融一性의 부사의사不思議事다. 그러므로 실상實相의 깨달음에 들면, 물物, 심心, 성性, 각覺이 차별 없는 원융일성圓融一性임을 깨닫게 된다. 물物, 심心, 성性, 각覺의 성품이 무자성無自性인 원융일성圓融一性에 들면, 일체一切가 진여진성眞如眞性 일성원융一性圓融의 부사의사不思議事 능행조화能行造化를 깨닫는다. 일체一切가 불이성不二性인 원융일성圓融一性에 들면, 일체상一切相을 수용受用하고 섭수攝受함이 바로 원융본심圓融本心임을 깨달으며, 그 작용이 원융본성圓融本性과 원융본각圓融本覺의 심心의 삼대성三大性 부사의사不思議事 불이不二의 공능功能을 깨닫게 된다. 그러나 이 삼대성三大性이 불이不二의 원융일성圓融一性이라, 그 자체로 곧, 일심一心이며, 일성一性이며, 일각一覺이다. 일체상一切相을 인식함이 의식意識과 육근六根을 통한 작용이 아니라, 바로 청정본심淸淨本心의 원융자재圓融自在한 능행能行으로, 심心과 물物이 둘이 아닌 불이성不二性 속에 일체상一切相을 수용受用하고 섭수攝受하며, 원융일성圓融一性 속에 부사의사不思議事 능행조화能行造化가 이루어진다. 그 원융일성圓融一性 부사의사不思議事 능행조화能行造化의 작용에는 내가 있어 수용受用하고 섭수攝受함이 아니다. 나 없는 원융본심圓融本心 부사의 청정일심淸淨一心의 자재自在한

공능功能인 능행조화能行造化다. 깨달음으로 본심本心의
부사의 무한공덕無限功德 공능功能의 능행조화能行造化에
들게 된다. 내가 있어 깨닫고, 내가 있어 본심本心의 부사
의 무한공덕無限功德 공능功能에 드는 것이 아니다. 상심
相心을 여의어 사상심四相心이 사라지면, 상相 없는 본연
본심本然本心이 바로 드러나, 본심本心을 깨달아 본연본심
本然本心에 들게 된다. 본연본심本然本心에는 자타내외일
체상自他內外一切相이 끊어진 원융적멸성圓融寂滅性이다.
본연적멸성本然寂滅性은 유위적멸有爲寂滅이나, 상심적멸
相心寂滅이 아니므로, 생멸生滅과 유위有爲와 상심相心이
끊어져, 유상有相과 유심有心의 고요도 아니며, 단멸斷滅
이나, 무無의 적멸寂滅도 아닌, 본심本心, 본성本性, 본각
本覺의 불이不二 원융일성圓融一性이니, 유심有心이나 상
심相心으로 헤아리는 적멸상寂滅相이 아니다. 단지, 실상
實相 성품인 일체불이一切不二의 원융일성圓融一性일 뿐이
다. 이는 진성진여眞性眞如으로 생멸상生滅相이 끊어진 원
융圓融한 불생불멸不生不滅의 청정성淸淨性이다. 생멸生滅
없는 부사의 청정성淸淨性인 불생불멸不生不滅 원융성圓融
性이 진여일심眞如一心 하나로 귀결歸結되어 법계法界 충
만을 이루니, 일체상一切相이 그대로 불생불멸不生不滅이
며, 청황적백淸黃赤白이 그대로 청정진여진성淸淨眞如眞性
이다.

깨달음을 얻어, 나我와 허공천虛空天과 만물萬物이 사라
져도, 아직 여래장식如來藏識을 완연히 벗어난 것이 아니
다. 궁극窮極의 구경究竟을 다하지 못하였다면, 그것이 무
엇이든 한 생각 그것이 미혹迷惑이며, 무명無明이다. 반딧
불에 현혹되어 환각幻覺을 일으켜 망념妄念이 동動하니, 생
사生死 없는 무일물無一物을 알았다 하여도 그것이 어리석
음이며, 아직 상相을 벗어나지 못한 환각幻覺의 망동妄動
이다. 있음도 망妄이며, 없음도 망妄이니, 있음有의 차별과
없음無의 같음과 텅빈 공空 일체一切가 환幻이며, 망妄이
다. 미혹迷惑도 무명無明의 망妄이며, 깨달음도 무명無明의
망妄이며, 지혜智慧도 무명無明의 망妄이며, 해탈解脫도 무
명無明의 망妄이며, 불佛도 무명無明의 망妄이다. 참 지혜
는 나我 없어 원융圓融하여, 정正과 사邪, 명明과 암暗, 지
혜智慧와 무명無明, 각覺과 불각不覺이 없어 걸림 없고, 원
융圓融하여 밝고 밝은 무상각명無相覺明이다. 원융圓融과
밝음覺明은 그 자체가 진여眞如이므로, 그것에는 그 어떤
사념邪念과 상相의 티끌과 자타自他 분별의 나我가 존재할
수가 없다. 본연본성本然本性이 진여眞如며, 진여眞如의 밝
음이 각성覺性이다. 본연본성本然本性 진여眞如의 작용이
본심本心의 원융심圓融心이므로 일심一心이라 하며, 본연
본성本然本性 진여眞如의 본성本性이 무자성無自性 원융성
圓融性이므로 일성一性이라 하며, 본연본성本然本性 진여
眞如의 밝고 밝은 본각本覺이 원융각圓融覺이므로 일각一

覺이라 한다. 심心의 삼대성三大性은 본연본성本然本性 진여眞如의 부사의 특성인 삼대성三大性이다. 심心의 삼대성三大性을 모르면, 의식意識을 나我로 인식하여 청정일심淸淨一心 속에 자타自他를 건립建立하고, 일체상一切相을 차별하며, 심心의 삼대성三大性 원융성圓融性을 벗어난 의식意識의 어둠 속에 자타自他와 유무有無, 각覺과 불각不覺, 중생衆生과 불佛, 무명無明과 깨달음, 정正과 사邪의 일체상一切相을 분별하며, 망妄의 상념想念인 시비심是非心 속에 갇혀, 망妄의 상념想念 주체主體인 나我를 벗어나지 못한다.

청정진여淸淨眞如인 본심本心, 본성本性, 본각本覺에 이른 원융각명圓融覺明에는, 지혜智慧도 없고, 본심本心, 본성本性, 본각本覺도 없다. 이것이 청정진여淸淨眞如인 본심本心, 본성本性, 본각本覺에 이른 원융각성圓融覺性의 지혜智慧다. 머물 것 없고, 머묾 없는 원융圓融이 본심本心이며, 본성本性이며, 본각本覺이다. 이 청정진여淸淨眞如에 이른 지혜가 본연본성本然本性에 이른 바른 깨달음이며, 본심本心, 본성本性, 본각本覺에 이른 각성覺性의 지혜智慧다. 그것이 무엇이든, 물物과 심心과 지혜智慧의 상相에 머묾이 있거나, 걸리면 미혹이며, 물物과 심心과 지혜智慧에 머묾 없어, 심心이 청정진여淸淨眞如 원융圓融이면, 그것을 일러 지혜智慧라고 이름한다. 지혜智慧는 단지, 나我 없는 성품의 밝음일 뿐, 일컬을 상相과 지칭할 앎의 무엇이 없다. 마음이 나我 없음 속에 밝아 원융圓融에 이르면, 청정진여심淸淨眞如心을 일러 밝음인 각覺이라고 하며, 무엇에도 걸림 없는 밝음이라 원융각圓融覺이라 하며, 위가 없어 최상最上의 밝음이므로 무상지無上智라고 한다. 최상불지最上佛智는 청정진여淸淨眞如 본연각성本然覺性이다. 완연한 깨달음으로, 온전한 밝음 청정진여淸淨眞如 원융일성圓融一性인 일심一心에 이르면, 사상심四相心 중생만 무명無明이 아니라, 각覺과 불佛도 환幻이며, 무명無明 중中의 망妄의 일임을 깨닫게 된다.

망妄과 환幻, 무명심無明心 일체一切가 끊어져, 중생과 불佛도 사라지고, 깨달음과 지혜智慧, 각覺과 불각不覺도 끊어져, 일체一切가 청정원융淸淨圓融이면, 그것이 진여진성眞如眞性 일심一心이며, 본심本心, 본성本性, 본각本覺 일체불이一切不二인 원융일성圓融一性이다.

원융일성圓融一性, 이것이 법성게法性偈 실상實相이며, 대방광불화엄경大方廣佛華嚴經 원융법계圓融法界다.

대방광불화엄경大方廣佛華嚴經은 크고 작음도 벗어났고, 동서남북 방方뿐만 아니라, 중中과 변邊까지 일체一切를 벗어버린, 청정진여원융본성淸淨眞如圓融本性 화엄장엄일심법계華嚴莊嚴一心法界다.

이는 청정진여淸淨眞如인 본심本心, 본성本性, 본각本覺의 원융일성圓融一性 화엄장엄법계華嚴莊嚴法界다.

화엄장엄華嚴莊嚴인 청정진여淸淨眞如 원융법계圓融法界에 들면, 그것이 대大와 방方이 없는 원융일심圓融一心이며, 원융일성圓融一性이며, 원융일각圓融一覺임을 깨닫게 된다. 이는 곧, 진여일심원융법계眞如一心圓融法界다.

원융일심圓融一心이 대大와 방方을 벗어버린 대방광불大方廣佛이며, 원융일심일성圓融一心一性의 진여화엄장엄眞如華嚴莊嚴이 시방법계十方法界 부사의 화엄장엄華嚴莊嚴이다.

시방법계十方法界 화엄장엄華嚴莊嚴이, 원융일심圓融一心일성一性의 부사의 진여묘용眞如妙用이다.

각覺에 들면, 시방법계十方法界 화엄장엄華嚴莊嚴이, 각覺에서 피어난 뿌리 없고 실체 없는 부사의사不思議事, 환幻의 장엄莊嚴 실상實相인, 여래장엄如來莊嚴임을 깨닫게 된다.

삼라森羅 일체一切 중중무진重重無盡 시방법계十方法界 화엄장엄華嚴莊嚴이, 무자성無自性 일각一覺에서 피어난, 뿌리 없고 실체 없는 여래如來의 실상實相 부사의사不思議事 환幻의 꽃이다. 이것이 심心의 삼대성三大性 청정진여淸淨眞如 원융일성圓融一性의 부사의 능행조화能行造化다.

각성覺性을 요달了達하여 원융일성圓融一性에 들면, 삼라森羅 일체一切가 곧, 일각一覺에서 피어난, 뿌리 없고 실체 없는 실상實相인 각성覺性의 꽃, 여래화如來華다.

이것이 여래如來의 원융지혜圓融智慧 각성覺性인, 대방광불화엄장엄大方廣佛華嚴莊嚴이며, 법성게法性偈의 실상實相이다. 이는 곧, 원융일심圓融一心의 공능功能 부사의 무량조화無量造化며, 이 일체一切가 각覺이며, 일심一心이다.

3. 법계산(法界山)

- 각원중론(角圓中論)

- 법계산(法界山)의 향기(香氣)

- 철화인(鐵火人)의 관문(關門)

- 혈(穴)

- 석불(石佛)

각원중론(角圓中論)

이 허공일각계虛空一覺界에 법계산法界山이 있어, 그 법
계산法界山에 법계도인法界道人이 법계산 기슭에 그 꽃을
탐식貪食하면 죽는 생사초生死草를 심어 가꾸고 있음이라,
그 연유인즉 생사초生死草의 꽃잎은 탐스러우나 독毒이 있
으므로 그 꽃잎을 먹으면 죽지만, 그러나 생사초生死草의
꽃잎 속에 영그는 그 열매는 죽는 생명을 살리는 영약靈藥
인지라 그 이름이 생사초生死草며, 생사초의 꽃과 열매는
생사生死의 영기靈氣를 가지고 있어 그 인연이 극생극사極
生極死라, 뿌리를 같이 한 그 연緣이 미묘하고 미묘하며,
그 작용이 기이奇異하고도 기이하다.

생사대병生死大病으로 유전流轉하는 미래제未來際의 일
체중생을 위하여, 법계산인法界道人은 정심精心으로 법계
산法界山 기슭을 일구어, 일월성숙日月星宿의 정기精氣와

진심묘명眞心妙明의 영기靈氣로 생사초生死草를 가꾸며, 하늘, 땅, 허공의 시방법계十方法界 시성時性의 인연성因緣性을 관觀하며, 생사초生死草의 꽃잎 속에 영그는 그 열매를 간看한다.

법계산法界山 이른 새벽, 소먹이는 소동小童이 소를 몰고 법계산法界山에 올라, 생사초生死草의 꽃잎에 맺혀 있는 아침 이슬이 일출日出의 이른 햇살을 받아, 오색찬란한 빛깔이 나오는 것을 보고, 소동小童은 식識의 세계 흐름인 개념, 사상, 종교, 철학, 인생 등, 삶의 세계, 실상에 대한 깊은 깨달음을 얻는다.

소동小童은 영롱한 맑은 이슬에서, 이른 아침 햇살을 인연하여 오색찬란한 빛깔이 생生함을 보며, 이슬 주위를 돌며 발자국 움직임에 따라, 맑은 이슬방울이 영롱한 빨간빛 이슬이 되기도 하고, 신비한 파란빛 이슬이 되기도 하며, 찬란한 노란빛 이슬이 되기도 하고, 신비로운 보랏빛 이슬이 되기도 하며, 무색투명한 영롱한 맑은 이슬이, 보는 방향의 시각에 따라, 각기 다른 색깔의 빛인 영롱한 아름다운 빛깔의 이슬이 됨을 보며, 깊은 사유에 젖어 이슬 주위를 돌며, 소동은 이슬 조화造化의 작용이 곧 세상사를 드러냄이며, 이슬 작용의 섭리와 원리가 우주며, 진리며, 인생이며, 철학이며, 사상이며, 나 자신의 의식세계임을 깊이 자각하며, 삶의 본질적 실상진리實相眞理인 참모습의 세계로, 더욱더 깊고 넓은 사유의 세계로 몰입한다.

■ 각론(角論)

자기의 시각점에서 빨간빛 영롱한 이슬을 보고 찬탄하는 자는, 시詩를 좋아하는 자는 시詩로써 빨간빛 이슬을 찬탄할 것이며, 음악을 좋아하는 자는 음악으로써 빨간빛 이슬을 찬탄할 것이며, 사색思索을 좋아하는 자는 사색思索으로써, 빨간빛 이슬의 세계를 더 깊고, 더 넓은 세밀한 사색思索의 세상과 세계로 펼쳐 갈 것이다.

이는 또한, 파란빛, 노란빛, 보랏빛의 이슬을 보는 자 또한 이와 같다. 시각적 인식과 사유에 의한 이러한 현상의 결과는, 영롱한 한 이슬을 보는 자의 시각의 각도에 따라, 각기 다른 빛깔의 이슬에 대한 시각과 찬탄의 세계가 열리고 전개된다.

이러한 결과는, 각각 인식과 사유의 빛깔세계에 있어서, 그 현상은 모두가 한 빛깔 이슬이 아닌, 각각 색깔이 다른 이슬에 대한 찬탄과 사유의 세계가 생성된다.

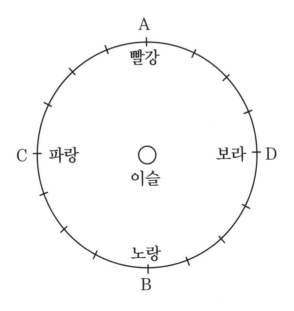

　왜냐하면, 가령, 이슬 주위의 둥근 원의 선상에서 A, B, C, D의 동, 서, 남, 북 네 기점에서, 네 사람이 각각 다른 빛깔의 이슬을 보는 현실을 가정할 때에, 가령 A의 지점에 선 사람은 빨간 빛깔의 이슬을 보며, B의 지점에 선 사람은 노란 빛깔의 이슬을 보며, C의 지점에 선 사람은 파란 빛깔의 이슬을 보며, D의 지점에 선 사람은 보라 빛깔의 이슬을 보는 현실을 가정할 때, A지점의 사람은 B, C, D의 아름다운 빛깔의 세계와 이슬을 인정치 않을 것이며, B지점의 사람은 A, C, D의 아름다운 빛깔의 세계와 이슬을 인정치 않을 것이다.

이는 또한, C와 D의 지점의 사람도 이와 다를 바 없을 것이다. 왜냐면 그 연유는, 자기 자신이 볼 때에 A의 사람은 빨간 빛깔의 영롱한 이슬이 분명하기 때문이며, 또한, B, C, D의 사람도 노란, 파란, 보라 빛깔의 이슬이 선명하고 찬란하며, 분명하기 때문이다.

각자 시각점이 다른 이것으로 인하여, 인식과 사유와 생각이 있는 세상에 한 사람이 있으면 하나의 빛깔의 철학, 사상, 종교, 관념이 생성되어, 삶의 상황에 바람직한 각종 자기시각 사고의 틀이 생길 것이며, 두 사람이 있으면 둘, 열 사람이 있으면 열, 백 사람이 있으면 백 가지의 철학, 사상, 종교, 삶의 관념인 각종 바람직한 옳고 그름의 자기 시각의 세계가 생성되어 존재하게 될 것이다.

이는 서로 자기 시각의 인식적 개념과 사고를 달리함으로 인하여, 각기 다른 시각의 관념과 사고의 틀을 가짐으로, 서로 관념의 차이로 이해하거나 화합할 수 없는 상태에서, 서로 자기 시각의 인식과 사고와 개념에 의한 자기시각 관념의 옳고 그름의 진리와 정의를 주장하며, 자기 시각에서 자기 진리의 정의와 정당성을 앞세우고, 자기 자신의 관념과 시각에 의한 사고로, 세상의 삶을 자기 빛깔의 관념 속에 펼쳐갈 것이다.

그 연유는, 빛깔의 이슬을 바라보는 자기 시각의 어느 한 기점에 머무른 바 일각—角인, 자기 시각의 한 일점, 각角의 시각에 투영된 사물事物과 세상의 모습이므로, 사물을 분별하는 시각점인 일각—角을 벗어나기 전에는, 사물事物과 인생을 보는 스스로의 시각과 인식적 관념의 틀을 벗어날 수가 없다.

이러함은, 세상사 사람들이 A, B, C, D와 A, B, C, D의 어느 한 기점에 가까운 어느 일각—角의 시각점에서, 스스로 인식하고 이해하며, 알고 있는 바의 것을 주장하거나 인정하여 정의하며, 그 사고의 관념을 통해 사물과 인생과 세상사를 보고, 그 사고의 시각 틀에서 옳고 그름을 가름하고 판단하며, 자기 개념과 인식의 시각 속에 삶을 영위하게 된다.

이 각角의 세계는, 시각의 모든 방향인 전체의 시각점인 원圓의 시각을 모르는 한 시각점에서 본, 자기시각 분별의 세계이므로, 이 세계는 다른 시각점의 모두를 수용섭수할 수 없는, 자기 주관적 인식과 관점에 의한 차별세계며, 자기 시각이 타他와 다름으로 인하여, 서로 다른 자기 견해와 인식으로, 옳고 그름의 시비와 분별을 낳게 된다. 자기 중심적 시각의 견해와 빛깔은, 자기주의적 고정관념을 형성하게 되고, 각각 다양한 시각의 남을 자기 시각의 관념에서 타협하고 융화할 수 없어, 무엇이든 자기 시각적 옳고 그름의 시비와 분별의 다양한 차별견해의 요인이 된다.

이 각角의 세계는 자기 시각적 견해의 틀에 자연의 섭리와 사물의 현상과 삶의 정의正義 등, 바름을 추구하고 지향하는 세상사 옳고 그름의 각종 상황에서, 자기 주관적 시각의 인식과 관념의 틀을 가짐으로, 이 각角의 개념으로는 자기 시각의 고정관념을 벗어날 수가 없다. 이 각角의 시각은, 자기 시각에 치우친 고정관념의 세계를 생성하게 되므로, 더 넓은 시야의 폭으로, 세상사 남과 화합하거나 융화할 수 없는, 자기주의적 시각의 틀에서 벗어나지 못하는 사고의 삶을 살게 된다.

이러한 세상사 삶의 모습 현실을 논리로 논論하여 드러내고 해설하면, 어느 누구나가 다 이해가 되나, 실實인즉 어느 일각一角의 시각점에 자신이 속해 있거나, 어느 한 각角의 시각에 들게 되면, 스스로 자기 시각에 의한 관점과 인식과 사고의 틀을 벗어나 인식할 수가 없다. 이것이 남과 다른 색깔의 관념과 의식의 시각과 개념의 차별과 상황의 옳고 그름의 판단과 삶의 정의와 남과 차별된 색깔을 가진 의식의 관점 습관과 생활환경에 물들거나 젖은 자기의 특성 의식의 세계다.

자기 시각과 관념을 바탕한 옳고 그름의 일체 분별의 시선은, 자기 사고의 틀인 관념의 시각으로 비롯된다. 자기 주관적 시각의 인식과 개념의 틀인 시선점의 일각—角을 벗어나기 전에는, 사물의 참모습과 삶의 실상과 상황의 옳고 그름의 분별인 사회적 정의正義와 바름을 지향하는 세상사의 각종 상황의 옳고 그름의 판단에 자기관념 시각의 틀을 벗어날 수가 없다. 자기 시각의 고정관념을 내려놓음으로써, 다양한 빛깔의 성향을 가진 더 넓은 세상과 삶과 사람들과 화합하고 융화하며, 자기 삶과 자기 존재의 가치가 남과 더불어한 융화와 화합 속에 향상하고, 삶의 진정한 가치는 자기 것을 주장하는 것에 있지 않고, 더불어 함께하는 폭넓은 큰 틀의 시각적 융화에, 삶과 존재의 진정한 기본 가치가 있음을 깨닫게 된다. 남을 수용하지 못하는 인식과 고정관념을 내려놓음으로, 남의 진실과 참모습이 나를 내려놓은 시야 속에 들어오며, 비로소 남을 수용할 수 있는 진솔한 마음의 여유와 역량이 생긴다. 자신 시각의 관념에 치우쳐 남을 수용하지 못하는 고정관념을 벗어남으로, 자신의 인식과 관념에 얽매인 시각의 삶을 벗어나, 존재의 참삶의 가치인 더불어 하나된 진정한 화합과 융화로 자신의 삶을 승화시키는 사회적 가치와 역량을 가진 참다운 삶을 살 수가 있다.

어느 일각—角에서 시각의 관점觀點을 같이 하는 자들은, 서로가 같은 시각의 색깔로 보고, 인식하며, 사고하므로,

더불어 한 시각의 관점에 젖어 있어 자기 동질적 주관적 관점만 가지므로, 자신들의 생각이 옳다는 관념만 가질 뿐, 서로 같은 색깔의 고정관념을 인식하지 못한다. 자기주의적 개념의 틀을 가지면, 자기 판단과 시각이 오직 정의正義며, 바른 것임을 인식하게 되므로, 다른 시각에 대해 왜곡된 차별인식을 하게 된다. 자기주의적 관점觀點과 시각은 객관적 시각을 가지지 못하므로, 다른 시각에 대해 왜곡하거나 잘못된 것으로 인식만 할 뿐, 스스로 자기 시각의 왜곡된 인식을 하지 못한다.

그러므로 관념의 시각과 사고의 형태가 같은 자들끼리는 동류애를 느끼며, 동류의식을 보호하며 결속하는 개념사회를 형성하게 된다. 이 또한 자기주의적 관점의 틀에 의한 자기보호본능의 심리적 친화작용이다.

이런 일각一角의 사람들은 자기주의적 주관과 관념을 기본 바탕으로 한 사고 속에 있으므로, 자기 시각의 개념 틀 속에서 모든 것을 판단하고 분별하며, 옳고 그름을 헤아리는 척도가 되어, 자기 사고의 기준 틀에서 시각의 빛깔과 형태를 달리하는 자들을 보며, 자기 시각의 잣대로 상대를 왜곡하거나, 비정상으로 인식하게 된다.

이것은 자기주의적 인식과 개념에 의함이니, 이 주관적

고정관념이 곧, 사물의 인식과 사고 시각의 색깔이다. 빛깔이든, 형태든, 관념이든, 인식이든, 사상이든, 무엇이든 측정하고 헤아리며, 분석하고 판단하는 것에는 자기 기준의 기본틀과 기본값이 없으면, 헤아리거나 분석하며, 판단하고 측정할 수가 없다. 모든 것의 측정 기본값은 자기기준이다. 그 기준이 보편화되거나 그 기본값 영역의 한계성에 따라, 영역의 포괄성이 형성된다. 그러나 어떤 기본값이든 자기 영역의 한계성을 벗어날 수가 없다. 여기에 영역의 차원과 가치와 세계가 달라진다.

시선視線 일각一角의 시각점을 벗어나면, 원圓의 세계를 인식하게 되니, 이는 A, B, C, D와 시선視線의 각각各各 지점 전체 세계를 인지하는 세계다.

이 원圓의 세계는 A, B, C, D와 A, B, C, D에 가까운 각각 점點의 빛깔을 인지하는 시각세계 이므로, 일각一角의 시각세계에 비해 원圓의 개념세계는 시각의 영역이 넓고 포괄적이며, A, B, C, D와 A, B, C, D에 가까운 각각의 세계를 이해하고, 또한, 그 개념과 사고를 폭넓게 이해하고 수용함으로, 각각 시각이 다름에 대해 이해하고 인정하며, 한 일점 시각의 시선처럼, 어느 한 색깔의 개념에 치우침이 없어 옳고 그름의 시비심이 없다.

전체 시각인 원圓의 시각의 영역에 든 자는 A, B, C, D의 각각各角의 자者가 서로가 옳다 하여도 그를 이해하고 인정하며, A, B, C, D의 각각各角의 자者가 서로 옳고 그름을 시비하여도 그것을 이해하고, 수용하며, 인정하게 되므로, 각角의 개념자는 원圓의 개념자가 시是도, 비非도 아니며, 시是이기도 하며, 비非이기도 하므로, 원圓의 개념과 원圓의 개념자槪念者를 이해할 수가 없다.

그러므로 각角의 개념자槪念者는 원圓의 개념자槪念者가 시자是者도, 비자非者도 아니므로, 시是와 비非를 분별하지 못하여 우유부단하며, 자기 주관과 개념의 빛깔이 없는 무색無色이나, 회색灰色의 하식下識 개념자로 인식할 수도 있다.

그러나 원圓의 개념자는 각각점各角點을 벗어나, 시是와 비非의 근본을 분명히 알고, A, B, C, D의 각각 점의 허虛와 실實을 밝게 알므로, 한쪽에 치우친 시각의 분별과 차별의 각角의 개념을 벗어났으므로, 각角의 개념으로는 원圓의 개념을 종잡을 수가 없고, 각角의 개념자槪念者는 원圓의 개념자槪念者를 이해할 수가 없다. 원圓의 개념자는 각角의 개념자보다 상식上識의 개념자槪念者다.

각角의 개념은 원圓의 개념자에 비해, 의식이 진화되지 못한 미성숙한 개념으로, 자기 시각 고정관념의 틀을 벗어나지 못하여, 시각과 견해가 다른 남을 이해하거나 수용하지 못한다. 그러므로 시각과 관점이 다른 이웃과 화합하거나 융화하지 못하는 편협한 개념이다. 그러므로 자기 시각에 치우친 고정관념의 틀을 가진 사고와 인식의 관점은, 정신의식이 진화된 높은 생명 의식과 섭리, 다양한 삶의 세상과 긍정적 행복사회의 발전과 진화를 위한 합당한 가치와 역량을 가진 진보적 개념이라 할 수가 없다. 행복사회를 위한 다양성을 가진 세상의 진정한 사회적 화합과 융화 속에 삶의 행복이 요구되고 추구하게 되는 생명 삶의 생태현실에서, 남을 수용하지 못하고 융화하지 못하는 이질성은, 이기적인 자기주의적 성향의 색깔을 가지게 된다.

그러므로 각角의 개념은 자기주의적 고정관념을 벗어날 수가 없어, 자기 시각의 고정관념에 얽매이면, 남을 수용함에 있어서 자기 빛깔과 같거나, 자기 빛깔에 가까운 자만을 수용할 수 있으므로, 남을 수용할 수 있는 사회적 역량의 시각이 좁고, 긍정적으로 남을 수용하는 것에는 한계성을 가지므로, 다양한 사회적 현실을 수용하기에는 역량이 부족하다. 자기 시각 고정관념의 허물과 모순을 깨닫거나, 남을 수용하는 진정한 자기 다스림이 있기 전에는, 이 각角의 개념법으로는 다양한 빛깔의 성향과 상, 중, 하의 다양한 차원의 정신과 생물학적 상생관계의 사회발전과 정신 진화로 생명세계를 깨우치게 하거나, 포용성으로 이끌며 구제할 수 없다. 이 각角의 현실은 다양한 일체 차별 생태현실을 밝음의 세계로 이끌거나, 무한 승화를 추구하며 향상하고자 하는 생명현실을 밝게 이끌며 깨우치게 하거나, 구제할 수가 없는 사회적 관계의 한계성이 있다.

각角의 개념법은 자기 관념의 틀에 얽매여 남을 수용하지 못하므로, 사회 개념발달과 인간정신의 진화로, 의식이 진화된 상上의 개념법에 의해 스스로 파괴되어 자멸하는 법이다. 시각이 편협하고, 자기 시각에 얽매인 사고는, 시대와 인간의식의 정신발달 속에 스스로 도태하게 된다. 각角의 시각 개념법으로는 인간의 정신발달과 이상理想을 향한 삶의 진화를 추구하는 세상을 밝게 이끌며 깨우치게 하거나, 구제할 수 없는 사회적 관계의 한계성을 가진 법이다. 각角의 시각은 자기 시각의 한계성을 벗어남과 동시에 스스로 자멸하는 법法이다.

그러므로 각角의 개념법은 다양한 현실을 폭넓게 수용하며 화합하거나 융화할 수 없는, 자기 시각과 고정관념에 얽매인 법法으로, 의식과 개념이 다차원 시각視角 중, 일차시각一次視覺에서 진화되지 못하여, 자기 고정관념에 얽매여 벗어나지 못하므로, 자기 시각의 역량과 차원에 있어서, 수용한계의 폭이 편협하고, 자기 시각의 관념에 치우친 미숙한 개념법이다.

■ 원론(圓論)

원圓의 개념은, 어느 한 각角의 개념에 물들지 않고 머무르지 않으며, 어느 한쪽에 치우침이 바르지 못함을 알아, 어느 한쪽으로 치우침 없는 것으로써 중中을 세워, 그 이념과 사상은 각角에 치우침 없는 행行으로써 용庸을 받들어, 개념概念의 정正을 정립定立하는 개념법概念法이다.

원圓의 개념은, 각角의 개념이 발달하고 성숙한 개념법으로, 인식에서 각角의 개념을 수용하며, 어느 각角에 치우침 없는 것을 인식認識의 중中으로 하여 개념概念 정正을 세우며, 각角에 치우침 없는 그 행行으로써, 바람직하고 떳떳한 이상행理想行인 조화調和의 용庸을 받들어, 각角에 의한 중中의 도리道理, 대용大庸의 관념 기틀을 세우는 행行의 개념건립법概念建立法이다.

각角의 개념자가 원圓의 개념자를 볼 때엔 어느 한 개념에 물들지 않고, 각角에 치우치지 않고 조화調和로우며, 각角에 유유자적하며 소탈疏脫한 행을 보고, 얽매임 없는 극진인極眞人이나 해탈자解脫者로 인식할 수도 있다.

원圓의 실상實相에 든 자는 생生을 보고도 웃을 수 있고, 사死를 보고도 웃을 수 있으며, 생사生死와 빈부귀천貧富貴

賤의 세상사인 각角에 예속隷屬되지 않고 유유자적한 원행
圓行에, 각자角者가 볼 때엔 원자圓者 중용中庸의 원행圓行
이, 해탈이나 무애행無礙行으로 인식할 수도 있다.

그러나 각角과 원圓의 빛깔 개념세계를 벗어난 이슬 당체
當體에 해당하는 중中인 중도자中道者의 시야視野엔 원자
圓者의 행行이 단지, 각角의 어느 한쪽으로 치우침 없는 행
行일 뿐, 색깔의 대對를 벗어난 지혜가 아니며, 자기 색깔
관념을 벗어난 무애행無礙行이 아님을 안다.

이는 각角의 전병前病은 벗었으나, 후병後病이 전병前病
을 벗어나 있지 않기 때문이다.

원圓의 개념자는, 각角의 개념계概念界는 벗었으나, 대對
와 대對에 의한 인식견認識見인 자기관념의 색깔, 대對의 대
상對象을 벗어나지 못한 분별의 관념인, 양변兩邊을 놓지 못
하고, 버리지 못하는 양변兩邊을 의지해 자기견自己見을 건
립하는, 양변兩邊에 얽매인 아견我見의 대對의 색깔 관념을
벗지 못함이 있다. 이는 개념발달에 의한 성숙成熟일 뿐, 각
角의 양변兩邊, 각角과 원圓의 모두를 벗어버린 색깔 개념으
로부터의 진정한 초월, 궁극窮極을 다한 완연히 색깔에 걸
림 없고 물듦 없는, 완전한 색깔 초월의 지혜 무애無礙를 모
르는, 각角에 걸린 대對의 개념, 중中의 건립자建立者다.

존재 본성本性의 실상지實相智에 이르지 못한 외도서外道書의 문헌에, 이러한 행위자行爲者를 보고, 불법佛法의 해탈자解脫者처럼 생각하거나, 동일시하는 자들도 있다. 그러나 이는 각角과 원圓의 개념과 의식의 실체를 꿰뚫어 궁극窮極을 통通한 무엇에도 걸림 없고 물듦 없는 완전한 조화調和, 각성覺性의 무상진화無上進化 밝음의 지혜가 아닌, 상相의 분별에 의한 대법對法의 식견識見이다.

각角의 세계와 원圓의 세계의 색깔 개념을 완전히 벗어버린 진정한 색깔 초월, 무염無染의 실實의 세계가 있으니, 각角과 원圓의 세계의 근원이며, 모체母體며, 본체本體인, 맑고 영롱한 빛깔 없는 이슬 당체當體다.

이슬 당체當體는 무색투명하여 각角의 색깔 차별개념 편파偏頗와 시비是非가 끊어졌을 뿐만 아니라, 각角에 치우침 없음을 정正으로 세워 그 행行을 가장 바람직한 이상理想인 용庸으로 받드는 중용中庸인 원圓의 대對를 바탕한 개념 건립도 의지할 곳이 없어 자멸하여 사라진다. 이슬 당체는 무색투명하여 각角과 원圓의 개념을 근원적으로 벗어났다. 이슬은 각角과 원圓의 근원이며 모체母體이나, 각角과 원圓의 개념을 벗어났고, 각角과 원圓의 개념을 초월하여 무엇에도 물듦 없는 청정淸淨한 실체實體다. 각角과 원圓의 인식과 개념과 분별이 끊어진 이슬 당체인 그 실實세계는 곧,

중도中道 실상實相의 세계다. 이는 어느 각角의 차별개념에
도 물들 수 없고, 원圓의 대법對法 중립中立의 도리道理인
중용中庸의 행상行相에도 물듦 없는, 일체 개념을 완전히
벗어난 존재의 실체實體, 실상實相 그 자체다.

　원圓의 중립中立은 각角의 대법對法에 의지해 중中을 건립
하며, 어느 각角에 치우침 없고, 이끌림 없는 균형적 조화로
움을 용庸으로 하여 정正을 세워, 중용中庸의 도리道理를 건
립하나, 이는 각角에 의지한 분별인 대법對法의 중립中立을
세워 인위적 분별의 정正을 건립했을 뿐, 그 법法의 실체實
體가 각角을 뿌리로 하고 있어 그 명확한 정점頂點 궁극적
법法의 실체가 분명할 수 없어 불분명하며, 중中과 용庸의
법法의 초점인 정점頂點 실實의 궁극적 명확함이 없다. 그
것은 각角에 의지한 대법對法으로써 중中을 건립하기 때문
이다. 중中과 용庸의 궁극적 법法의 정점頂點, 실實의 명확
한 초점을 가질 수 없는 것은 대법對法에 의지한 이로 인하
여 스스로 자립과 독립적 중中을 건립할 수가 없기 때문이
다. 그러므로 이는 진리眞理와 도道로서, 실實의 명확한 근
원적 초점체계를 갖추지 못해, 명확한 실법實法으로서의 진
리眞理와 실존實存 섭리적 원리原理와 삶의 근원적 섭리와
진리의 본체本體 정점頂點인 궁극窮極의 실체實體가 없는
상황적 법法으로, 논리論理에 근거할 뿐, 법체法體의 실체實
體가 없는 완연하지 못한 미성숙한 개념건립概念建立 의식

추구意識追求의 법法이다. 이는 실법實法 실상實相에 있어서 사물事物의 섭리와 실상實相을 밝게 보는 지혜의 밝음이 없어, 자기의 분별관념 사량思量과 식견識見에 묶여 상승하지 못하는 지혜가 미성숙한 법法으로, 스스로 자기의 굴레인 의식과 관념의 체계에 얽매어 벗어나지 못한다.

이는 각角에 의지한 분별개념을 바탕할 뿐, 존재의 당체적當體的 실질實質 원리原理요 법法인, 존재 본체本體 본성本性의 실상實相과 지혜의 궁극 근원적 법法이 아니다. 이는 대對를 벗어나지 못한 법法이므로, 각角의 분별을 통한 개념법概念法일 뿐, 존재 본질과 실체實體를 바탕한 살아 생동하는, 만물萬物과 생명生命 존재의 살아있는 섭리攝理와 생리生理를 수순하며 수용한 지혜의 진리眞理와 법法이 아니다.

그러므로 중용中庸의 법法은 우주만물 존재와 생명 진리의 살아있는 섭리와 원리적 도道가 아닌, 개념차별에 의지해 건립한 대법對法을 바탕한 개념법이다.

그러므로 이 법法 또한, 각角의 법法처럼, 의식의 하중상과, 생태현실의 다양성과 진화향상進化向上의 전중후의 일체 차원의 의식과 정신의 삶을 밝게 이끌고, 깨우치며, 구제할 수 있는 근원적 법法이 아니다.

■ 중론(中論)

각角과 원圓의 개념이 탁월하고 특별해도 무너지며, 건립할 수 없는 무색투명한 이슬 당체, 무색투명하므로 무량 조화造化의 빛깔을 생성하는 이슬 당체 섭리인 중도中道의 중中은, 일체 존재 본성의 근원 실상實相을 중中이라 한다. 그러므로 존재 본성 실상 섭리인 중도中道는 존재의 살아 있는 생태 근원의 진리며, 생동하는 만물과 생명 근원의 섭리며, 존재 근원의 실체實體 실상實相의 법法으로 일체 존재의 근원 중심의 섭리다. 이것이 존재의 근원적 본성本性 실상實相인 불법佛法 중도中道의 중中이며, 이 중中은 본론本論 각원중론角圓中論의 중中이다. 그러므로 중도中道는 만물만상과 모든 생명이 존재하고 살아가는 생태 그 자체의 중심 원리며, 섭리며, 길이며, 실상實相이며, 모든 만물이 살아 숨쉬는 생명 삶의 실도實道다. 중도中道의 중中은 대對가 없어 중中이며, 대對 없는 본연성本然性인 물듦 없는 청정실상淸淨實相이 중中이다. 중도中道의 중中은, 각角과 원圓의 대對가 없는 이슬의 당체當體 본성本性인 실상實相 그 자체다. 이 중中은 존재의 실도實道이므로 일체一切 모든 것을 벗어나 대對가 끊어져 스스로 자존自存하고, 스스로 근원根源이며, 스스로 본체本體며, 스스로 실체實體다. 그러므로 어디에도 예속되지 않고 치우침이 없으므로, 스스로 완연한 절대絶對이므로, 스스로 완연한 절대 중中

이다. 스스로 일체 공덕功德을 갖추어 스스로 운행하여도 부족하거나 넘침이 없고, 스스로의 공능功能으로 인연을 따라 무량공덕無量功德이 드러난 만물 중 풀잎 하나, 열매 하나의 모습이어도, 스스로 대對가 끊어져, 그 모습 그대로 중中이다.

불佛은 일체상一切相 일체법一切法과 일체식一切識에 치우치거나 걸림 없는 완전한 절대성絶對性이며, 이는 일체一切 생명과 존재 작용의 실질적 존재 본성本性의 성품, 완전한 절대성絶對性 중中이므로, 불법佛法은 곧, 중도中道며, 중도中道가 곧, 불법佛法이다. 중도中道의 중中은, 각角의 차별과 원圓의 대對가 없어, 무염청정無染淸淨 실상實相 그대로가 중中이다. 중中, 중도中道는 일체 개념과 일체상一切相 일체一切에 물듦이 없는 청정실상淸淨實相이 중中이므로 각角과 원圓의 개념뿐 아니라, 미혹견迷惑見 유무有無의 개념에도 물듦이 없다. 각角과 원圓의 개념에 물듦이 없고, 각角과 원圓의 개념이 끊어진 청정실상淸淨實相 중中을 불법佛法에서는 중中 또는, 중도中道, 또는 원圓이라고 한다. 중中이라고 함은 일체 존재의 근원이므로 중中이라고 하며, 일체 존재의 근본이므로 중中이라고 하며, 일체 존재의 근원인 본성이므로 중中이라고 하며, 일체 생명의 근원이므로 중中이라고 한다. 중도中道라고 함은 이 중中의 원리와 섭리와 순리에 의해 만물이 생성되고, 운행하며, 작용하기 때문에, 이 청정본성淸淨本性 중中의 섭리를 중도中道라고 한다. 이 중中을 불법佛法에서는 원圓이라고 함은 무염無染 청정실상淸淨實相 본성本性은 스스로 존재 생성과 섭리와 운행의 일체공덕一切功德이 원만구족圓滿具足하므로 원圓이라고 하며, 청정실상淸淨實相 본성本性은 무엇에도 예속되지 않고 물듦 없으며, 장애되거나 막힘 없이 원융圓融하므로 원圓이라고 하며, 무엇에도 부족함이 없는 공능功能을 드러내며, 스스로 완전하고 완연하여 변함 없이 항상하므로 원圓이라고 한다.

일체 생명과 존재가 작용하고 살아 있는 실도實道인 일체 존재의 청정본성淸淨本性 중도中道 실상實相인 중中과 원圓은, 일체상一切相을 벗어나 방方도 없고 걸림 없어, 일체 차별개념인 각角과 대법건립對法建立인 중용中庸의 개념원概念圓을 벗은 존재의 실상實相인 원융圓融한 청정성품은, 무량 빛깔을 생성하는 이슬 당체의 성품이다.

본론本論, 각원중론角圓中論에 있어서 각角은 일체 차별 개념이며, 원圓은 중용中庸의 도道며, 중中은 존재의 청정 본성淸淨本性 중도中道 실상實相이다. 본론本論 원론圓論의 대법對法 건립에 의한 중용中庸의 중中은 각角에 치우침 없고, 치우침 없는 각角의 조화調和를 이룸이 중中이다. 본론本論 중론中論인 이슬 당체當體, 청정본성淸淨本性 중도

中道 실상實相의 중中은, 개념차별의 각角과 대법對法 건립 속에 중中의 이상개념理想概念 용庸을 건립하는 원圓에 속함이 없는, 일체 존재의 본성本性 실상實相 성품이 중中이다. 원론圓論의 원圓은, 각각各角의 전체성을 원圓이라 하며, 원圓으로 대법對法이 생성되어 중中을 건립하고, 중中의 조화調和로 용庸의 법체法體를 세우는 개념법槪念法 중용中庸의 기틀을 마련한다. 중론中論 중도中道의 원圓은, 각角의 개념과 원圓의 대對와 중용中庸까지 벗어난 존재의 실상實相 성품이 청정원융성淸淨圓融性이므로 원圓이라고 한다. 중론中論인 불법佛法의 중中은 어느 것에도 치우침이 없으므로 중中이라고 하며, 원圓은 어느 것에도 물듦 없고 걸림이 없는 원융무애圓融無礙이므로 원圓이라고 한다. 불법佛法 중도中道의 중中은 어느 것에도 치우침 없는 절대성絕對性이므로 중中이며, 원圓은 일체상一切相에 걸림이 없는 원융성圓融性이므로 원圓이라고 한다. 그러므로 불법실상佛法實相 중도中道 중中은 청정본성淸淨本性 실상實相 원융성圓融性의 절대성絕對性이며, 불법실상佛法實相 중도中道 원圓은 청정본성淸淨本性 실상實相 절대성絕對性의 원융성圓融性이다.

그러므로 본론本論 각원중론角圓中論에서 각角과 원圓은 의식차별 개념법이며, 중中은 존재 당체의 근원 본성과 존재 섭리의 근원 실도實道다. 중中은 개념법을 벗어난 존재 당체의 성품 실상實相이 중中이며, 존재 작용과 운행의 섭리 실도實道가 중도中道다. 원론圓論의 대법對法 중中은 차별개념 각角의 다양성의 조화와 통일성이 중中이며, 중론中論의 중中은 각角과 원圓의 개념을 벗어난, 만물과 생명 존재의 본성本性인 실체와 섭리의 실상實相이다. 원론圓論은 대법對法 균형과 조화를 용庸으로 받들어 중中의 개념체계를 건립하여 법체法體를 세우나, 중론中論의 중中은, 존재의 근원적 실상實相 당체當體인 성性이다.

중론中論인 불법佛法의 중中은, 일체 개념을 벗어난 존재 본성本性인 실상實相이므로, 일체一切에 완전한 절대의 섭리적 바름正이라, 만물만상이 그 진리인 실상實相 중中의 섭리 중도中道를 따라 생성되고 운행하며, 그 성품 중中의 자성自性이 원융하여 대對와 방方이 없이 무한無限하다. 그 실상實相과 작용이 상相과 방方을 벗어나 무한원융無限圓融 자재自在하며, 만물과 만 생명을 생성하고 운행한다. 본성本性인 중中의 행行은 존재 본성本性의 실도實道인 중도中道이므로 일체에 허물이 없고, 일체에 떳떳하여, 의식의 상중하와 생태의 다양성과 시대 개념발달의 정신진화와 일체 차별존재 의식意識을 밝게 이끌고 화육和育하는 살아있는 생태작용과 생명작용의 실법실도實法實道다.

불법중도佛法中道는 존재의 실상實相, 생명 본성本性의

성품이므로 일체 개념을 벗어나 존재와 생명의 실상實相이며 실도實道로써, 중도中道의 섭리를 따라 융화하여 모든 존재를 이롭게 하고, 일체 차별을 벗어나 화합하고 융화하며, 본성의 지고한 본성섭리本性攝理 조화調和의 아름다운 자연적 융화의 대화합 상생조화相生調和의 통일성을 지향하고, 생명과 존재 근원적 진화를 위한 정신지각을 일깨우며, 일체 차별 속에 둘 없는 생명 근원의식으로 서로 상생하고, 삶과 생명 행복을 더불어 지향하며 생명 행복의 근원적 승화를 이끄는, 모두의 이상理想을 향한 무한승화無限昇華의 유일법唯一法이다.

■ 각원중(角圓中)의 비교

한쪽에 치우친 각角의 개념세계와 대법對法을 바탕하여 건립한 중용中庸 원론圓論의 세계와 각角과 원圓을 벗어난 중도中道 중론中論의 세계를, 유有와 무無의 일반 인식개념을 토대로, 하늘과 땅을 비유하여 비교해 보면, 그 사상적 철학의 실질적 깊이와 차이는 접하기 어려우나, 그 차별성을 비교하여 논론論함에 누구나 쉽게 인지할 수가 있다.

	각角의 개념	원圓의 개념		중中의 개념
天	무無	유有	무無	공空
地	유有	유有	무無	공空
	하늘은 텅빈 허공이니 무無며, 땅은 허공과 달리 가득 찬 것이니 유有다.	하늘은 하늘의 존재와 성질이 있어 유有며, 땅은 땅의 존재와 성질이 있어 유有다.	하늘에는 땅의 존재와 성질이 없어 무無며, 땅은 하늘의 존재와 성질이 없어 무無다.	하늘과 땅이 존재의 본성이 실체가 없어 하늘도 공空하고, 땅도 공空하다.

하늘과 땅은 물질 성질이 다른 두 개체 존재存在이나, 각角의 개념자는 존재 당체의 차별특성을 벗어나, 자각적 촉각과 감각 인식의 분별로 유무有無를 헤아리어 존재의 유무有無를 인식하므로, 촉각과 감각으로 확인되는 물질인 땅을 유有로 인식하며, 인식한 유有를 바탕으로 분별하여 무無를 인식하므로, 하늘은 촉각과 감각의 대상 유有인 물질이 없어, 텅 비어 있는 허공성을 무無로 인식한다.

각角의 개념자는 자기시각의 고정관념 인식에 치우쳐, 성질이 다른 두 개체를 각각 다른 시각에서 당연하고, 정당하며, 평정平正하게 볼 수 없고, 자기 인식 고정관념의 분별시각과 기준으로 타 개체성을 인식하므로, 자기시각에 치우친 편파적 인지시각은, 인식대상인 사물과 사실에서 공정하거나, 평정하거나, 실답게 인지하거나 인식할 수가 없다.

이러한 요인은, 존재 실체의 본성과 차별섭리의 정正과 실實을 벗어난 의식의 교육과 사회적 관념과 지식 등으로 사실을 사실답게 볼 수 없는 한쪽에 치우친 왜곡된 시각 관념을 갖게 된다.

원圓의 개념자는 존재의 특성 성질인 개체성個體性이 다른 하늘과 땅을 보되, 어느 한쪽의 특성에 치우치지 않고, 땅은 땅의 특성 존재 성질의 개체성에서 인정하여 땅을 보며, 하늘은 하늘 특성 존재 성질의 개체성에서 인정하여 하늘을 본다. 그러므로 각각 그 개체 존재 특성의 차별성에 준하여 보므로, 땅은 땅의 존재 특성 성질의 개체성이 존재함으로 유有며, 하늘도 하늘의 존재 특성 성질의 개체성이 존재함으로 유有다. 하늘과 땅은 서로 다른 물질 특성 성질의 개체성이라, 하늘의 특성, 허공성의 개체성에 기준하여 땅을 보면, 땅은 땅의 특성 개체적 성질이 있을 뿐, 하늘의 특성 허공성의 성질이 없어 무無며, 또한, 땅의 특성 개체성에 기준하여 하늘을 보면, 하늘은 하늘의 특성 허공성의 개체적 성질이 있을 뿐, 땅의 성질이 없어 무無다.

유有와 무無는 어떠한 것에 치우치고 기준한, 시각의 기준값에 의한 판단이므로, 그 대상이 존재하거나 있으면 유有라고 하며, 의미하는 바 그 대상이 존재하지 않거나 없으면 무無라고 한다. 유무有無의 인식은, 뜻하고 의미하는 바 그것이 있으므로 유有며, 의미하는 바 그것이 없으므로 무無라고 한다. 이러한 시각의 인식은 인간을 보는 보편적 관점에도 찾을 수가 있다. 인간의 형태를 남자에 기준하지 않으며, 또한 여자에도 기준하지 않는다. 남자는 형태가 여자와 달라도 남자의 형태로 인간 존재의 특성을 인정하며, 여자는 남자와 달라도 여자의 형태로 인간 존재의 특성을 인정한다. 인간을 남자 또는 여자에 치우쳐 판단하지 않고, 그 개체성의 특성이 달라도 그 다른 특성을 인정하므로, 남자는 여자의 모습과 형태가 달라도, 여자 형태를 기준한 관점에서 보지 않고, 남자에 기준한 관점에서 남자의 형태로 인간의 모습으로 인정하며, 여자는 남자의 모습과 형태가 달라도, 남자 형태를 기준한 관점에서 보지 않고, 여자를 기준한 관점에서 여자의 형태로 인간의 모습으로 인정한다. 이러한 보편적 관념과 인식은 성질이 다른 모든 사물에서는 어느 한 특성과 성질을 기준하거나 치우쳐 유무有無로 논하지 않고, 그 개체의 차별특성을 인정하므로 그 개체를 인정하여 이름하며, 일컫는다. 그러나 이 비유는 본론本論 원圓의 개념을 인식하고 이해하는 것에는 도움이 될 수가 있으나, 사물事物과 개념을 보는 실견실사實見實事에 있어서는 개념과 견해의 높고 낮음의 차원과 완전하고 완전하지 못함의 지혜적 차별에 따라, 자기 안목眼目이 꿰뚫을 수 있는 한계성이 있으니, 스스로 지혜가 밝아 진리적 정사正邪의 옳고 그름을 가름하는 부족함이 없는 밝은 지혜가 요구될 뿐이다.

원圓의 개념자는, 주관적인 나의 시각과 관점의 기준으로 무엇이든 분별하고 판단하는 것이 아니라, 객관적 대상 자체를 인정하고, 그 자체로써 볼 뿐, 그와 다른 나의 시각이나, 어느 쪽에 치우친 왜곡된 시각과 개념으로 판단하고 규정짓지 않는다. 이러한 특성은 치우치지 않음이 차별의 균형적 조화調和를 이룰 수도 있으며, 차별의 문제점을 평등으로 이끄는 관점을 갖기도 하나, 이 또한 치우치지 않는 것이 차별에 뿌리를 둔 것이므로, 차별 특성의 시각을 벗어나지 못한다.

존재인 개체성을 인정함을 유有로 보면, 하늘도 유有며, 땅도 유有다. 그러나 어느 한 대상과 성질에 치우쳐, 다른 대상에 그 특성과 성질이 없음을 무無로 본다면, 하늘도 무無며, 땅도 무無에 속한다. 무엇을 유有로 보며, 무엇을 무無로 보는 그 시각의 특성과 값에 따라 유무有無의 특성과 유무有無의 값이 달라진다.

이것이 각角의 개념에 치우치지 않는 원圓의 개념자로서, 어느 쪽으로도 치우치지 않음을 중中으로 하는 개념이다. 텅빈 것과 가득찬 것과 있음과 없음은 어느 대상에 치우치거나, 어느 것을 기준함에 의한 대상 개념과 인식일 뿐, 그 존재 자체의 참모습은 아니다. 그러므로 각자角者의 고苦와 낙樂, 정正과 사邪, 시是와 비非가, 원자圓者의 인식과 개념에는 불고不苦와 불낙不樂, 불정不正과 불사不邪, 불시不是와 불비不非일 수도 있다. 이와 같은 시각적 차별과 인식의 차별은 고苦와 락樂, 선善과 악惡, 정正과 사邪, 정의正義와 진리眞理의 기본 인식과 틀이 다르다. 이는 각자角者의 시각에는 원자圓者의 견해와 행위를 이해할 수 없고, 원자圓者가 세상의 고苦와 낙樂, 정正과 사邪, 시是와 비非의 세상사에 치우침이 없고, 물듦이 없어, 원자圓者의 행위가 각자角者의 시각에는 원자圓者의 삶과 행위가 방관자이거나, 속박을 벗어버린 행위로 볼 수도 있다.

이러한 원圓의 개념자는 스스로 어느 편으로 치우친 편파적 인식과 개념이 없어, 원자圓者의 행위가 각자角者의 시각에서는 유유자적悠悠自適한 삶의 행위인듯하나, 원자圓者는 대상과 대상을 인식하는 인식자認識者 자신의 인식개념과 실상을 보지 못하므로, 대상과 대상의 인식으로 생성된 자기관념, 각角의 대상對相 인식자의 경계境界를 벗어날 수가 없다. 어느 대상에 치우치지 않는다고 바람직하거나 바른 것이 아니며, 대상을 인정한다 하여도 또한, 바르거나, 반드시 바람직한 것은 아니다. 존재 가치향상의 섭리와 삶의 이상理想인 진리와 정도正道는 그것에 있지 않다. 존재에 있어서 가장 바람직한 진리의 정도正道는 존재 본연本然의 섭리며, 존재 실체實體의 섭리다. 이는 바로 촉각과 감각이 지금 살아 움직이며 호흡하는 생명生命 실상實相인 중도실상中道實相의 본성법本性法이다.

원자圓者는 각자角者의 옳고 그름과 허물은 인지할 수 있으나, 원자圓者인 자신의 미혹은 자각할 수가 없다. 원자圓者 자신이 치우친 미혹은 존재의 섭리와 존재의 실상實相 본성本性을 보지 못함에 의한 관념의 미혹이니, 이 미혹은 대상과 인식자인 자신 존재의 섭리와 실상實相인 본성本性을 깨우침으로 스스로 얽매인 관념의 미혹을 깨달으며, 원자圓者의 관념까지 벗음으로, 스스로의 개념과 인식의 허물과 미혹을 벗어날 수가 있다.

중론中論의 중中은 생명과 존재의 근본根本이며, 근원根源이며, 핵심核心이며, 본성本性이므로 중中이라고 하니, 중中은, 각角과 원圓의 개념을 벗어난 존재의 본성本性 실상법實相法이다. 이는 각角의 분별과 원圓의 대법對法과 인식자認識者가 끊어진 존재의 본성本性 실상實相 그 자체다.

중中의 세계는 하늘의 실체 그 본성本性이 본래 존재적 본질의 실체가 없어 공空하여 유有나 무無의 것이 아니며, 그 존재의 본성本性 실상實相이 존재적 개체성을 가지고 있지 않으므로 그 실상實相이 공空이다. 땅 또한, 그 본성本性이 존재적 본질의 실체 개체성을 가지고 있지 않으므로 그 실체 성품性이 공空이다. 그러므로 하늘과 땅의 존재가 어느 특성에 치우친 유有나 무無에 속한 것이 아니다. 단지 존재의 실체實體와 본성本性을 벗어난 차별시각과 어느 한 속성에 기준하였을 때, 유有나 무無의 것으로 인식할 수가 있다. 그러므로 존재의 실체實體 그 본성本性에서는 하늘과 땅은 다를 바 없는 그 실체가 공空한 성품이다.

이것이 각角과 원圓의 개념을 벗은 존재의 실상實相과 본성本性의 성품인 중도中道의 세계다. 중도中道의 중中은 존재의 실체實體, 본성本性의 시각視角에서 존재를 인식하고 수용하므로, 대對가 없고, 일체 차별과 분별의 시비를 벗어난, 존재의 실상實相 본성本性의 절대성絕對性을 중中이라 하며, 일체 존재가 본성本性 실상實相인 중中의 섭리에 의한 화현化現이므로 중도中道라고 한다. 일체 차별 현상의 그 본성本性 실체實體는 곧, 중中이며, 일체 차별 현상의 섭리와 순리는 중中의 섭리인 중도中道다. 일체 차별 현상에서 차별상을 보면 일체가 차별이나, 그 차별 실체 본성本性은 차별 없는 중中이다. 차별현상 섭리의 중심 섭리는 중中의 성품 본성本性에 의한 중中의 섭리며 순리인 중도中道다.

그러므로 중中은 일체 존재의 차별성을 초월한 존재의 실체實體 본성本性이다. 도道는 본성本性인 중中의 성품작용과 운행인 중도中道다. 중도中道는 생명과 존재만물 상생 융화相生融和의 절대성絶對性의 섭리인 본성本性의 작용이다. 이는 생명과 만물작용의 존재생태 생명 본성本性의 섭리다. 이는 곧, 본성本性의 절대성絶對性을 유지하는 생태 생명작용으로, 이 작용이 일체一切 생명작용이며 만물생태 작용이다.

그러므로 중도中道의 법은 사람의 시각과 인식에 의한 관념이나 개념법이 아니다. 중도中道는 일체 존재의 실상법實相法이며, 일체 존재의 생명生命 근원과 생태 본성의 섭리攝理다.

본론本論에서 각角의 세계는 이슬의 빛깔 개념으로 각론角論의 세계를 이해할 수가 있고, 원圓의 세계는 천지天地 유무有無의 개념으로 원론圓論의 세계를 이해할 수가 있다. 중中의 세계는 모든 수數의 생성 근원인 0에 비유하여 비교해 보면, 중론中論의 세계를 이해할 수가 있다.

수數에 있어서 0의 개념은 근본, 근원, 기초, 기준, 기본, 무無, 만滿, 극極, 무한無限, 불가사량不可思量 등의 인식과 개념을 지니고 있다.

수數는 현상이며, 수數는 존재며, 수數는 차별과 분별의 세계며, 수數는 생태의 세계며, 수數는 관계의 구성이며, 수數는 상황과 설정이며, 수數는 촉각과 감각의 현실이며, 수數는 지능과 사고의 기본이며, 수數는 측정하고, 규정하며, 정의定義하는 규범이며, 수數는 삶과 생태와 현상과 존재와 상황의 모습이다. 수數가 존재하지 않는 무수無數는 존재가 없는 무존재無存在다. 존재는 곧, 수數의 세계며, 수數는 존재의 사실과 실체와 존재 상황과 의미를 뜻하며, 또한 그를 가정하고, 설정하며, 기준한다.

존재론적 수數의 개념원리는 수數의 생성모수生成母數인 0과 존재기본수存在基本數인 1이다. 수數의 존재 0과 1의 관계는, 0은 수數의 생성모수生成母數며, 1은 모수母數 0에서 생성된 존재 1이므로, 1은 존재기본수存在基本數다. 0은 존재 생성生成의 바탕인 기본모수基本母數이므로, 0은 수數의 잠재적潛在的 생성과 창조의 인성因性을 가진 수數의 생성 바탕인 수數의 생성 기본모수基本母數로 모든 수數의 존재 근원이다. 1은, 존재의 근원 수數의 생성모수生成母數인 0으로부터 생성된 존재 1이므로, 1은 존재기본수存在基

本數로 존재 그 당체當體다. 어떤 성질의 존재이든 존재 그 당체當體의 존재성, 존재 1의 성질과 특성의 값을 지니고 있다. 그러므로 그 성질과 특성에 의해 존재의 섭리를 따라 존재해 있는 것이다. 그 외는 0과 1의 관계와 존재 1이, 또 다른 존재 1의 생태관계 속에 생성, 변화, 작용하는 존재 생태의 세계다.

1은 곧, 존재며, 0은 1을 생성하는 인성因性을 가진 기본 생태다. 1은 존재와 사고思考 분별의 기본수基本數다. 0은 1의 생성모수生成母數며, 1은 0으로부터 생성된 존재 그 실체다. 모든 개체와 존재의 인정에는 존재 이전의 상태를 잠재적 바탕하며, 그 바탕한 잠재적 인식이 있으므로 존재를 인지하고 인정하게 된다. 모든 수數의 존재는 기본모수基本母數인 0을 잠재적 바탕하며, 존재는 존재 1의 생성으로부터 시작한다. 1의 존재 인식의 바탕은 1의 생성 이전의 무수無數 존재의 상태, 존재 생성 인성因性의 상태며 수數의 생성 근원성인 존재 기본모수基本母數 0이다. 존재 인식 또한, 기본 바탕의식 0의 잠재적 기본인식 개념에서 존재 1을 생각하게 된다. 존재의 기본은 1이며, 존재 1과 존재 인식의 근원은, 존재 생성의 바탕인 상태, 존재 기본모수基本母數 0이다. 0은 1의 생성 근원의 바탕이며, 1은 0을 바탕한 생성된 존재며, 존재 개체의 기본수基本數다. 1은 또 다른 1과의 생태환경 속에 상호관계를 가지며, 관계의 생태작용으로 화합하고 상생하며, 1의 생태관계 속에 관계의 생태 환경을 형성하여, 무량수無量數의 생태환경을 이루어 서로 관계를 맺고 상호작용하며, 무량수無量數 존재 생태환경을 형성하고 있다. 1은 생태 존재의 기본수基本數다. 모든 존재에는 1이 존재의 주체主體며, 존재 생태와 환경은 존재 1이 또 다른 1과의 상호작용 속에 생태환경을 이루어, 큰 틀의 상호작용 생태환경 관계 속에 살아가고 있다.

수數의 존재 기본수基本數 1이 생성되지 않으면 다양한 1의 잡합인 2, 3, 4를 비롯한 무량의 수가 생성될 수가 없으며, 수數의 작용과 상호작용 변화의 섭리가 존재할 수가 없다. 1은 존재의 기본수며, 존재 1을 기본하여, 또 다른 1과의 상호작용 관계 속에 무량의 생태작용과 다차원적 수數의 생태환경 관계 속에 무량 수數의 상호작용 생태환경 세계를 형성하고 있다. 이 수數의 세계가 곧, 존재 생태현상의 다양한 무량 차원의 세계며, 이 수數의 세계가 존재 상황과 생태현상의 모습이다.

0의 실질 생태적 인식의 깊이는, 정신차원과 의식의 각성覺醒에 따라 무한無限하며, 0의 실질 생태적 깊은 차원은, 통찰通察에 의한 현상섭리의 명확한 시각과 원리적 지혜와 분석과 사고와 진화된 정신의 깊이가 바탕이 되어야 한다. 0을 통찰通察하고 사유하는 지혜적 깊이가 곧, 개인적 정신 각성覺醒의 깊이다. 왜냐면, 시각과 인식의 유위有爲 현상세계는 존재 1이 기본이며, 1은 존재를 인정하는 유위有爲 기본의식이기 때문이다. 존재와 수數를 인식하는 기본단위 값이 1이므로, 1의 존재와 수數를 인식하는 현상계와 의식의 세계는 1의 근원인 모수母數 0에 대한 인식과 0에 대한 통찰의 지혜는 또 다른 문제다. 0에 대한 통찰은 존재 1의 근원 세계와 차원에 들게 되는 사고와 지혜를 필요로 한다. 1이 소멸하거나 사라지면, 1의 근원 0으로 되돌아가느냐, 아니면 0으로 돌아가지 않고 완전한 소멸 무無가 되느냐는 것은, 1을 헤아리는 사고와 인식을 초월한 존재적 성질의 실상과 본성을 깨닫는 깨달음의 지혜가 있어야 한다. 존재의 실상과 본성, 존재의 섭리에 대한 깨달음이 없으면, 존재의 섭리에 대한 명확한 시각과 지혜가 없어 1의 소멸에 대한 섭리를 알 수가 없다. 1의 소멸에 대한 섭리를 모르면, 1의 존재 근원인 0에 대해 명확하고 분명하며 확실한 개념이 서지 않아, 0과 1의 관계와 1의 생성모수生成母數인 0에 대한 것은 막연하며, 어떤 생각을 하여도 0에 접근할 수가 없어, 0이란 단지, 추상적일 뿐이다. 이에 대한 것은 존재의 섭리와 본성, 존재의 실상實相에 대한 명확한 깨달음의 지혜가 있어야 한다.

일반 인식개념인 사회교육과 삶의 인식은 1의 소멸은 1의 생성 근원인 0으로 다시 돌아가는지, 아니면 0으로 돌아가지 않고 완전한 소멸의 무無가 되는지, 그 섭리와 이치가 불분명하며, 명확한 해답을 주지 못하고 있다. 이런 상황의 이유는 존재의 섭리와 존재의 실상, 존재의 본성을 명확하게 알지 못하기 때문이다. 1의 존재 인식은 촉각과 감각이 살아 있으면 누구나 인식하고 알 수 있으나, 존재의 섭리와 실상과 본성은 존재를 인식하는 촉각과 감각만으로 알 수가 없다. 그것을 알려면 존재의 섭리와 실상과 본성을 명확하게 깨달아, 존재의 실체에 대한 밝은 지혜가 있어야 한다. 이에 대한 것을 알려면, 1과 0과의 관계와 1의 근원 0에 대한 명확한 밝은 지혜가 있어야 한다. 존재 1과 1의 근원 0을 불법佛法에서는 존재 1을 법法이라고 하며, 존재 1의 근원 0을 본성本性이라고 한다. 음양론陰陽論에서는 존재 1을 극極이라고 하며, 1의 존재와 작용을 태극太極이라고 하며, 1의 세계를 만물이라고 하며, 존재 1의 생성 근원을 무극無極이라고 한다. 0과 1의 관계와 1의 존재 행로行路를 알려면, 0인 본성本性과 무극無極을 깨달아야 하며, 본성本性과 무극無極에서 존재 1이 생성되는 존재생성의 섭리를 밝게 꿰뚫어야 한다. 이것은 존재와 존재의 근원에 대한 유형무형의 섭리를 밝게 알아야 하므로, 현상의 지식과 물질과학과 분별의 사고와 지식으로는 해결되는 문제가 아니다. 존재에 대한 유형무형의 행로行路인 존재섭리를 밝게 깨달아야 한다. 이것이 불법중도佛法中道 불법실상佛法實相 깨달음의 지혜다. 불법佛法 중도中道와 실상實

相의 깨달음은 존재의 섭리와 실체, 실상과 본성에 대한 깨달음이다. 바른 깨달음의 지혜를 열므로 존재의 섭리와 실체, 실상實相과 본성本性을 밝게 깨닫게 된다. 이 깨달음을 통해 일체상一切相의 실상實相과 본성本性을 깨달음으로 수數 1의 상相의 집착을 벗어나, 수數 1의 사상심四相心을 여의게 된다. 이것이 수數 1인 자기 존재의 실상實相 본성本性에 드는 것이다. 이것은 본성本性과 무극無極을 체달하여 그 세계에 듦이다. 이에 이르는 길이 중도中道며, 그 실체實體 본성本性에 듦이 실상實相 중中이다.

1의 생성 근원인 0에 관심을 가지거나 인식하게 되는 것은, 유위개념有爲概念에서는 존재에 대한 철학적 사고의 발달과 진보된 의식에 의해서만, 0에 대한 관심과 그 근원성을 찾게 된다. 존재의 인식과 삶의 현실에는 1의 존재와 변화, 또 다른 1과의 관계와 작용 섭리에만 관심을 가질 뿐, 1의 존재적 삶 속에는 1의 근원 0의 존재성이나 필요성을 변화의 흐름을 치중하는 보편적 삶 속에서는 인식하지 못한다. 그러므로 깊은 자기의 근원 존재 본성本性인 0의 차원에 의한 승화된 정신 진화의 삶을 인식하거나 꾀하지 못하므로, 삶의 현실 인식개념에는 수數의 기본의식은 존재인 1과 다양한 1의 관계집단과 상호작용 관계성에만 관심을 가질 뿐, 1의 근원 0에 대한 관심과 필요성을 느끼지 못한다. 그러므로 존재의 본질적 진정한 융화와 화합인, 존재 본성적 관계의 진화와 승화를 이룩하지 못한다. 수數의 생성과 존재, 운행과 작용 그 자체가 0의 섭리를 바탕 하므로, 0의 섭리 속에 생성과 작용, 상호관계의 섭리와 원리, 서로 성장과 발전, 상승과 승화의 섭리가 있다. 이 0의 섭리 속에 존재 1이 생성되며, 또한, 더불어 1의 관계수關係數인 다양한 일체 수數의 작용과 관계 운행의 섭리가 0의 섭리 속에 있다. 이를 바탕한 수數의 생성작용과 운행 그 자체가 곧, 만물 생태 존재의 운행이다.

모든 인식의 수數는 그 상황과 생태, 인연사因緣事에 의한 의미부여와 설정設定일 뿐, 전체나 개체적 부분에서 일관도적一貫道的 획일성劃一性을 가진 척도尺度가 아니다.

그러므로 대大에서 1은 중中이나, 소小에는 1이 아니라 천千이나, 만萬이 될 수도 있으며, 소小의 1은 중中이나, 대大에서는 1이 아니라 극미極微 그 자체일 수도 있다.

그러므로 수數의 개념과 세계에는 생태와 상황과 설정에 따라, 1이 1로써 존재하는 것이 아니라, 1이 백, 천, 만, 억 그 자체일 수도 있고, 백, 천, 만, 억 그 자체가 곧, 1일 수도 있다.

그러므로 어떤 생태와 상황과 설정에 따른 수數인가에 따라, 그 수數의 척도尺度가 달라진다. 또, 1을 나누어 천千, 만萬, 억분億分 또는, 극미세極微細에 이를지라도 0은 될 수가 없으며, 또한 0보다 작을 수는 없다. 왜냐하면, 0은 유위적有爲的 존재성存在性의 1 그 이전以前의 것이며, 유위적有爲的 존재가 극미세極微細일지라도, 존재 그 자체가 곧 존재성存在性 1의 상태이기 때문이다. 또한, 1이 생성하여 천, 만, 억이 될지라도 0보다 클 수는 없다. 왜냐하면, 0은 무한성無限性의 존재이기 때문이며, 또한 0은 모든 수의 생성과 창조의 모수母數이기 때문이다. 그리고 모든 수數의 존재 그 자체가 수數의 근원성 0의 영역을 벗어나 있지 않다. 이는 존재의 섭리며, 존재의 실상이며, 이 원리와 섭리 속에 모든 존재의 섭리와 순리가 이루어지기 때문이다. 수數의 인식과 개념이 수數의 근원 0의 무한차원無限次元에서 보는 것과 생성된 존재 1의 한계성에서 보는 것이 차원적으로 다르다. 모든 존재의 수數는 수數의 모수母數를 벗어나면 존재할 수가 없다. 이는 수數 1의 존재는 1을 존재하게 하는 존재의 바탕이 있기 때문이다. 이는 모든 존재의 생성과 변화가 존재의 바탕인 근원성 본성本性을 벗어나 있지 않기 때문이다. 존재의 섭리와 원리인 존재론적 수數의 개념 원리는, 단순 숫자의 논리적 개념과는 근원적 차이가 있다.

모든 존재, 모든 생태 수數의 존재세계는 자기 존재의 바탕 근원성을 벗어나면 존재할 수가 없다. 이는 존재의 섭리며, 수數의 생태적 섭리며, 유위有爲 존재의 생태섭리이기 때문이다. 이러한 수數의 세계는, 수數의 존재 세계인 유위有爲와 무위無爲의 중첩복합적重疊複合的인 차원, 이사무애理事無礙와 사사원융事事圓融의 유위有爲 무위無爲의 일원성一圓性 속의 실법섭리實法攝理이므로, 유유상종類類相從 수평적水平的 관계인 수數의 개념법으로는 이해하거나 헤아릴 수가 없다. 왜냐면 존재섭리인 유위섭리有爲攝理와 무위섭리無爲攝理를 한목 꿰뚫은 존재의 실상과 본성섭리의 근원적 시각지혜가 있어야 하기 때문이다. 깨닫고 보면 유위섭리有爲攝理와 무위섭리無爲攝理가 따로 존재하는 것이 아니다. 유위섭리有爲攝理 속에 무위섭리無爲攝理가 있으며, 무위섭리無爲攝理 속에 유위섭리有爲攝理가 있다. 유위섭리有爲攝理와 무위섭리無爲攝理가 다르지 않음이, 유위섭리有爲攝理가 곧, 무위섭리無爲攝理를 따르며, 무위섭리無爲攝理가 곧, 유위섭리有爲攝理를 생성하기 때문이다. 유위섭리有爲攝理와 무위섭리無爲攝理가 곧, 존재 본성本性 일성섭리一性攝理이니, 이것이 이사무애理事無礙와 사사원융事事圓融의 존재 실상과 본성섭리인 법성세계法性世界이기 때문이다. 1은 존재며, 0은 존재의 본성本性이며, 1은 현상이며, 0은 현상의 모체母體인 본성本性이다. 0은 이법계理法界며, 1은 사법계事法界며, 0과 1의 관계는 무유정법無有定法인 이사무애법계理事無

礙法界며, 1과 1의 관계와 수數의 생태섭리는 무자성無自性 사사무애법계事事無礙法界와 인성작용因性作用에 의한 인연과因緣果의 생태섭리다.

존재 1의 근원인 0을 허공에 비유하여 보면, 만물이 존재하나 허공보다 더 클 수는 없으며, 만물이 극미세極微細의 가루가 되어도, 허공성보다 더 작아질 수 없는 것과 같다. 이는 허공은 만물 수數의 존재에서 벗어난 존재성存在性이기 때문이다. 그러나 모든 수數 만물의 존재가 허공성을 벗어나 있지 않다.

이는 음양법陰陽法에서 무극無極이 태극太極을 낳고, 태극太極의 조화로 무량의 만물을 생성하여도, 만물이 음양이성陰陽二性인 태극太極을 벗어나 있지 않고, 또한, 태극太極도 무극無極을 벗어나 있지 않다. 무극無極은 태극太極의 모태母胎며 근원이라, 태극太極이 창조되어 그 활동이 원활하고 광대하여, 이 우주 시방으로 광대무변하여 창성하여도, 태극太極으로 인하여 무극無極이 사라졌거나, 무극無極의 영역이 좁아진 것이 아니다. 또한, 태극太極이 아무리 광활하여도, 그 활동과 영역이 무극無極을 벗어나 있지 않으며, 무극無極의 영역을 벗어나면 태극太極은 존재할 수가 없는 것과도 같다.

이사법계理事法界에서 사事의 근원이 이理며, 사事인 만물이 번성하여 삼라 우주를 가득히 채워도 이理를 벗어난 것이 아니다. 사事의 작용이 있음은 이理를 바탕하기 때문이며, 사事의 작용이 원활하고 번성하여도, 이理를 벗어나면 사事는 존재할 수가 없다. 사事는 이理를 바탕하므로 그 작용과 변화가 원활하고, 사事의 법계 작용이 끊임이 없다.

수數에 있어서 0은 설정, 가정, 의미, 기본, 기준, 기초, 근원 등, 수數 0의 활용에 대한 기초개념을 간단히 요약하면 네 종류가 있으니, 각각 그 뜻하는바 설정의 의미가 다르다.

1) 0 1 2 3 4 5……등에서 0과
2) ……5 4 3 2 1 0에서 0과
3) ……−5−4−3−2−1 0 +1+2+3+4+5……등에서 0과
4) ……0.001, 0.01, 0……10, 100, 1000……등에 있어서 0이다.

네 가지의 예에 있어서, 각각 그 0이 의미하는 바 값인, 0의 의미와 설정 개념이 다르다.

1)의 0은 창조創造의 0이며
2)의 0은 소멸消滅의 0이며

3)의 0은 기준基準의 0이며

4)의 0은 변화變化의 0이다.

예 1)에 있어서 0은 1이 생성되기 이전의 상태를 설정하고 의미한 값의 0이다. 1이 생성되기 이전의 상태를 0이라 함은, 1이 생성되기 이전이므로, 존재存在 1이 없으므로 0이라 한다.

이 0이 단지 없음의 조건성을 가지고 있지 않은 단멸斷滅의 무無가 아님은, 이 0의 값을 건립할 때는 반드시 무엇을 전제로 하여 0을 세우며, 또한 전제 그 자체가 인因과 연緣과 과果를 원칙으로 한 정립定立이며, 또한 0을 정립定立할 때에는 반드시 0을 바탕하여 건립하는 존재 유有는, 그 생성 근원이 이 0의 값을 바탕하여 생성된다.

그러므로 0의 값을 정립定立하여 세울 때에는, 어떠한 인因이나, 어떠한 과果를 바탕한 원리적 원칙 없이 아무렇게나 의미 없이 세움이 아니고, 반드시 어떠한 설정에 의한 인연이나, 법칙과 원칙을 바탕한 인과관계의 원리적 정립定立이다.

그러므로 예 1)에 있어서의 0의 값은, 1이 생성되기 이전인, 1의 생성을 전제로한 1의 생성 잠재적 상태를 일컬어 0이라고 규정한다. 이 상태의 0이 어떠한 조건성을 가지고 있지 않은, 단지 없음의 무無가 아님은, 0은 1의 생성 이전의 상태의 값이기 때문이며, 이 0을 바탕하여 1이 생성되기 때문이다.

그러므로 이 0의 값이, 1이 생성되기 이전의 잠재적 상태이므로, 이 0은 1을 생성할 수 있는 무한 가능성을 가진 잠재적 성질의 0이며, 또한 1의 생성을 전제로 한 개념의 0이기 때문이다. 이 0은 과果를 생성하는 인성因性의 조건성을 가진 성질과 개념의 0이다.

그러므로 이 0은 창조의 0이며, 시始의 인성因性의 0으로써, 수數의 생성 근원적 개념과 의미가 있다. 이 0이 단지 없음의 무無라면, 1뿐만 아니라, 일체 수數 그 자체를 생성할 수가 없다.

예 2)에 있어서 0은, ……5, 4, 3, 2, 1이 소멸하여 없어진 상태의 값을 의미하는 0이다.

이 0은 수數의 존재가 멸滅한 상태를 의미하며, 종終의 의미와 개념을 가지고 있다.

예 3)에 있어서 0은 −와 +가 생성되기 이전의 상태를 설정한 값의 의미의 0이다. 이 0이 어떠한 조건성을 가지고 있지 않은, 단지 없는 단멸斷滅의 무無가 아님은, 이 −와 +가 0의 값을 바탕하고, 기준하며, 기본하여, −와 +가 생성하며, −와 +의 값의 근거의 기준이 0의 기준값에 있기 때문이다.

이 0이 없으면 −와 +를 건립할 기준과 조건성을 잃으므

로, −와 +의 값이 생성되거나 존재할 수가 없다. 또, 이 0
은 −와 +의 값의 기준을 의미하며, 또한, 어떤 수數의 상
태를 의미하는 수數의 값이 없음이 아님은, 이 0의 값을 기
준으로 하여 −값뿐만 아니라 +값도 형성되기 때문이다.

이 0은 −값과 +값의 기준이므로, +1 +2 +3 +4 +5……
등 수가 아무리 크거나, −1 −2 −3 −4 −5…… 등 수가 아
무리 작아도 이 0을 벗어나지 못함은, 그 수數의 값의 기본
바탕 근원이 0이기 때문이며, 또한, −와 +의 값의 수數 그
자체가 이 0의 기본값으로부터 생성하기 때문이다. 그러므
로 이 0이 없으면 −와 +의 값이 파괴되고, 무너지며, 사라
지므로, −와 +의 값이 생성될 수가 없다.

예 4)에 있어서 0은 수數가 없음의 0이 아니라 1, 2, 3, 4,
5, 6, 7, 8, 9, 10, 100, 1000…… 등의 수를 함유含有한 값
의 0이다.

이 0의 값은 하나의 수數에서, 앞과 뒤의 0의 값이 각각
다르며, 또한 0을 0으로 나누거나 더 할 수 있어, 한 0이
많은 수數와 0을 함유含有하고, 한 0이 많은 수數와 많은
수數의 0의 값을 생성한다.

본本 논論에서, 수數에 있어서 0의 설정과 의미적 기초
개념을 네 종류로 나누었으나, 이는 곧, 수數의 생성모수
生成母數 0의 조화造化며, 변화의 작용이다. 이 모수母數의

섭리와 모수母數 0의 조화造化 속에, 일체 수수數의 생성과 수수數의 상호관계의 작용과 생태변화 속에 일체 현상의 존재가 생멸生滅하고 변화한다.

수수數는 현상의 상황과 생태와 존재를 드러내고 뜻하며, 존재상황을 의미하고 설정한다. 존재가 즉, 수수數의 세계며, 만물萬物이 수수數의 상호작용 관계의 생태세계며, 자연 만물의 세계가 수수數의 상호작용 관계 현상의 생태계다. 수수數는 곧, 현상과 인식과 사고의 세계며, 수수數가 있음은 현상적 상황과 존재가 있음이며, 사고의 대상 사물이 있음이다. 수수數가 생성하고 소멸함은, 존재세계의 현상적 작용과 생태적 변화에 의한 생멸 현상의 값과 인식작용의 생태세계다.

무량無量 수수數의 시초는 존재 1의 생성으로 비롯하며, 이 1이 생성함의 근원은, 그 근원이 1을 생성하는 바탕 본성本性인 0의 기본값으로부터 비롯된다. 모든 수수數의 생성 근원과 바탕은 존재를 생성하는 모수母數 0의 설정設定과 정립定立 속에 무량차원 수수數의 세계가 펼쳐지고 전개되듯, 일체 존재의 생성과 존재 운행의 섭리가 본성本性인 무한공능無限功能 창조실체創造實體인 중中의 성품으로부터 발현한다. 일체 존재의 생성과 작용, 생명 실상實相의 삶의 섭리가 곧, 중中의 성품섭리, 중도中道 섭리의 작용이다. 수수數의 무한특성 존재세계인, 무한 우주 삼라만상이 운행하고 변화하는 무량차원無量次元 수수의 집단 상호작용 관계 속에, 존재 나 1은 무한 가능성을 가진 생명작용과 변화의 주체主體가 되어, 또 다른 존재 1과의 상호작용과 다차원 수수의 집합과 집단의 관계 속에 절대조화絶對調和 융화融化의 자연적 섭리인 생명본성生命本性 중도中道의 섭리를 따라, 상호작용 관계의 상생相生으로 융화融化하며, 삶의 상호작용 융화조화融化調和의 절대성絶對性 그 중심원리中心原理 자연적 섭리 중도中道 순리順理의 흐름을 따라, 생명작용과 존재섭리 절대융화絶對融和와 절대화합絶對和合 생명본연生命本然의 중도행中道行 존재의 작용을 한다.

모든 나의 존재 1의 실상과 현실은, 이 수수의 존재섭리 우주 속에 나 존재 1 또한, 삶의 생태生態 중심원리中心原理인 본성本性 중도中道의 섭리를 따라, 중中의 실상實相인 자타自他가 둘 없는不二 자연적 원융圓融의 그 절대성絶對性 본성本性의 실상實相 그 중심中心을 향해 존재 섭리의 의식과 삶이 흐르고 있다. 본성本性 중도中道의 실상實相 그 중심中心 중中에 이를수록 정신의식精神意識과 삶의 인식개념認識槪念은 둘 없는 무한승화無限昇華 불이원융不二圓融의 중中의 무한가치無限價値, 무한공능無限功能을 향한 정신精神과 의식意識이 무한근원無限根源을 향해 무한승화無限昇華 상승上昇한다.

존재론存在論의 수數의 실상實相, 존재 1인 나 또한 생성된 나의 존재 근원이며 바탕인 본성本性 0이 없으면, 나 존재 1은, 유위有爲 존재세계存在世界 수數의 생태에서 사라지며, 각각의 존재 1 또한, 그 생명과 존재 생성의 근원 본성本性인 0을 벗어나면, 이 우주 유위有爲 현상 존재의 세계에 그 존재를 건립할 체성體性을 잃는다. 수數의 모수母數 0의 본성本性 작용으로 생성된 유위존재有爲存在 1은 또다른 1과의 상호작용과 다차원 생태현상인 수數의 집단, 전체 수數의 생태섭리 상호작용 상생조화相生調和의 원리原理가, 본성本性 무한공능無限功能 중中의 성품 중도섭리中道攝理의 환경 속에 생태섭리적 작용이다. 불이원융不二圓融 절대조화絶對調和인 법성섭리法性攝理 조화調和와 작용의 운행섭리 속에 모든 존재와 생명 삶의 이상理想인 무한 번영과 행복의 길이 있다.

색깔이 없는 맑은 이슬방울을 인연하여, 무량의 색깔을 생生하는 인연사因緣事와 일체 수數의 생성 모체인 0으로부터, 모든 수數가 생성하는 인연사因緣事와 일체 존재의 본성本性으로부터 일체 존재가 생生하는 인연사因緣事가 일맥상통한 점이 있어, 이 비유에 의지하여, 존재의 본성本性 중도中道의 세계가 각角과 원圓의 개념세계와는 근원적 법法의 개념과 개념섭리概念攝理의 원리原理와 법法의 근원차원根源次元에서 차별되며, 또한, 존재 본성本性의 섭리인 중도中道가 개념법槪念法이 아니라 곧, 존재의 섭리며, 생명 작용의 실상세계實相世界임을 이해하고 인지하는데, 그나마 본론本論 각원중론角圓中論이 조금이나마 도움이 되리라 믿는다.

하늘과 땅을 보는 유무有無의 개념관槪念觀에 있어서, 각자角者는 유有의 시각에 치우쳐 유有와 무無의 개념을 가지며, 원자圓者는 유有와 무無의 각각 특성적 개체성을 인정하여 어느 것에 치우치지 않고, 유有와 무無의 개념을 가지며, 중자中者는 각角과 원圓의 개념을 벗어나, 존재의 본성 실상實相 성품의 세계에서 존재의 본질과 그 현상의 실체實體를 본다.

그러므로 각자角者는 자기관점에 얽매어 진정한 근원적 화합과 융화인 불이不二의 하나가 될 수가 없음은, 상황에 따라 주위와 삶의 환경을 아프게 하거나 병들게 할 수도 있다. 원자圓者는 대법對法을 벗지 못해 무엇이든 자기 관점, 중용中庸의 저울과 잣대로 측정測定하는 옳고 그름과 평정平正의 시비심에, 생명평화와 존재안정의 큰 기틀인 진정한 근원적 불이융화不二融和의 하나가 될 수가 없음은, 일체융화一切融和의 생명섭리인 더 없는 정신의 밝음, 존재의 본성에 이를 수가 없기 때문이다. 중자中者는 일체 차별상을 초월하여, 일체一切의 실체實體와 근본성품이 자타自他가 없고, 물아物我가 둘이 아니니不二, 자타自他와 자연만물 환경과 불이일심원융不二一心圓融으로, 더불어 존재의 진정한 본질적 융화인 생명 삶의 평화와 행복, 상생융화의 조화調和로, 삶의 이상理想과 정신을 불이중도不二中道의 생명섭리를 따라 상승하고 승화하게 한다.

각角의 개념은 자기 시각의 고정관념으로 남을 수용하지 못하는 한계성은, 다양성을 가진 생태환경 속에 융화적 화합과 안정적 조화調和의 평화적 지향성을 갖지 못하는 자기성향의 개념세계다. 원圓의 개념은 어느 한쪽으로 치우침 없는 인식으로 균형적 조화調和의 자기개념을 건립하며, 건립한 균형과 조화調和를 중용中庸으로 받드는 중中의 건립개념建立概念이다. 중中은 각角과 원圓의 인식과 개념세계를 벗어난, 존재실상存在實相 본성本性의 섭리인 일체 만물과 일체 생명 생태운행의 살아있는 섭리며 실도實道다. 존재 본성本性의 성품 중도中道 섭리를 따라 화합하고 융화融和하는 자타불이自他不二의 절대융화섭리絕對融和攝理 중도실상中道實相의 세계다.

각자角者는 자기 시각의 고정관념에 치우쳐 일체사一切事에 자기와 다름을 수용하고 화합하지 못하는 한계성은, 자기관념 편견의식 속에 삶을 살게 된다. 원자圓者는 다각적 대對를 인식하며, 그 인식견認識見인 자기개념의 틀, 타他

에 대한 관점과 분별심, 옳고 그름의 가치인 자기 정의正義의 측정, 중용中庸의 시선 속에 삶을 살게 된다. 중자中者는 각角과 원圓의 실상을 명료히 알아, 각角과 원圓의 시각과 개념을 벗어나, 존재 섭리의 실상實相과 본성本性을 수순하는 원융불이圓融不二 상생융화相生融化의 삶을 산다.

각角과 원圓의 자者는 존재의 섭리와 실상實相과 본성本性을 깨닫지 못해, 자기주의적 인식론認識論으로 자기 관념적 편견偏見을 가지고 있음으로, 존재섭리의 실상섭리實相攝理를 모르는 자기 고정관념 속에 살아가고, 중中의 자者는 존재의 섭리와 실상實相인 본성本性의 지혜로, 개념概念과 인식認識의 자기관념 차별견差別見을 벗어나, 존재의 섭리 본성本性 중도中道의 섭리를 수순하는 불이융화不二融化적 상생조화相生調和의 삶을 살게 된다.

식무량識無量 개념세계는 일체 차별인식에 의한 세계이므로, 그 일체一切가 자기시각에 의한 고정관념으로, 각종 옳고 그름의 자기시각과 관념에 얽매어 그 갈래를 종잡을 수가 없다. 이를 밝게 알지 못하면, 각角의 법法과 논리論理의 허虛와 실實에 밝은 지혜의 안목이 없으면, 더 없는 무상無上의 진眞과 실實을 구하는 심성心性들의 심지心地가 혼란할 수 있으므로, 아침 일출日出 이슬 한 방울의 인연사因緣事에 의지해, 삶과 모든 차별개념의 그 참모습을 드러내니, 무량 색깔에 물든 식識과 개념概念이 혼란한 세상사世上事에, 실상實相과 인연이 있거나 식견識見이 밝은 이는, 개념概念 시각視角적 혼란과 방황이 이로 인하여 쉬어지리라.

소동小童은 풀 끝에 맺힌 이슬 한 방울이, 우주와 세상사 삶의 실상實相을 드러내고, 우주와 삶의 오묘하고 미묘한 차별작용이, 저 풀잎 끝의 이슬 한 방울에 있음을 깊이 자각하여 깨우치며, 시간의 흐름을 잊은 깊은 사유思惟의 세계에서 깨어나니, 아침 해는 중천中天에 떠 소동小童의 그림자가 간 곳 없고, 이슬이 사라진지 오래라 각角과 원圓이 환幻이요, 중中 또한 사라지니, 시방十方 허공虛空이 실상實相의 한 물방울이라, 소동小童은 풀피리로 태평가를 부르며, 소牛등을 타고 법계산法界山을 내려온다.

법계산(法界山)의 향기(香氣)

소동小童은 법계산法界山 움막 주위로 흐르는 계곡물에 가재를 잡다가 건너편 바위 옆에 핀 들꽃이 보기가 좋아, 법계산인法界山人의 방에 올려야겠다는 생각을 했다. 몇 마리 되지 않는 잡은 가재를 고무신을 벗어 계곡물을 떠 가재를 고무신 안에 넣고, 가재가 도망을 못 가게 주먹만한 돌 몇 개를 고무신 주위에 놓고는 맨발로 들꽃을 꺾어 내려왔다. 움막에 돌아와 잡은 가재를 기어나가지 못하게 큰 항아리에 담아놓고, 들꽃을 담을 마땅한 그릇이 없어, 작년에 심어 만든 박 바가지 중에 제일 큰 바가지에다 물을 떠 꽃을 담고, 나무로 뼈대를 세우고 짚으로 엮어 만든 법계산인法界山人의 방에 갖다놓았다. 해가 산에 기울 때에 법계산인法界山人이 법계산法界山 상봉上峯에 있는 영굴靈窟에서 내려왔다.

소동小童은, 법계산인法界山人이 생식生食으로 저녁 식사를 하고, 법계산인法界山人이 움막으로 들어가는 것을 보며, 소동小童은 낮에 꺾어 온 들꽃을 법계산인 방에 올리고 남은 들꽃으로 차를 만들어 법계산인 방으로 갔다. 방 안은 조촐한 들꽃과 꽃향이 어울어, 법계산인의 방이 더욱 소박하고 평온한 운치를 더하게 했다. 소동은 법계산인이 자기를 바라보는 인자한 눈빛과 미소에서, 자신의 작은 행동에 법계산인이 기특하게 생각함을 느낄 수가 있어, 소동의 마음도 기분이 좋아진다. 소동은 법계산인에게 들꽃 차를 올리며, 낮에 가재를 잡은 이야기와 꽃이 좋아 꺾어 왔다는 이야기를 하며, 법계산 움막의 작은 방은 들꽃 차향이 법향法香이 되어 서로의 정담情談이 깊어 간다. 소동小童은 낮에 가재를 잡으며, 오늘 저녁에는 평소 알고 싶고 궁금하게 생각하던 것을 법계산인法界山人에게 물어봐야겠다는 생각을 했다. 소동은 법계산인과 이어지는 다담茶談 속에 자신이 궁금한 것을 물어볼 기회를 포착하려다가, 법계산인에게 생사초生死草에 대한 이야기를 듣다보니 몇 번인가 기회를 놓치고 말았다. 법계산인이 차를 마시다 잠시 선정禪定에 드는 듯하더니, 소동에게 요즘 수행修行이 깊어졌는지를 묻자, 소동은 기회는 이때다 싶어, 아직 관觀의 지혜가 깊지 않아, 뭔가 확실히 명료하게 정리가 되지 않는 궁금한 부분이 있어, 법계산인에게 물어본다.

소동 : 법성法性을 깨달으려면 어떻게 해야 합니까?

법계산인 : 법法의 성품을 관관觀해야 한다.

소동 : 법法의 성품을 관관觀한다는 것이 어떤 것입니까?

법계산인 : 상相의 머묾 없는 성품을 관관觀함이다. 이는 곧, 상相의 무주성無住性을 관관觀함이다. 상相의 머묾 없는 성품을 관관觀하여 관력觀力이 깊어지면, 상相이 실체 없는 무자성無自性임을 깨닫게 된다. 상相이 실체 없는 무자성無自性임을 깨달으면, 곧, 상相의 성품이 실체實體 없는 실상實相을 깨닫게 된다. 이 것이 법法의 자성自性을 관관觀함이다. 법法의 자성관自性觀으로 법法의 성품, 실체 없는 무자성無自性을 깨달으면, 법法의 성품 실상實相인 무아無我와 무상성無相性을 깨닫게 된다. 그러면 제법諸法의 실상實相인 무아무상無我無相의 성품, 법성원융法性圓融에 들게 된다.

소동 : 법法의 성품을 관관觀하려면 어떻게 해야 합니까?

법계산인 : 법法의 성품을 관관觀하는 것은, 육근六根의 경계境界를 통한 여러 가지가 있겠으나, 가장 보편적이며 쉬운 것은, 눈에 보이는 사물事物과 귀에 들리는 소리의 법法의 성품을 관관觀하면 된다.

소동 : 눈에 보이는 사물事物과 귀에 들리는 소리 중에 어
　　느 것이 법法의 성품을 관觀하기에 쉽습니까?

법계산인 : 그것은 수행자의 수행습관에 따라 다르다. 관
　　행觀行이 깊어지면 눈에 보이는 사물事物과 귀에 들
　　리는 소리가 차별이 없으나, 관행觀行이 깊지 않거
　　나, 관행觀行의 수행에 처음 드는 수행자에게는 눈
　　에 보이는 사물보다 귀에 들리는 소리의 법성法性
　　을 관觀함이 더욱 쉽다.

소동 : 눈에 보이는 사물보다 귀에 들리는 소리의 법성法
　　性을 관觀함이 쉬운 까닭은 무엇입니까?

법계산인 : 법성法性의 지혜智慧가 없거나, 관행觀行이 깊
　　지 않으면, 눈에 보이는 사물은 고정된 상相으로 보
　　이기 때문이다. 눈에 보이는 사물이 고정된 상相이
　　아닌 움직이는 상相이어도, 관행觀行이 깊지 않으
　　면 그 움직이는 상相의 실체를 형태있는 것으로 정
　　定해 보는 상념想念을 벗어날 수가 없기 때문이다.
　　이것이 상심相心이며, 상견相見인 사상심四相心이
　　다. 그러나 귀에 들리는 소리는 눈에 보이는 사물
　　과 달리, 잠시도 멈춤이 없어 소리의 변화와 흐름을
　　쉽게 인지하기 때문이다. 그러므로 관력觀力이 깊
　　지 않으면 눈에 보이는 사물事物보다 귀에 들리는
　　소리의 머묾 없는 성품을 관觀함이 더욱 쉽다. 그러

나 관행觀行이 익숙하고 깊어지면, 눈에 보이는 사물事物이나 귀에 들리는 소리의 법法의 성품이 다를 바 없음을 깨닫게 된다. 그러므로 소리의 법성法性을 관觀해도 눈에 보이는 사물의 법성法性을 더불어 깨닫게 되고, 눈에 보이는 사물의 법성法性을 관觀해도 귀에 들리는 소리의 법성法性을 더불어 깨닫게 된다.

소동 : 그 말씀은 이근원통耳根圓通으로 안근원통眼根圓通을 열고, 또한, 안근원통眼根圓通으로 이근원통耳根圓通에 든다는 것입니까?

법계산인 : 일근一根이 완전히 원통圓通에 들어, 근根이 상相에 속박되거나 묶이지 않고 원융圓融하게 열리면, 육근六根이 더불어 한목 열리게 된다.

소동 : 일근一根이 원통圓通에 들면, 육근六根이 더불어 한목 원통圓通이 열리는 까닭은 무엇입니까?

법계산인 : 그 까닭은 두 가지 원인에 의함이다. 하나는 육근六根의 경계가 한 의식意識의 작용이기 때문이다. 그러므로 한 근根이 원통圓通이 열리면 육근의식六根意識의 경계가 바로 사라져, 한목 육근원통六根圓通에 들게 된다. 또 하나의 까닭은, 육근六根의 대상 각각의 법法이 차별이 있으나, 그 본성本性이 둘

이 아니며 차별이 없으니, 한 근根의 성품을 깨달음으로 육근六根의 대상 차별법差別法이, 법法의 차별 없는 본성本性을 따라 한목 원융圓融에 들어, 일체불이一切不二 원융圓融의 육근원통六根圓通에 들게 된다. 육근六根의 차별경계에서는 눈에 보이는 사물과 귀에 들리는 소리가 다르며, 또한, 눈과 귀에 보이고 들리는 대상인 사물과 심心의 작용 의식意識이 달라도, 물질과 심식心識의 본성本性은 다를 바 없으므로, 어느 것 하나의 본성本性을 깨달으면 더불어 육근六根의 대상, 일체 차별 법法의 본성本性을 한목 깨닫게 된다. 물物과 심心이 달라도 그 본성本性은 다를 바 없어 둘이 아니니, 물物의 본성本性을 깨닫든, 심心의 본성本性을 깨닫든, 물物과 심心의 본성本性을 더불어 한목 깨닫게 된다. 그러므로 이근원통耳根圓通에서 소리를 듣는 마음의 성품을 깨달아 소리를 듣는 자者가 끊어지면, 듣는 소리 역시 한목 끊어진다. 이는 심心의 본성本性을 깨달음으로, 소리의 본성本性을 더불어 한목 깨닫게 되는 것이다.

소동 : 원통圓通이 무엇입니까?

법계산인 : 상相에 속박되거나, 장애됨이 없어 사상四相과 사상심四相心이 없는 일체불이一切不二의 원융심圓

融心이다. 이는 깨달음의 각성覺醒으로 법성원융法
性圓融에 듦이다. 이는 곧, 제법諸法의 본성本性에
듦이다. 이 원통경계圓通境界가 곧, 원융본심圓融本
心이며, 원융본성圓融本性이며, 원융각성圓融覺性
인 일각요의一覺了義다.

소동 : 일각요의一覺了義가 무엇입니까?
법계산인 : 일一은 일체상一切相을 벗어버린 원융圓融이
며, 각覺은 일체상一切相을 벗어버린 깨어있는 본연
각명本然覺明이며, 요了는 요달了達이며, 의義는 각
覺의 실實이다. 일각一覺은 원융각圓融覺이며, 요의
了義는 요달了達한 원융각圓融覺의 실實인 원융각
명圓融覺明이다.

소동 : 그럼 수능엄경首楞嚴經에 관세음보살님의 이근원통
법耳根圓通法과 법계성法界性인 소리를 관觀하는 법
성관法性觀이 어떻게 다릅니까?
법계산인 : 관세음보살님의 이근원통법耳根圓通法은 소리
의 법성法性을 관觀하지 않고, 소리 들음을 따라 소
리를 듣는 자기 성품 본성本性을 관觀함이다. 소리를
따라 들으며, 그 소리를 듣는 자기 성품을 관觀하여
소리를 듣는 자者가 끊어지고, 소리를 듣는 자者가
끊어짐으로, 또한, 소리 자체도 끊어지는 것이다.

소동 : 소리를 듣는 자者가 끊어짐은 무엇이며, 소리가 끊
　　　어짐은 무엇입니까?

법계산인 : 소리를 듣는 자者가 끊어짐은, 소리를 듣는 나,
　　　소리를 듣는 자아自我의 본성本性을 깨달아, 나, 자
　　　아自我가 흔적 없이 사라짐이 소리를 듣는 자아自我
　　　가 끊어짐이다. 소리를 듣는 자, 나의 본성本性을 깨
　　　달아 소리를 듣는 자아自我가 사라지니 나의 본성
　　　本性에 들게 되어, 더불어 소리의 본성本性까지 깨
　　　달아 소리가 흔적 없이 사라진다. 이는 소리의 본성
　　　本性과 자아의식自我意識의 본성本性이 다름이 없
　　　기 때문이다. 나의 본성本性을 깨달음으로 나의 본
　　　심本心을 깨닫게 되며, 나의 본성本性을 깨달음으로
　　　나의 본심本心에 들게 된다. 소리가 끊어지는 까닭
　　　은 상相에 머묾의 자아自我가 사라지니, 심心과 물
　　　物의 본성本性이 차별이 없고 둘이 아니며, 그 본성
　　　本性이 다를 바 없으니, 소리를 듣는 나의 본성本性
　　　을 깨닫게 되므로 소리의 본성本性까지 더불어 한목
　　　깨달아, 소리를 듣는 자와 듣는 소리가 한목 끊어진
　　　다. 심心과 물物의 성품이 다르지 않고, 심心과 물物
　　　의 본성本性이 둘이 아니니, 무엇을 깨닫든 심心과
　　　물物의 본성本性을 더불어 한목 깨닫게 되어, 둘 없
　　　는 원융본성圓融本性에 들게 된다. 이는 곧, 소리를
　　　듣는 자기의 본성本性을 깨달음으로, 물物과 심心이

둘이 아니니, 물物의 본성本性까지 더불어 한목 깨
닫게 되어, 자기와 소리가 한목 더불어 사라져, 내
외의 경계가 사라짐으로 걸림 없고 원융圓融한 이
근원통耳根圓通에 들게 된다. 이근원통관耳根圓通觀
에서 소리를 들으며, 소리를 따라 듣는 자를 관觀하
여, 소리를 듣는 자기의 본성本性을 깨달으니, 곧,
물物의 본성本性까지 더불어 한목 깨닫게 되어, 심
心과 물物의 상相이 더불어 한목 끊어지게 된다.

소동 : 소리를 듣는 자기가 왜 없고, 소리가 왜 없습니까?
법계산인: 소리를 듣는 자아自我, 내가 본래 없다. 소리를
듣는 내가 있다고 생각하는 것이 상相에 머묾인 의
식의 관념이다. 자아自我가 있다고 생각하는 것은,
나의 실체實體 실상實相을 모르는 미혹의 무명심無
明心에 의한 상념想念의 법상法相인 아상我相이다.
자신의 본성本性인 실상實相을 깨달음으로, 소리를
듣는 자者인 아상我相까지 사라진다. 소리 또한, 그
성품이 실체實體가 없고 머묾이 없어, 소리의 실체
實體 상相이 본래本來 없다. 소리를 듣는 내가 있음
과 내가 듣는 소리가 있음이 상相에 머묾인 상념想
念의 작용일 뿐, 그 실체實體가 본래 없다. 나의 본
성本性을 깨달음이 나 없는 실상實相을 깨달음이며,
소리의 본성本性을 깨달음이 소리의 실체實體가 없

는 실상實相을 깨달음이다. 실상實相이 무상無相이며, 본성本性이 무아無我이니, 의식意識의 본성本性과 물질인 소리의 본성本性이 다르지 않아, 소리를 듣는 나의 본성本性을 깨달음인즉, 심心과 물物이 차별 없는 본성本性에 들어, 나와 소리의 상相이 한목 끊어지게 된다. 이것이 본성本性을 깨달음이다.

소동 : 소리를 듣는 자者가 끊어지면, 어떻게, 들리는 소리까지 끊어집니까?

법계산인 : 그것은 상相이 상相이 아님을 깨달음이며, 상相의 실상實相을 깨달음이며, 상相의 본성本性을 깨달음이며, 상相의 무자성無自性을 깨달음이며, 일체상一切相의 본성本性이 무유정법無有定法임을 깨달음이다. 심心과 물物의 일체一切 본성本性은 차별이 없으며 둘이 아니니, 어느 것을 통해 본성本性을 깨닫든, 그 하나의 본성本性을 깨달음으로 일체一切의 본성本性을 더불어 한목 깨닫게 된다. 그러므로 심心의 본성本性을 깨달음과 동시에 물物의 본성本性까지 깨닫게 되고, 또한, 어떤 물物의 본성本性을 깨달아도 곧, 심心의 본성本性까지 더불어 깨닫게 된다. 그러니 심心의 본성本性을 깨닫든, 물物의 본성本性을 깨닫든, 그 연유로 심心의 본성本性과 일체一切 물物의 본성本性을 더불어 한목 깨닫게 된다. 그러므

로 심心의 본성本性을 깨달음과 동시에 일체물一切物
의 본성本性까지 더불어 깨달아, 심心과 물物의 상相
이 더불어 한목 끊어지게 된다.

소동 : 소리와 마음이 다르니, 소리의 본성本性과 심心의
　　　본성本性이 다르지 않습니까?

법계산인 : 그것은 상相에 머묾의 차별의식差別意識에서 생
　　　각하는 차별심差別心이며, 사상심四相心에 의한 미
　　　혹의 분별이다. 깨달음에 들면 소리의 본성本性뿐
　　　만 아니라, 일체물一切物의 본성本性과 심心의 본성
　　　本性이 둘이 아니며 차별이 없어, 그 근원이 하나다.
　　　나의 본성本性을 깨닫든, 일체물一切物의 본성本性
　　　을 깨닫든, 그 깨달음은 같으며, 일체一切가 둘 없는
　　　원융본성圓融本性에 들게 된다. 깨달음이란 곧, 상
　　　相 없는 본성本性을 깨달음이며, 깨달음인즉, 일체
　　　물一切物과 일체심一切心이 다를 바 없는 상相 없는
　　　본성本性을 깨닫게 된다. 그러므로 불佛께옵서 제경
　　　諸經에 제법諸法의 비상非相과 실상實相과 본성本性
　　　을 깨닫도록 이끌었다. 물物과 심心의 본성本性이 다
　　　를 바 없으니, 제경諸經에 제법諸法의 비상非相과 실
　　　상實相과 본성本性을 깨닫도록 한 이 모두가 곧, 자
　　　기의 본성本性을 깨닫는 법法이며, 자기의 실상實相
　　　을 깨닫는 법法이다. 그러므로 만법萬法을 깨달음이

곧, 자기의 실상實相과 본성本性을 깨닫는 것이며, 자기의 실상實相을 깨닫는 것이, 만법萬法의 실체實體와 실상實相과 그 본성本性을 깨닫는 것이다.

소동 : 소리의 법성法性을 관觀하는 것과 소리를 들음을 따라 듣는 자기 본성本性을 관觀하는 것이 어떻게 다르며, 어느 것이 더 수승하고, 어느 것이 더 깊은 깨달음과 완전한 깨달음에 들 수가 있습니까?

법계산인 : 어느 것이 더 수승殊勝하거나, 어느 것이 더 깊은 깨달음에 들거나, 어느 것이 더 완전한 깨달음에 드는 우열의 차별은 없다. 깨달음을 향한 어떤 수행이든, 어떤 관행觀行이든, 그 깨달음의 수행 결과는 둘 없는 하나의 본성本性으로 귀결된다. 단지, 본성本性에 드는 방법인 수행법이 개인적 수행의 인연사에 따라 다를 뿐, 그 수행법이 본성本性을 깨닫는 바른 수행법이면, 그 수행법이 어떤 수행이든, 그 수행의 궁극적 바른 깨달음의 결과는 오직, 둘 없는 하나의 본성本性에 듦은 다르지 않다. 그 수행이 바르고, 깊고, 완전하고는 개인의 수행지혜적 깊이일 뿐, 깨달음에 들면 각종 수행의 어떤 경계이든, 어떤 차원의 바르고, 깊고, 완전함이든, 그 모두를 다 벗어나게 된다. 그러므로 바르다는 것도 수행경계의 수행관점에서 바른 것과 깨달음이 완전하므로 바른 것은 다르다.

깨달음을 향한 수행법의 특성이 다른 각종 수많은 수행법은, 수행법의 갈래와 그 수행특성에 따라 그 수행적 관점에서 바름이 있을 뿐, 그 수행적 바름이 곧, 깨달음의 바름이 아니며, 단지, 그 수행특성에 의한 관점과 과정의 바름일 뿐이다. 그러므로 수행과정의 바름은 그 수행특성에 의한 바람직한 것일 뿐, 깨달음의 바름은 아니다. 어떤 수행이든 그 수행특성에 따라, 그 수행 경계와 과정에서 정수행正修行의 바름이 다르며, 그 바름은 그 수행특성의 관점에 의한 과정상의 정수正修일 뿐이다. 각각 수행특성에 의한 바람직한 정수正修의 바름과 깨달음의 완전함인 바른 것은 다르다. 수행의 바름은 그 수행특성에 의한 수행자의 수행경계의 과정과 관점의 바름이며, 깨달음의 바름은 미혹이 완전히 끊어진 온전한 각성覺性인 바른 깨달음을 일컫는 것이다. 각각 수행의 성질과 수행의 특성이 달라도 깨달음에 들면, 어느 수행에 의한 깨달음이든, 그 깨달음이 본성本性에 든 바른 깨달음이면, 깨달음 그 자체는 다를 바 없고, 차별이 없다. 바른 깨달음에 들면, 각각 수행의 특성과 수행과정의 어떤 차원의 바름이든, 그 일체를 벗어나게 된다. 어떤 수행이든, 수행 중의 과정은 그 수행특성과 관점에 의한 개인적 수행과정 경계 상황에 의한 정수正修의 바름이며, 깨달음을 위해 최선을 향한 오직, 행위일 뿐이다. 누구나, 어떤 수행이든 수행과정의 바름은, 자기 수행과정의 지혜에 의한 수행 정진의 바른 점검일 뿐, 수행실사修行實事 과정에는 깨달음의 바름을 내세울 어떤 경계도 없다. 왜냐면, 수행이란 깨달음을 향한 과정, 의식행위와 정신경계의 마음길이며, 미혹을 타파하며, 실상實相과 본성本性을 깨닫기 위한 과정의 길이므로, 각각 수행특성의 관점에 의한 수행정진 경계 상황의 바른 점검일 뿐, 완전한 깨달음에 들기 전의 수행적 바름은, 완전한 깨달음의 바른 것과는 다르다. 수행과정의 바름은, 미혹의 경계에서 바른 수행법과 바른 수행지혜와 깨달음을 향한 바른 가르침에 의지한 그 수행법의 관점과 특성에 의해 미혹을 타파하는 일념 정진 행위지음의 바름일 뿐, 깨달음 당체와는 별개다. 수행에는 그 수행의 과정에 자기 수행과 수행지혜의 점검에 의한 바름과 바르지 않은 것이 있어도, 깨달음에 들면 그 수행의 바름과 바르지 못함의 일체를 완전히 벗어나게 된다. 깨달음의 수행정도修行正道는 깨달음을 향한 행위지음에 다만, 미혹과 삿됨과 분별심에 이끌리지 않고, 깨달음을 향한 바른 수행법에 의지해 오직, 여실如實한 행위지음일 뿐, 수행과정에는 오직, 바름이라 일컫고 내세울 그 어떤 무엇도 없다. 그러므로 깨달음의 수행에 바름을 내

세울 유일도唯一道는 없으며, 만약, 수행정도修行正
道 일도一道가 있다면, 그 일도一道는 오로지, 수행
심을 흩트리는 분별심과 자기 수행에 믿음 없는 부
정적 의심과 수행적 자만自慢과 법法에 대한 오만傲
慢과 수행적 방일放逸함이 없음이다. 이 일체가 수행
을 방해하는 미혹심이기 때문이다. 수행심에 분별심
과 자기 수행에 부정적 의심과 수행적 자만自慢과 법
法에 대한 오만傲慢과 수행적 방일放逸이 있으면, 수
행정도修行正道의 일심一心에 들지 못한 미혹과 증
상만增上慢이다. 수행일도修行一道는 오로지 수행경
계에 혼란과 분별, 방황이 없음이다. 수행심에 혼란
과 분별, 방황이 없는 곳에 이르는 것도, 많은 수행
적 경험과 수행지혜가 밝아야만 가능한 것이다. 수
행심에 혼란과 분별, 방황이 없는 것도 두 경계가 있
으니, 하나는 수행적 철저한 믿음이며, 또 하나는 수
행과정의 밝은 수행지혜다. 수행적 철저한 믿음으로
혼란과 분별, 방황이 없음은 수행 신심이 굳건하여,
깨달음을 향한 바른길임이 수행심 속에 확고하기 때
문이다. 수행지혜로 혼란과 분별과 방황이 없음은
수행증험修行證驗의 지혜로, 그 수행이 깨달음을 향
함이 분명하고 확고하기 때문이다.

어떤 수행이든, 수행자의 수행지혜에 따라 수행의

깊이가 다를 뿐, 법성法性을 관관觀하거나, 심心의 본성本性을 관관觀하거나 본성本性에 듦은 차별이 없다. 상相의 자성自性을 관관觀하는 법성관法性觀으로 법法의 본성本性을 깨닫거나, 심心의 본성本性을 관관觀하여 심心의 본성本性을 깨닫거나, 둘은 차별 없는 한 본성本性에 이르게 된다. 단지, 상相의 자성自性을 관관觀하는 법성관法性觀이나, 심心의 본성本性을 관관觀하는 자아본성관自我本性觀이나, 수행자의 수행습관과 수행감각과 수행감성修行感性인 법法에 응應하는 감응력感應力의 지혜智慧에 따라 어느 것을 우선하거나, 선택하거나 그 결과는 차별이 없다. 그러므로 단지, 깨달음에 드는 수행의 먹이인 매체媒體의 실체가 다를 뿐이다. 상相의 자성自性을 관관觀하는 법성관法性觀은 깨달음 수행의 먹이인 매체가 상相이며, 심心의 본성本性을 관관觀하는 자아본성관自我本性觀은 이근원통법耳根圓通法에서는 소리를 매개媒介로 하여, 듣는 자者를 수행의 먹이로 한다. 단지, 그것만 다를 뿐, 차별이 없다. 모든 깨달음 수행의 궁극은 일체一切의 근본, 궁극窮極을 넘어선 원융본성圓融本性 하나로 귀결歸結된다.

그러나 관행지觀行智가 깊지 않거나 없으면, 소리의 자성自性을 관관觀하는 법성관法性觀과 소리를 듣는 자者를 관觀하는 자아본성관自我本性觀은 수행의 매개媒介가 소리이므로, 관행觀行의 매개, 소리가 사라지면, 수행의 먹이며 매개媒介인 소리가 사라짐으로, 수행이 멈추게 되거나 침체하여, 또 다른 소리를 수행의 먹이로 하거나 매체로 하여 수행을 하게 된다. 그러나 수행의 관행지觀行智가 깊어지면 생멸상生滅相에 이끌리지 않으므로, 수행이 소리를 따라다니지 않으며, 밖의 소리가 끊어져도 그와 관계없이 소리를 듣는 자가 그대로 있으니, 수행의 관지일행觀智一行이 끊어지지 않는다.

소동 : 상相의 자성自性을 관觀하는 법성관法性觀과 심心의 본성本性을 관觀하는 자아본성관自我本性觀이, 수행과정의 지혜에서 차별이 있습니까?

법계산인 : 모든 수행은 수행의 차별특성상 그 수행의 수행심과 수행경계와 수행지혜를 따라 차별과 분별의 수행경계와 수행증험修行證驗이 다를 수가 있다. 수행자 의식의 차원, 정신의 깊이, 수행특성에 의한 수행지혜의 차별과 수행감성修行感性인 법法에 응應하는 감응력感應力의 지혜智慧와 수행경계에 따라 개인의 차별적 경험과 수행경험의 지혜가 다를 수가 있다. 그러나 이것은 개인적 수행과정의 차별경험과 차별지혜이므로 서로 다를 수 있으나, 완전

한 깨달음에 이르면, 서로 깨달음의 지혜는 다를 바가 없다. 비유하여 어느 곳에서 흘러온 물이든, 바다에 이르기까지의 과정이 각각 달라도 바다에 이르면 차별 없는 한 맛의 바닷물이 되는 것과 같다. 차별 없는 완전한 깨달음에 들면, 깨달음에 들기까지의 과정이 일체가 환幻이며, 흔적 없이 사라진다. 수행과정에서 어떤 공덕이 뛰어난 수승한 수행경계가 있었어도, 깨닫고 나면 그 어떤 수행공덕이라도 그 깨달음의 각력覺力 속에 일체一切가 흔적 없이 사라진다. 왜냐면 본연본심本然本心에는 그 어떤 무엇도 본심本心을 가리는 미혹의 티끌이며, 그 미혹의 티끌이 소멸함으로 깨달음에 이르기 때문이다. 그러므로 수행과정에서 그 어떤 수승한 무량무한의 공덕이라도, 본심각력本心覺力에 흔적없이 사라지며, 그 어떤 수승한 수행적 공덕이라도 본심本心을 가리는 미혹의 티끌이기 때문이다. 그리고 완전한 깨달음에는 수행과정의 공덕뿐만 아니라, 깨달음까지 완전히 벗어나게 된다. 수행과정에 어떤 수승한 것이라도, 깨닫고 난 후에도 지니고 있으면, 그것은 아직 완전한 깨달음에 들지 못한 것이다. 어떤 깨달음의 과정이든 그 과정은, 완전한 바른 깨달음에 이르기 위한, 미혹을 벗는 하나의 과정일 뿐이다. 그러므로 깨달음의 완전함에 이르면 미혹을 벗어난 깨달음 자체도 없고, 깨달음을 얻은 자도 없다. 수행과 깨달음과 깨달음을 얻는 자는 미망迷妄 속의 일이므로, 깨달음과 함께 미망迷妄 속의 일체一切 살림살이인 수행과 깨달음과 깨달음을 얻은 자가, 깨달음 각력覺力을 발발發함과 함께 흔적 없이 사라진다. 깨닫고 보면, 깨달은 본심각성本心覺性은 수행과 깨달음과 아무런 관계도 없음을 깨닫게 된다. 깨닫기 전의 일체 것이 환幻이며, 깨달음까지 미망迷妄의 꿈속의 일이었음을 홀연듯 깨닫게 된다. 이는 깨달음을 얻은 그것이 본래 본연심本然心이기 때문이다. 만약, 깨닫고 나서 수행의 깨달음을 지니고 있거나, 깨달음을 얻은 자가 있다면, 그것은 미망迷妄인 무명환無明幻의 껍질을 아직 벗어나지 못한 것이다. 완전한 깨달음에는 깨달음도, 깨달은 자도 없다. 깨달음이란 단지, 미망迷妄인 무명無明을 벗음일 뿐이다. 그러므로 깨닫고 나면 미망迷妄인 무명無明을 벗은 것까지 완전히 사라지게 된다. 수행에 의한 깨달음과 깨달은 자가 남아 있으면, 아직 무명無明의 미망迷妄을 벗어나지 못한, 깨달음의 망념妄念에 사로잡힌 무명중생無明衆生이다.

수행법이 다르고, 수행지혜가 다르고, 수행경험이 달라도, 바른 깨달음에 들면 그 깨달음이 서로 다를 바가 없다. 만약, 수행법이 달라서, 수행지혜가 달라서, 수행경험이 달라서 깨달음의 결과가 다르다면, 그것은 곧, 바른 깨달음이 아니다. 왜냐면 본성은 다를 바가 없고, 본심은 차별이 없기 때문이다. 바른 깨달음에 들면, 어떤 수행의 과정으로 바른 깨달음에 들었든, 깨달음 그 자체는 곧, 다름 없는 본성이며, 둘 없는 본심本心이니 다를 바가 없다. 그리고 깨닫고 보면, 깨달음의 본성本性은 수행과 아무런 관계가 없음을 깨닫게 되므로, 깨달음을 위한 수행 또한 부질없는 꿈속의 망妄이었음을 깨닫고 난 연후에야 비로소 깨닫게 된다. 그러나 상相의 망념妄念이 있으면 본성本性을 알 수가 없다. 그러므로 본성本性을 모르면 수행을 통해 본성本性의 지혜를 발發하여 사상심四相心을 여의어 본성本性에 들어야 한다. 그러나 깨닫고 보면, 수행은 본성本性과 무관한 단지, 사상심四相心 망념妄念을 여의는 과정이었음을 깨닫게 된다. 깨달음을 위한 수행이 각각 차별이 있어도, 깨달음 자체는 다를 바 없음은, 이는 인종이나 종족이 다르고, 언어와 모습이 다르고, 남자와 여자가 다르고, 어른과 아이가 다르고, 서로 태어난 고향과 삶의 과정과 경험이 다르고, 무엇이든 모습과 경험이 서로 똑같지 않아도, 누구나 사물을 보고, 소리를 듣는 그 성품은 다를 바 없고, 차별이 없기 때문이다. 그러나 관행자觀行者의 관행지혜觀行智慧의 차별적 성향과 깊이와 수행지혜의 차별경계에서, 존재存在의 법성法性과 존재 차별특성의 인연과因緣果의 관지觀智와 체상용體相用의 법성섭리法性攝理의 관지觀智로, 부사의사不思議事 법법法의 다차원 분별지分別智인 수행차별지혜修行差別智慧에 의한 심안心眼의 밝음 부사의관행不思議觀行에서, 관행지혜觀行智慧의 밀밀한 차원과 부사의 지혜감응력智慧感應力의 다차원 차별관지差別觀智를 따라, 분별지分別智인 차별지差別智와 일체종지一切種智를 두루 밝게 열게 된다.

소동 : 여래삼지如來三智 중에 일체종지一切種智를 얻으려면 인연과因緣果를 관관觀觀하고, 체상용體相用 법성섭리法性攝理를 관관觀觀하면 됩니까?

법계산인 : 그것은 법법法의 관행觀行에 의한 지혜智慧의 부사의함이라, 단순 지혜로는 열 수가 없다. 상견相見은 상相에 장애가 되어, 법법法의 부사의사不思議事를 깨달을 수가 없다. 법법法의 인연과因緣果의 차별작용과 인과섭리因果攝理와 인과因果의 체상용體相用 작용의 법성섭리法性攝理와 그 실체實體 실상實相을 관관觀觀하는 부사의관지不思議觀智 법법法을 수용하는 지혜감응력智慧感應力을 따라 부사의사不思議事 일체종지一切種智 법법法의 세계를 알 수가 있다.

소동 : 여래삼지如來三智 중에 도종지道種智를 얻으려면
　　　어떻게 해야 합니까?

법계산인 : 여래如來의 도종지道種智는 얻고 구하는 지혜
　　　智慧가 아니다. 본래 심성心性에 갖추어진 심心의
　　　본성本性의 지혜智慧다. 본성本性의 원만각성圓滿覺
　　　性을 밝게 열면 도종지道種智를 이루게 된다.

소동 : 여래삼지如來三智 중에 도종지道種智를 이루려면
　　　어떻게 해야 합니까?

법계산인 : 심心의 원만본각圓滿本覺에 완연히 들면, 도종
　　　지道種智를 발발發發하게 된다.

소동 : 여래삼지如來三智 중에 일체지一切智를 얻으려면
　　　어떻게 해야 합니까?

법계산인 : 일체지一切智도 일체총지一切總智와 일체별지
　　　一切別智가 있다. 이 또한 얻는 지혜가 아니라 심心
　　　의 본성本性 본각本覺의 완연한 밝음이다. 일체지
　　　一切智는 심心의 본성本性을 깨달아, 일체상一切相
　　　의 본성本性과 심心의 본성本性이 둘이 아닌 원융일
　　　성圓融一性에 완연히 들면, 일체지一切智의 일체총
　　　지一切總智를 발발發發하게 된다. 그리고 일체 차별 인
　　　연과因緣果의 차별 인과섭리因果攝理와 인연과因緣
　　　果의 체상용體相用과 그 법성작용의 법성섭리法性

攝理와 법성원융法性圓融의 삼법인三法印인 별지別
智와 삼법인三法印 원융지圓融智를 두루 융통融通하
여 부사의관행지不思議觀行智 관지감응력觀智感應
力을 따라 일체지一切智의 일체별지一切別智인 일
체종지一切種智를 이루게 된다.

소동 : 법성관法性觀이나, 관세음보살님의 이근원통耳根圓
通이나, 여래삼지如來三智 등, 그 외 모든 깨달음을
위한 수행이 저마다 다르므로, 그 특성을 이해하기
도 어렵고, 복잡하고 다양하니, 누구나 일체一切 깨
달음 각성覺性의 지혜智慧를 섭수攝受하고 융통融
通하며, 무상제일지혜無上第一智慧를 증각證覺하는
일체수행一切修行의 총지總持를 집약集約한 핵심核
心인, 총지일행總持一行을 이룬 간단하고 간편하며,
누구나 가능한 수행은 없습니까?
법계산인 : 있지.

소동 : 그 수행법이 무엇입니까?
법계산인 : 본각선本覺禪이다.

소동 : 본각선本覺禪이 무엇입니까?
법계산인 : 산 자者나, 죽은 자者나, 인간이나 모든 생명체
가 한순간도 벗어나지 못하고 있는 것이 있으니, 그

것을 벗어나는 것이다.

소동 : 그것이 무엇입니까?

법계산인 : 소리는 촉각과 감각 속에 사라지면 의지할 수
가 없으며, 어떤 수행이라도 내가 수행을 할 때에만
수행의 먹이와 매체에 머무르게 된다. 그러므로 수
행을 놓음과 동시에 수행의 먹이인 매개를 벗어나
거나, 놓아버리거나, 멀어지거나, 잃어버리게 된다.
그리고 수행의 매개가 사라지거나, 수행의 먹이인
매체로부터 내가 멀어지면 수행이 멈추어 수행이
끊어지거나, 수행이 단절되어, 또 다른 매체를 인연
하여 수행의 먹이 대상으로 삼게 된다. 그러므로 수
행의 먹이인 매체의 상황에 따라 수행이 멈추거나
수행이 끊어지므로, 수행의 일관성―貫性이 끊어지
게 되며, 수행의 일관성―貫性과 향상성向上性이 멈
추거나 끊어지는 하나의 요인이기도 하다.

소동 : 그럼, 어떤 경우와 상황에서도 수행의 먹이나 매체
를 촉각과 감각이 항상 벗어나지 못하거나, 놓지
못하거나, 멀어지지 않거나, 잃지 않는 것이 중요
합니까?

법계산인 : 깨달음을 향한 수행환경은 수행정신과 수행감
각과 수행촉각을 항상 살아 있게 하는 깨달음을 향

한 수행의 먹이와 수행 매체를 잃지 않는 것이 수행 경계에서는 참으로 중요하다.

소동 : 제가 항상 촉각과 감각과 정신 속에 벗어나지 못하거나, 놓지 못하거나, 잃지 못하는 그것이 무엇입니까?

법계산인 : 소동아! 누구나, 아무리 더 없는 욕심으로 집착하는 단 하나뿐인 귀중한 천하의 보물이라도, 매 순간순간 잊게 마련이며, 다른 일을 할 때에는 그 생각을 내려놓기 마련이다. 그러나 산 자나 죽은 자도, 삶의 어느 한순간 어디에 있거나, 무엇을 하거나, 어떤 상황 속에서도 항상 벗어나 보질 못했고, 놓지 못하며, 멀어지거나, 벗어나 보질 못한 것이 있다. 살아 있는 자도, 죽은 자도, 어느 누구나 벗어나지 못하고 있는 것이 있으니, 그것만 벗으면 된다.

소동 : 그것을 벗어나면 어떻게 됩니까?

법계산인 : 무상지혜無上智慧의 불佛을 이루며, 제법諸法과 만물萬物의 본성本性인 실상實相에 들며, 생사生死 없는 원융본심圓融本心인 일성一性에 들게 된다.

소동 : 그런 것도 있습니까?

법계산인 : 소동아! 눈을 감아보아라. 어떻느냐?

소동 : 어둡습니다.

법계산인 : 그것이 너가 태어나기 전부터, 세세생생 이 순간까지, 아직도 벗어나지 못하고 있는 것이니라. 그럼, 이제 눈을 떠보아라. 이제는 어떻느냐?

소동 : 밝습니다.

법계산인 : 그 또한, 너가 태어나기 전부터, 세세생생 이 순간까지, 아직도 벗어나지 못하고 있는 것이니라. 어둠과 밝음을 보는 그것이 무엇인고?

소동 : 모르겠습니다.

법계산인 : 어둠과 밝음을 보는 그것을 완전히 벗어나면, 무상지혜無上智慧의 불佛을 이루며, 제법諸法과 만물萬物의 본성本性인 실상實相에 들며, 생사生死 없는 원융본심圓融本心인 일성一性에 들게 된다. 그러나 어둠과 밝음을 보는 그것을 벗어나지 못하면 나를 알 수가 없고, 나를 아는 것이 아니며, 나를 모르므로, 나라고 알고 있는 그 나와 내 마음은 곧, 내가 아니며, 내 마음이 아닌 무명無明 미망迷妄에 의한 착각錯覺, 실체實體 없는 망념妄念의 환영幻影이며, 실재實在하지 않는 업業의 그림자다. 어둠과 밝음을 보는 그것을 나를 알고 있거나, 내 마음으로 알고 있으면, 나를 모르는 미망迷妄의 망념妄念 환몽

幻夢 속에 있음이니, 억년億年을 살아 있어도 어둠
과 밝음을 벗어날 수가 없고, 항하사恒河沙 모래알
같이 태어나고 또 태어나 생생生을 살아도 어둠과 밝
음을 벗어날 수가 없고, 죽고 또 죽어 몸 없는 영혼
이어도 어둠과 밝음을 벗어날 수가 없고, 벌레로 태
어나고, 하늘세계에 태어나도 어둠과 밝음을 벗어
날 수가 없다. 어둠과 밝음을 벗어나야 미망迷妄의
착각錯覺과 망념妄念의 환몽幻夢이 아닌 나를 알 수
가 있다.

소동 : 어떻게 하면 됩니까?
법계산인 : 어둠과 밝음을 보는 그것이 무엇인가를 완전히
　　　꿰뚫어 요달하여 걸림 없고 장애 없이 명료히 통通
　　　하면 된다.

소동 : 어떻게 하면 됩니까?
법계산인 : 어둠과 밝음은 둘이나, 어둠과 밝음을 보는 것
　　　은 둘이 아니며, 다르지 않으니, 어둠과 밝음을 보
　　　는 그것이 무엇인가를 바로 돌이켜 의심하고 의심
　　　하며, 오직, 의심이 깊어져, 어둠과 밝음을 보는 그
　　　당체當體를 바로 깨달아 장애 없이 명료히 통通하
　　　여, 어둠과 밝음을 한목 벗어나면 된다. 단지, 그것
　　　을 사량思量으로 알아맞히려는 분별심과 헤아림으

로는 억겁億劫을 수행해도 깨달을 수가 없으니, 분
별심으로 헤아리어 찾거나, 생각으로 알려고 헤아
려서는 깨달음도 얻을 수 없으며, 명료히 통通함은
더더욱 불가능하다. 오로지, 의심의 문門에 들어,
어둠과 밝음을 보는 그것을 바로 깨달아, 어둠과 밝
음을 벗어나야 한다.

소동 : 어둠과 밝음을 보는 당체當體를 왜 찾고, 왜 의심해
야 합니까?

법계산인 : 어둠과 밝음을 보는 당체當體를 모르기 때문이
다. 누구나 삶 속에 항상 어둠과 밝음을 보는 당체
當體에 의지해 삶을 살며, 어둠과 밝음은 삶의 한순
간도 벗어나지 않고 있어도, 어둠과 밝음을 보는 그
당체當體를 모르니, 어둠과 밝음을 보는 그 당체當
體를 찾는 것이다. 어둠과 밝음을 보는 그 당체當體
를 명료히 깨닫는 것이 곧, 깨달음이며, 어둠과 밝
음을 보는 그 당체當體를 찾는 것이 곧, 나의 실체
實體를 찾는 것이다. 그러므로 어둠과 밝음을 보는
그 당체當體를 모르는 것은 곧, 나의 실체實體를 모
르는 것이며, 어둠과 밝음을 보는 그 당체當體를 명
료히 깨달아 알아야만이 나의 실체實體를 아는 것
이다. 깨달음은 곧, 나의 실체를 깨달음이니, 어둠
과 밝음을 보는 그 당체當體를 깨닫지 못하면 나를

아는 것이 아니다. 의심하는 것은, 깨달음을 위해 나의 본성本性을 가리는 무명無明 의식의 상념想念 과 상相에 젖은 억겁億劫의 나의 무명업식無明業識 의 뿌리를 제거하여 맑히는 수행이다.

소동 : 어떻게 찾으며, 어떻게 의심해야 합니까?

법계산인 : 어둠과 밝음을 볼 때에, 어둠과 밝음을 보는 당 체當體를 모르니, 어둠과 밝음을 보는 그 당체當體 를 바로 돌이켜, 바로 깨달으려는 의지를 가지고, 무엇인가를 의심하고 의심하며, 어둠과 밝음을 보 는 당체當體를 깨달으려는 의지를 놓지 않고 또, 의 심하고 의심하며, 어둠과 밝음을 보고 있으니, 어둠 과 밝음을 보는 것을 깨달으려고 의심하고 의심하 며, 또, 의심하며, 끊임없이 깨달음을 위한 의지를 놓지 않고 의심에 의심을 더해야 한다.

소동 : 어떻게 찾아야 하며, 어떻게 의심해야 합니까?

법계산인 : 어둠과 밝음을 보는 것은 눈으로 알 수 없고, 생각으로도 알 수 없으며, 어떤 분별과 헤아림, 어 떤 지식과 경험과 지혜로도 찾을 수가 없으니, 오로 지, 의심에 의심을 더하여, 의심이 깊어져 무명업식 無明業識의 뿌리가 의심 속에 무르녹아 사라져야 깨 달을 수가 있다. 어둠과 밝음을 보는 당체當體를 바

로 깨닫기 위해 의심하고, 또, 의심해야 한다. 눈을 감아도, 눈을 떠도, 어둠과 밝음을 보는 것이 있으니, 어둠과 밝음을 보는 것을 찾을 때에 오직, 깨닫겠다는 의지를 놓지 않고 의심할 뿐, 지식과 사량과 분별심으로 이리저리 헤아리거나, 알아맞히려고 두뇌작용으로 분별하거나, 헤아리어 찾으려면 안 된다. 분별심으로 헤아리어 찾는 것은 의식의 작용이라, 본각선本覺禪 수행의 깨달음과 멀어지며, 분별로 헤아리는 것은 깨달음을 향한 바른 수행의정修行疑情을 사라지게 하는 분별심의 행위인 상념想念의 작용이다. 어둠과 밝음을 보는 실체를 바로 돌이켜, 깨달으려는 의지로 의심하고 의심할 뿐, 눈이나 두뇌작용으로 알아맞히려고 하면 안 된다.

소동 : 분별심으로 헤아리어 찾는 의식의 작용과 의심하는 수행의정修行疑情은 어떻게 다릅니까?

법계산인 : 분별심은 의식의 사량思量이다. 분별심은 생각을 끊임없이 이리저리 헤아리거나, 궁리하거나, 분석하거나, 요모조모 따지거나, 분별하는 두뇌작용이며, 수행의정修行疑情인 의심은, 분별심과 사량思量이 끊어지는 의지意志 일념의 힘인, 분별 없는 정신적 추구력推究力이다. 정신적 추구력推究力은 의지意志에 기반하므로 분별심과 사량思量의 헤아림

인 두뇌작용이 끊어진다.

소동 : 어떻게 함이 찾음이며, 어떻게 함이 의심입니까?

법계산인 : 본각선本覺禪의 바른 수행의정修行疑情은 어둠
과 밝음을 보는 당체當體를 바로 돌이켜 깨닫겠다
는 의지로 의심하고 의심함이 찾음이며, 눈에 보이
는 사물의 현상을 쫓아다니지 말고, 단지, 어둠과
밝음을 보는 당체當體를 바로 돌이켜, 깨닫기 위해
의심하고 의심해야 한다. 눈이나 두뇌작용이 아닌,
오로지 깨닫겠다는 의지意志의 힘으로 의심하고 의
심해야 한다. 수행의정修行疑情으로만 깨달을 수가
있으니, 어둠과 밝음을 보는 당체當體를 바로 돌이
켜 의심하고 의심할 뿐, 눈이나 두뇌작용으로 분별
하여 헤아리며 분석하려 하거나, 요모조모 분별하
고 분석하며 궁리하여 찾으려고 하지 말고, 어둠과
밝음을 보는 당체當體를 바로 돌이켜, 바로 깨닫겠
다는 일념으로 오로지 수행의지의 힘으로 수행의정
修行疑情 일관성一貫性을 놓지 않고 의심하고, 의심
하며, 깨닫겠다는 의지의 힘으로 또, 의심하고 의심
해야 한다.

소동 : 형상이 있는 사물事物을 보는 것과 어둠과 밝음을
보는 것이 차이가 있습니까?

법계산인 : 사물事物은 시야를 벗어나면, 살아 있는 촉각과 감각에서 사라지므로, 사물事物은 살아있는 촉각과 감각 속에 일관성—貫性을 가진 명확한 수행의 먹이가 될 수가 없다. 또한, 형상이 있는 사물은 그 형상의 모양과 특색과 작용에 따라, 또는, 수행자의 심리상태와 의식작용의 분별심에 따라 수행 시야의 초점이 사물에 묶이어 머무르거나, 수행정신이 흩어지거나, 사물에 의한 심리작용으로 수행심이 끊어질 수가 있다. 그러나 어둠과 밝음은 눈을 감으나, 눈을 뜨나, 어떤 상황 속에서도 항상 살아 있는 촉각과 감각의 시야에 있으므로, 분명하고 명확한 수행의 매체인 수행의 먹이를 놓칠 수가 없다. 그리고 어둠과 밝음은 형체의 작용을 가진 사물事物이 아니므로, 마음이 어둠과 밝음에 머무르거나 수행 시야의 초점이 멈추거나, 형체의 모양이나 작용을 따라 의식이 작용하는 상相의 특성에 의한 분별심이 일어나지 않는다. 그러므로 어둠과 밝음은, 수행의 매개인 수행의 먹이로써 수행심을 흐트리지 않으므로, 수행자의 수행시선의 분별심을 일어나게 하지 않는다. 어느 곳에서나, 어떤 상황에서도 어둠과 밝음은 항상하므로, 수행의 매체인 수행의 먹이를 놓아버리거나 잃지 않는다. 항상 눈앞에 있는 어둠과 밝음은 본성本性과 본각本覺의 깨달음 수행의

매체로써의 장점이다. 깨달음을 향한 수행의정修行疑情으로 어둠과 밝음을 보는 당체當體를 바로 돌이켜 수행의정修行疑情으로 자아自我와 사상심四相心을 타파하여, 어둠과 밝음, 자아自我와 분별심을 벗어난 자기의 본성本性과 본각本覺을 밝게 깨달아야한다.

소동 : 두뇌작용이 아닌, 오직 수행의정修行疑情으로 어둠과 밝음을 보는 당체當體를 바로 돌이켜 의심하고 의심하되, 분별심과 헤아림의 두뇌작용이 아닌, 깨닫겠다는 의지의 수행의정修行疑情으로, 어둠과 밝음을 보는 당체當體를 바로 돌이켜 의심하고 의심하라는 특별한 까닭이 있습니까?

법계산인 : 분별과 헤아림의 두뇌작용은 상相에 머묾의 자아의식自我意識인 분별의 사상심四相心이니, 이는 생각이며, 사량이며, 헤아림이니, 이것으로는 깨달음을 얻을 수가 없기 때문이다. 왜냐면, 나의 본성本性과 본각本覺은 상相이 아니므로 상심相心의 분별과 사량으로는 알 수가 없고, 깨달을 수가 없기 때문이다. 분별의 헤아림 사량으로는 본성本性의 실상지혜實相智慧를 발發할 수가 없고, 본각本覺의 깨달음에 들 수가 없기 때문이다. 알아맞히려는 헤아림의 분별심 두뇌작용이 아닌, 깨닫겠다는 수행

의지修行意志로 수행의정修行疑情을 발發하여 의심하라는 것은, 헤아림의 두뇌작용은 상相의 분별을 따르므로, 상相의 상념想念 의식을 잠재울 수가 없고, 무명의식無明意識을 무르녹여, 상相 없는 본심本心의 본성本性을 깨달을 수가 없기 때문이다. 어둠과 밝음을 보는 당체當體를 바로 깨달으려는 의지의 진실한 수행의정修行疑情은, 의식의 흐름인 의식의 파동을 잠재우고, 상相에 이끌리는 상심相心의 세력을 무르녹여 소멸하기 때문이다. 깨달음을 향한 마음의 의지意志가 오롯한, 헤아림과 사량 없는 순수의정純粹疑情의 세력은, 상相에 이끌리는 의식을 잠재우고 흐름을 끊어, 깊은 수행정신 일관력一貫力의 밀밀密密한 수행의 힘을 생성하며, 이 순수의정純粹疑情의 세력은 무명업식無明業識을 타파하여 본심본성本心本性에 드는, 맑고 정밀한 본심本心의 정신력精神力을 발현하기 때문이다.

소동 : 수행의정修行疑情으로 찾으라고 하니, 이를 이해하기가 어려우며, 분별과 헤아림의 두뇌작용으로는 무명의식無明意識의 흐름을 끊을 수가 없고, 본심본성本心本性에 들 수가 없다고 하시니, 이를 이해하기가 어렵습니다.

법계산인 : 분별과 사량의 두뇌작용을 쉬고, 오로지 수행의정修行疑情의 문門에 들어, 깨달음을 향한 의지

로 의심하고 의심하다 보면, 분별과 사량의 헤아림이 아닌, 수행의정修行疑情의 밀밀密密한 맑은 정신의지精神意志의 힘인 추구력推究力의 발현에 분별과 사량의 두뇌작용이 쉬어져 무명의식無明意識이 타파된다. 분별심인 헤아림의 두뇌작용은, 상相의 마음 사상심四相心인 상념의식想念意識의 헤아림인 분별심이므로, 의식으로 의식을 소멸하거나, 의식의 세력을 멈추거나 끊을 수가 없기 때문이다.

소동 : 두뇌작용이 아닌, 오로지 마음으로 어둠과 밝음을 보는 당체當體를 바로 돌이켜 찾고, 헤아림과 분별의 두뇌작용이 아닌 마음으로 찾고 의심하면은 안 됩니까?

법계산인 : 의식意識의 마음은 상相을 헤아리는 분별심이며, 깨달으려는 의지意志의 뜻을 가진 의정疑情은 의지意志의 정신精神이므로 의식意識의 분별심인 사상심四相心을 맑히며 제거하게 된다. 마음이란 언어와 말은 하나이지만, 마음을 지칭하거나 일컫는 차원과 당체는 논의의 차원과 주제에 따라 그 성질과 성향이 다양하며 다르다. 본심, 의식, 정신, 감정, 분별, 분석, 상념, 생각, 의지, 뜻 등, 마음작용에 의한 의식의 차원과 종류와 성향과 빛깔은 다양하다. 모든 마음 상태와 성향, 의식의 흐름과 작

용을 통틀어 마음이라고 한다. 그러므로 마음이라는 언어는 같아도, 그 마음을 일컫고 지칭하는 차원과 종류와 성질에 따라, 일컫고 지칭하는 성향의 마음이 다르므로 서로 뜻과 이해함이 달라질 수가 있다. 마음작용이 의식과 몸의 기능과 결합하고 상호작용하면서, 마음의 갈래와 의식작용의 특성과 성향에 따라, 마음이 인체의 기관 중 눈의 시각작용과 상호작용하여 사물을 보게 되고, 인체의 기관 중 귀의 청각작용과 상호작용하여 소리를 듣게 된다. 이처럼 인체기관의 기능 특성상 마음작용의 갈래와 특성에 따라, 각 인체에 미치고 작용하는 인체각성 人體覺醒의 부분이 다르다.

만약, 눈의 기능만 사용하면, 귀의 기능 지각知覺과 활성화 작용은 쉬게 된다. 또한, 귀의 기능만 사용하면, 눈의 기능 지각知覺과 활성화 작용은 쉬게 된다. 글을 읽거나 사물만 집중하여 볼 때에는 눈의 기능만 사용하게 되므로, 눈의 기능 지각知覺과 활성화 작용으로 귀의 지각知覺과 활성화 작용은 쉬게 된다. 소리만 집중해 들을 때에는 귀의 감각 각성覺醒의 활성화로, 눈의 감각 지각知覺은 쉬게 된다. 또한, 글이나 사물을 보며 음악이나 소리를 같이 들으면, 눈과 귀의 감각과 지각知覺 활성화로 인체의 두

기능이 각성覺醒하게 된다. 이처럼 마음 작용과 의식意識의 성향에 따라 그에 관계된 인체의 어느 부분이 깨어나 각성覺醒하거나, 지각知覺하는 활성화의 부분이 다르다. 마음의 작용 성향과 갈래의 특성에 따른 인체의 상관작용相關作用을 관觀해 보면, 신비로운 인체의 신경작용과 에너지 흐름의 구성에 따른 활성화로, 마음작용 의식과 정신의 성향과 갈래의 특성에 따라 인체에 미치는 각성覺醒과 지각知覺과 활성화 부분이 다르다. 인체의 신비로움 중에 마음과 의식작용의 중추적 역할을 하며, 상호작용하는 특별한 두 에너지 특성을 가진 정신성향의 각성覺醒 장소가 있으니, 두뇌와 가슴 속이다. 두뇌는 두뇌작용인 의식작용 중에 생각, 분별, 사량, 분석 등 사고의 지적知的 의식작용이 이루어진다. 가슴 속은 마음작용 중에 감성, 감정, 정情, 느낌, 진실, 순수, 기쁨, 행복 등, 감성과 정情의 감정과 상호교감의 마음작용이 이루어진다. 생각, 분별, 사량, 분석 등, 사고의 지적知的 활동을 할수록 두뇌작용이 활성화되며, 감성, 감정, 진실, 순수, 기쁨 등의 정情의 교감交感과 정적情的 심리작용은 가슴의 정情적 순수에너지 작용이 활성화된다. 두뇌와 가슴의 두 정신에너지 교감과 상호작용에서, 지적知的 두뇌작용의 각성覺醒으로 활성화될수록, 가슴의 순수감성과 정情적 순수에너지 각성覺醒 활성화 작용은 쉬게 된다. 그리고 감성, 감정, 진실, 순수, 기쁨 등으로 가슴의 정情적 순수에너지 각성覺醒 활성화 작용을 하면, 분별과 분석적 사량思量의 두뇌에너지 각성覺醒 활성화는 쉬게 된다. 두뇌와 가슴의 이러한 두 에너지 특성의 상호작용과 교감의 관계는, 가슴의 순수 감성에너지 교감의 각성覺醒 활성화가 상승할수록 두뇌에너지의 활성화인 사고와 분별의 사량思量이 쉬게 되므로, 가슴 순수에너지의 각성覺醒 활성화가 이루어진다. 또한, 분별과 분석과 사고의 두뇌작용 각성覺醒 활성화가 상승할수록, 가슴의 순수 감성에너지 각성覺醒 활성화가 쉬게 된다. 이러한 의식의 작용과 인체의 기능적 에너지 활성화의 관계는, 깨달음을 향한 수행 정신작용의 흐름에 수행적 승화와 깊은 수행적 미묘한 정신작용의 차원으로 이끌어, 정신승화의 삼매三昧와 선정禪定에 이르게 되는, 수행적 변화의 계기와 법法에 대한 각종 지혜와 본성本性의 지혜를 발發하게 되는 동기의 인성因性으로 작용한다. 그러므로 바른 수행의정修行疑情은 두뇌 분별의 활성화를 쉬어, 순수정신 에너지인 가슴에너지 각성覺醒 활성화로, 무명업식無明業識이 무르녹아 깨달음에 이르도록 이끌게 된다. 그러나 깨달음으로 본심본성本心本性의 본각일심本

覺一心에 이르면, 이러한 인체적 에너지 상호교감도 벗어나게 된다.

소동 : 두뇌와 가슴의 각성覺醒 에너지 활성화가 깨달음에 어떤 영향을 미치며, 어떤 각성覺醒 에너지의 활성화를 기해야만 합니까?

법계산인 : 수행의 특성 성향에 따라 어느 에너지의 각성覺醒 활성화를 기할 것인가는 우선할 필요가 없다. 식識을 맑히며, 본성本性을 향상하는 바른 수행의식修行意識과 수행정신修行精神의 성향을 따라 자연스레 인체의 순류기능 조화調和의 에너지가 각성覺醒하여 활성화된다. 인체에너지의 각성覺醒 활성화는 청명진기淸明眞氣의 상승조화上昇調和와 법法에 감응感應하는 정신의식精神意識 성향의 빛깔과 활성화의 깊이와 상승차원上昇次元에 따라 인체에너지 특성작용 활성화活性化인 복덕정혜福德定慧 성품 인연작용의 자연적 조화調和를 기하게 된다. 그리고 정신은 어느 것에도 걸림이 없는 것이니, 인체의 에너지보다 정신이 우선한다. 의식意識에 묶인 정신이면 그 정신은 청명진기淸明眞氣의 정신이 아닌 감정의 식感情意識의 집착이다. 의식이 정갈해져 정신의지精神意志가 밝아지면, 의식意識에 묶이지 않는 맑은 정신에 의해 수행정신과 지혜가 밝아진다.

소동 : 의식意識과 정신精神은 어떻게 다릅니까?

법계산인 : 의식意識은 상相과 견見과 상념想念에 의한 각
　　　　종 분별의 작용이다. 이는 상相에 의지해 일어나는
　　　　상념작용 사량분별인 사상심四相心이다. 정신精神은
　　　　의지意志로 작용하는 마음 본성本性의 힘이다. 정신
　　　　精神은 마음의 정신의지精神意志가 명료할수록 의식
　　　　적 상념想念 작용이 쉬어져, 정신은 더욱 명료하고
　　　　맑아진다. 정신精神은 의식意識과 다르므로 상相과
　　　　견見과 상념想念에 묶이거나 걸림이 없다. 의식意識
　　　　은 상相의 분별심인 상심相心이므로, 상相을 벗어날
　　　　수가 없어, 의식意識으로는 깨달음을 얻을 수가 없
　　　　다. 또한, 의식意識은 상相에 의지한 상념작용이므
　　　　로 의식意識으로는 상심相心을 소멸할 수가 없다. 왜
　　　　냐면 의식意識은 상相에 의지한 상相의 상념想念이
　　　　므로, 상심相心의 분별로 의식意識을 불러일으키고,
　　　　항상 상相에 머묾의 헤아림과 분별심인 상심相心에
　　　　인연하여 일어나는 상相의 마음작용이다.

소동 : 의식意識과 의지意志는 어떻게 다르며, 의식意識과
　　　　의지意志와 정신精神은 어떤 차이가 있습니까?

법계산인 : 의식意識은 육근심六根心과 상相의 분별심으
　　　　로, 사상심四相心의 작용이다. 그러므로 의식意識은
　　　　항상 상相을 분별하고 헤아리며 사량思量하므로 사

고思考의 두뇌 에너지를 각성覺醒하게 한다. 의지意
志는 스스로의 정념情念의 뜻에 의지해 가슴에서 발
현하며, 정념情念인 뜻에 의한 것이므로 의지意志에
의해 의식意識을 다스리며, 뜻을 세우고, 자신 행위
의 방향과 일관성을 지향하며, 의지意志를 향한 정
신精神을 발현하게 하고, 의식意識의 분별과 헤아림
을 정화淨化하여 다스리며, 의지意志의 정情을 일으
키므로 가슴의 에너지를 각성覺醒하게 한다. 의식
意識은 상相의 분별심 사고思考에 의한 두뇌에너지
를 각성覺醒하여 활성화하고, 의지意志는 자아의식
自我意識의 근원, 진실과 순수 자아력自我力이 발현
하는 가슴에너지를 각성覺醒하여 활성화하게 한다.
정신精神은 판단하고 분석하는 두뇌에너지에서 발
현하는 것이 아니라, 자아력自我力의 근원, 순응과
순수의 에너지인 가슴에너지에서 발현한다. 의식意
識과 두뇌의 작용은 항상 헤아리며, 분별하고, 분석
하며, 판단하고, 결정한다. 순수 순응력을 가진 가
슴은 두뇌의 분별과 판단에 의한 순응력에 따라 여
러 빛깔과 차원의 성향인 감성과 감정을 발현하며,
가슴에너지를 각성覺醒하게 한다. 의식意識에도 단
순 육근의식六根意識과 의지의식意志意識과 정신의
식精神意識과 각성의식覺性意識과 지혜의식智慧意
識이 있다. 단순 육근의식六根意識은 육근六根의 감

각 기관을 통하여 사물을 받아들이고 인식하는 의식意識의 작용이다. 의지의식意志意識은 심리心理 상태와 작용에 따라 이행하는 의식意識이다. 정신의식精神意識은 정신의 차원과 빛깔과 성향에 따라 작용하는 의식意識이다. 각성의식覺性意識은 마음이 각성覺性 상태에서 이루어지는 의식意識이다. 지혜의식智慧意識은 각종 진리의 법法과 분별지혜分別智慧에 의한 작용의 의식意識이다. 의식意識에도 차원과 빛깔과 성향이 있어, 그에 따른 순수 가슴에너지의 차원과 빛깔과 성향이 각성覺醒하고, 활성화되기도 한다. 의지意志의 깊이와 차원의 세력에 따라 가슴에너지에서 정신精神이 발현하며, 의지意志는 의식意識을 다스리고, 의지意志로 발현한 정신력精神力은 상념想念과 의식意識에 걸림이 없으므로, 의식意識과 상념想念을 맑히고 잠재우며, 심리적 정화淨化와 안정을 기하게 된다. 정신精神은 의식意識과 상념想念에 걸림 없이 원융하므로, 마음 본성本性과 상통해 마음 본성本性의 에너지를 발현하게 한다. 수행의지修行意志는 수행정신修行精神을 발현하게 하고, 수행의지修行意志가 깊어질수록, 상념의식想念意識은 스스로 다스려져 수행정신修行精神이 깊어지며, 수행의지修行意志로 수행의정修行疑情이 더불어 깊어질수록 순수 가슴에너지는 각성覺醒하고 활성화되어, 의식意識의 세력을 잠재우거나, 의식意識의 흐름이 끊어진다. 수행의정修行疑情 속에 가슴에너지로 본연각성本然覺醒 속에 들게 되므로, 의식意識의 분별심 사상심四相心이 소멸하여, 본연본심本然本心에 들게 된다. 그렇게 되면, 의식意識을 벗어난 각성覺性은 가슴에너지와 두뇌에너지를 벗어난 원융圓融한 본연각명本然覺明의 각성覺性에 들게 된다.

소동 : 깨달음을 얻기 위한 모든 수행이 의식의 작용이 아닙니까?

법계산인 : 의식意識의 작용과 의지意志의 작용은 다르며, 분별의식分別意識과 의지의식意志意識과 정신의식精神意識은 다르다. 분별의식分別意識은 헤아림인 분별심分別心이며, 의지의식意志意識은 자기 다스림의 의식意識이며, 정신의식精神意識은 무량차원無量次元과 상통相通하는 의식意識이다. 수행심과 수행은 의지意志에 의한 의식意識과 정신精神의 행위이다. 의식意識의 작용은 인지하고, 분별하며, 헤아리어 분석하고, 옳고 그름을 가름하고 판단하며, 계획하고, 결정한다. 의지意志의 작용은 자신의 결정決定과 의향意向과 신념信念을 따라 자신을 다스리고, 행위를 이끌며, 뜻하는 바의 목적을 향해 자

신을 유도한다. 수행은 단순한 상相의 분별인 의식意識의 작용이 아니라, 의지意志에 기반한 의지意志에 의한 의식意識의 작용과 의지意志에 의한 정신精神 발현發顯의 행위지음이다. 그러므로 의지意志에 의한 의식意識은 의지意志의 뜻인 가슴에너지의 의지적意志的 정情을 유발하고, 의지意志의 뜻인 가슴의 의지적意志的 정情은 자신의 생각과 행위를 다스리는 정신精神을 발현하여 자신 향방向方의 기틀을 굳건히 하며, 자신의 의식意識과 행위를 다스리게 된다. 의지意志에 의한 정신의식精神意識은 의지意志에 의한 의지정신意志精神을 성장하게 하고, 의지意志에 기반한 정신精神이 활성화될수록 정신의식精神意識을 벗어난 의식意識의 작용은, 의지意志의 정신력精神力에 의해 자연히 다스려지며, 정화되게 된다. 그러므로 수행의지修行意志 정신의식精神意識에 의한 관행觀行과 수행의정修行疑情으로 업력業力과 습관적 의식意識의 분별심分別心인 사상심四相心이 자연히 다스려지며, 수행의지修行意志 정신의식精神意識에 의한 관행觀行과 수행의정修行疑情의 활성화로 무명업식無明業識인 사상심四相心이 끊어져 소멸하게 된다. 의식意識의 작용은 끊임없는 상相의 헤아림과 분별심인 생각을 생성生成하며, 의지意志의 작용은 의식意識의 작용과 행위를 이끌고 다스리며 간섭하고, 의식意識을 제어制御하고, 조복調伏하며, 의식意識을 잠식하거나 끊는다.

소동 : 의식意識으로 깨달음에 들 수가 없다면, 깨달음에 드는 정신의식精神意識은 무엇입니까?

법계산인 : 의식意識과 자아自我를 벗어버린 각성覺性이다.

소동 : 의식意識과 각성覺性은 어떻게 다릅니까?

법계산인 : 의식意識은 상相에 머묾의 마음작용인 사상심四相心의 분별심, 상념想念의 작용이다. 각성覺性은 생멸 없는 마음 본연本然의 깨어있는 원융한 성품이다. 의식意識은 분별심分別心이므로 본래 실체가 없어, 깨달음을 얻음과 동시에 자아自我와 함께 흔적 없이 사라진다.

소동 : 깨달음의 각성覺性에 들려면 어떻게 해야 합니까?

법계산인 : 분별심으로는 깨달음의 각성覺性에 들 수가 없다. 분별심을 벗어남이 깨달음이며, 분별심 없음이 본심本心이며, 본성本性이며, 본각本覺이다. 분별심 없는 그 마음이 곧, 깨달음의 지혜다. 분별심은 상相의 헤아림인 상相의 상념想念 작용이니, 분별심은 상相에 머묾의 헤아림인 사상심四相心의 분별 작용이다. 분별심이 곧, 상相에 머묾의 마음이니,

상相에 머묾의 분별심이 사라지면, 바로 원융본심圓融本心에 이르게 된다. 분별심의 헤아림으로 깨달음에 들려는 사람들이 있으나, 분별심으로는 깨달음에 들 수가 없다. 또한 분별심이 있기 때문에 깨달음과 본심本心에 들지 못하는 것이다. 깨달음에 드는 법法의 길을 간단히 볼 것 같으면, 상相의 분별심分別心을 끊는 미혹타파迷惑打破인 중생법衆生法과 청정각성淸淨覺性 원융본성圓融本性을 드러내어 실상각實相覺에 바로 드는 본성법本性法인 성법聖法이 있다. 그러나 이 법法은 상심相心과 각성覺性을 달리한 것일 뿐, 그 근원이 서로 다르지 않다. 왜냐면 상相의 분별심分別心이 끊어지면 바로 청정각성淸淨覺性인 원융본성圓融本性 실상각實相覺에 이르기 때문이다. 사상심四相心이 있으면 청정각성淸淨覺性을 알 수가 없으니, 중생衆生의 무명미혹無明迷惑을 끊는 법法은, 상相이 상相이 아님을 일깨워 상相의 미혹 사상심四相心을 벗게 하고, 상相에 머묾의 분별심 상심相心을 끊는 것이다. 이는 상相이 상相이 아님을 깨달아 사상심四相心을 타파하고, 깨달음으로 상相에 머묾의 사상심四相心이 끊어지는 법法이다. 이는 곧, 실상實相을 깨닫기 위해 사상심四相心 미망迷妄을 여의는 중생법衆生法이다. 본성법本性法인 성법聖法은 실상實相 청정각성淸淨覺性 원융본성圓融本性을 바로 드러내어 실상각實相覺에 이르는 법이다. 불법지혜佛法智慧의 가르침은 상相이 상相이 아님을 일깨워 상相의 미혹 사상심四相心을 벗게 하고, 실상實相 원융본성圓融本性을 드러내어 상相 없는 실상實相에 이르게 한다. 깨달음에 이르는 모든 지혜의 길은 상相의 실상實相을 깨달아 원융본성圓融本性인 본연각성本然覺性에 이르는 법이다. 깨달음이란 본연각성本然覺性 한 경계에 이를지라도, 깨달음에 이르는 수행법은 심성선근心性善根과 지혜근기智慧根機와 숙세습기宿世習氣와 인연역량因緣力量에 따라 무량의無量義 차원과 길이 있다. 모든 경經의 사구게四句偈는 상相이 상相이 아닌 상相의 실상實相을 깨닫는 법과 상相이 본래 실체實體가 없어 생멸生滅이 끊어진 본성本性을 바로 깨닫게 하는 두 법二法을 근본하여 깨달음에 들게 한다. 법성法性을 깨닫는 관법觀法은 제상諸相의 성품, 비상非相을 깨달아 본성本性에 들게 하며, 선정법禪定法은 생멸심生滅心을 멸滅하여 생멸生滅 없는 본성本性에 들게 한다. 간화선看話禪은 생멸生滅 없는 본성本性의 경계를 바로 드러내어, 그 본성本性을 바로 깨닫도록 한다.

소동 : 관觀과 선정禪定과 선禪은 어떻게 다릅니까?

법계산인 : 깨달음의 관觀은 법法의 성품을 관觀함이니, 이
는 법성法性과 본성本性을 봄이다. 관觀을 나누어보
면 법法의 체관體觀, 상관相觀, 용관用觀이 있다. 법
法의 체관體觀은 본성관本性觀이니, 삼법인관三法
印觀의 열반적정관涅槃寂靜觀이다. 법法의 상관相觀
은 법성무아관法性無我觀이니 삼법인관三法印觀의
제법무아관諸法無我觀이다. 법法의 용관用觀은 법
성무주관法性無住觀이니 삼법인관三法印觀의 제행
무상관諸行無常觀이다. 또한, 법法의 체상용體相用
을 한목 관觀하는 법성원융관法性圓融觀이 있다. 법
성원융관法性圓融觀은 삼법인관三法印觀이 밀밀密
密하여 관력觀力이 깊어지면, 자연스럽게 터득하게
되는 법성원융일성관法性圓融一性觀이다. 법성法性
의 무주성無住性을 관觀하여 관행觀行이 깊어지면,
삼법인관三法印觀인 법法의 체상용관體相用觀과 법
성원융일성관法性圓融一性觀에 들게 된다. 관觀은
법法의 성품을 바로 봄이다. 이는 법法의 실상實相
과 본성本性을 봄이다. 선정禪定은 생멸生滅 없는
자기 본성本性, 청정부동淸淨不動 본심本心에 듦이
다. 이는 곧, 본연본성本然本性의 각성覺性에 듦이
다. 선禪은 자기 성품 당체當體를 바로 봄이다. 이
는 즉, 각覺을 바로 봄이다.

소동 : 관觀을 하려면 어떻게 해야 합니까?

법계산인 : 법계성法界性을 관觀해야 한다. 제법제상諸法諸相의 무주성無住性을 관觀하여, 무자성無自性 실상實相을 관觀하게 되며, 제법제상諸法諸相의 성품, 본성本性이 무아무상無我無相 청정성淸淨性, 불생불멸不生不滅 진성眞性인 실상實相을 깨달아야 한다. 삼법인관三法印觀이 법계성法界性을 관觀함이다. 또한, 깨달음의 지혜로 관觀하는 각관覺觀이 있으니, 원융본성圓融本性과 원융본심圓融本心과 원융본각圓融本覺의 부사의법계관不思議法界觀과 부사의용심관不思議用心觀 등이 있다.

소동 : 선정禪定에 들려면 어떻게 해야 합니까?

법계산인 : 선정禪定에 들지 않음이 선정禪定이다. 본래 본연본성本然本性이 청정부동성淸淨浮動性이니, 상심相心을 일으키지 않음이 그대로 선정禪定이다. 선정禪定에 들거나, 유심有心을 고요히 하여 선정禪定에 드는 것은 선정禪定이 아니라 마음을 고요에 머무는 유심법有心法이다. 선정禪定은 단지, 상심相心이 없음이다. 이것이 선정禪定이다. 이는 곧, 본심本心의 성품이다. 이는 본래本來의 마음 본성本性을 잃지 않음이니, 사상심四相心이 없는 그 자체다. 유심선정有心禪定은 사상심四相心의 중생심衆生心이

다. 유심선정有心禪定을 벗어나야 본연무심선정本然無心禪定에 들게 된다. 유심선정有心禪定은 상심선정相心禪定이다. 무심선정無心禪定은 사상심四相心이 없는 본심선정本心禪定이다. 그러므로 무심선정無心禪定이다. 무심선정無心禪定은 곧, 본심정本心定이며, 본성정本性定이며, 본각정本覺定이다. 무심선정無心禪定은 생멸부동심生滅不動心이다. 이는 본연각성本然覺性이다. 사상심四相心을 벗어나 본각本覺에 들면, 일체一切가 무심선정無心禪定이다. 선정禪定에 들려면 마음을 고요히 하거나, 생심生心을 멸멸하는 것이 아니라, 사상심四相心 없는 본각본성本覺本性이 무연선정無緣禪定이다. 마음을 고요히 하거나, 생심生心을 멸멸하는 것, 이 일체一切가 생멸심生滅心이며, 유심有心이니, 바른 선정禪定에 들 수가 없다. 본연무심선정本然無心禪定은 곧, 일여一如다. 일여一如는 불이각不二覺이다. 선정禪定은 곧, 사상심四相心이 없음이다. 법성게法性偈에는 본심정本心定을 해인삼매海印三昧라 했다. 이 경계는 무명무상절일체無名無相絶一切며, 제법부동본래적諸法不動本來寂이다.

소동 : 그러면 선정禪定에 들려면 자기 본성本性에 들어야 합니까?

법계산인 : 들어갈 본성本性이 없다. 사상심四相心을 여의면 일체一切가 그대로 본성本性이다.

소동 : 그러면 사상심四相心이 있으면 선정禪定에 들 수가 없습니까?

법계산인 : 선정禪定은 본심정本心定일 뿐, 선정禪定이 본래 없다. 그러므로 선정禪定이라는 것도 법法의 이름일 뿐이다. 그러나 사상심四相心이 있으면 선정禪定에 들어야 한다. 사상심四相心을 벗음이 곧, 선정禪定에 듦이다. 선정禪定이라는 말은 하나이나, 선정禪定은 본심정本心定이니, 완연한 본심정本心定에 들기 전에는 무량차별선정無量差別禪定이 있다. 이 모두가 유심有心의 차별선정差別禪定이며, 유심정有心定이다. 본심本心과 본성本性과 본각本覺을 깨달아 원융일성圓融一性에 들면, 무량선정無量禪定인 일체一切 차별선정差別禪定을 벗어나 무심정無心定에 이른다. 무심정無心定이 무상정無上定이며, 무상정無上定이 무상정無相定이다. 이는 곧, 원융본심정圓融本心定이다. 이것이 곧, 불정佛定이다. 또한, 깨달음을 얻어 부사의각不思議覺의 부사의용심정不思議用心定이어도, 그 또한 본심정本心定에 의한 부사의사不思議事다.

소동 : 심心을 고요히 하는 것은 선정禪定이 아닙니까?

법계산인 : 고요히 할 심心이 없다. 고요히 할 심心은 생멸심生滅心일 뿐이다. 나, 아我가 있으면, 항상 나에 이끌리어 선정禪定에 이를 수가 없고, 유심선정有心禪定을 이룬다 하여도, 아我가 있으면 그 선정禪定을 탐착하게 되거나, 선정상禪定相을 일으켜 생멸심生滅心에 떨어지거나, 법法을 탐착하는 법상法相을 가지게 된다. 왜냐면, 나我는 곧, 분별심分別心이며 사량思量이기 때문이다. 무엇이든 경계境界와 상황을 따라 헤아리고 분별分別하며 사량思量하는 것을 나我라고 한다. 그러므로 경계境界와 상황을 따라 헤아리고 분별分別하며 사량思量하는 나我가 있으면 법성法性과 본심本心과 부동심不動心 선정禪定에 들 수가 없다. 법성法性과 본심本心과 부동심不動心 선정禪定은 유심선정有心禪定이 아니며, 법성法性과 본심本心과 부동심不動心 선정禪定에 들면 그것이 본연심本然心이기에 이름할 선정禪定이 따로 없다. 본심정本心定에 들면, 일체선정一切禪定을 벗어나 일체一切가 원융각圓融覺일 뿐이다. 선정禪定이란 본연성本然性의 성품일 뿐, 따로 선정禪定이 없다. 본연성本然性 본심本心을 벗어나면 그것이 무엇이건 일체一切가 망妄이다. 선정禪定도 미혹에 의한 망妄의 이름일 뿐, 본심本心을 벗어나 따로 선정禪定이 존재할

수가 없다. 불이不二 성품은 일체一切 차별을 벗어났
다. 선정禪定이라 이름하고 일컬을 것이 있다면 그것
은 곧, 망妄이다. 차별 속에 선정禪定은 미망迷妄을
여의는 유심有心의 수단이며, 방편일 뿐이다. 그러
나 미망迷妄과 망동妄動이 있으면 본연성本然性의 본
심本心에 들 수가 없으니 망妄을 여의는 수단과 방편
에 의지한 미망迷妄과 망동妄動을 벗어나는 차제次
第적 과정인 유심선정有心禪定에 들어야 한다. 그러
나 유심정有心定은 현재심現在心을 다스리는 방편方
便은 될 수가 있어도, 더 높은 깨달음, 원융일성圓融
一性에 이르는 지혜길은 아니다. 일체 경계를 벗어난
완전한 선정禪定은, 본심本心, 본성本性, 본각本覺의
본연本然 성품이다. 이는 곧, 원융일성圓融一性이다.
그러나 원융일성圓融一性에 나我가 있다면 본심정本
心定이 아니다. 이는 유심有心이니, 나, 아我가 있으
면 분별의식分別意識이 있어 원융일성圓融一性에 들
수가 없다. 의식의 업력業力은 상相을 따라 흐르므로
본심정本心定에 들지 못한다. 그러므로 상相에 머묾
의 의식은 분별의 상념想念이므로 심心의 혼란이 있
다. 즉, 이것이 망념妄念 분별인 사상심四相心이다.
바른 선정禪定은 일여一如일 뿐, 무량차별선정無量
差別禪定이 없다. 일여一如에서 보면, 마음을 고요히
하는 일체선정一切禪定이 다 망妄이다.

소동 : 일여一如는 무엇입니까?

법계산인 : 본연本然 본성本性의 성품, 원융불이성圓融不
二性이다.

소동 : 본연本然이란 무엇입니까?

법계산인 : 얻거나, 구하거나, 만들거나, 이룩하거나, 성취
하는 것이 아닌, 본래本來의 성품이다.

소동 : 선禪은 무엇입니까?

법계산인 : 자기 본성本性을 바로 봄이다.

소동 : 선禪에 들려면 어떻게 해야 합니까?

법계산인 : 자기 본성本性을 볼 뿐, 들 선禪이 없다.

소동 : 들 선禪이 없다는 것이 무슨 뜻입니까?

법계산인 : 자기 본성本性은 상相이 없어, 들어가고 나올
대상對相과 내가 없기 때문이다.

소동 : 상相이 없다는 것이 무엇입니까?

법계산인 : 본성本性은 원융圓融한 성품일 뿐, 정定해 볼 성
품과 일컫고 이름할 형태와 모습이 없기 때문이다.

소동 : 그 성품을 봄이 선禪입니까?

법계산인 : 상相이 없으니 본다함이 옳지 않다.

소동 : 그럼 어떻게 해야 합니까?
법계산인 : 단지, 깨달아, 사상심四相心을 여의면, 스스로
　　　　　성性을 밝게 알 뿐이다.

소동 : 그럼 선禪이 무엇입니까?
법계산인 : 소동아, 차茶 한잔 하여라.

소동 : 차茶에 선禪이 있습니까?
법계산인 : 선禪만 뿐이겠느냐? 제불諸佛의 일체법一切法
　　　　　과 일체종지一切宗旨와 일체실상一切實相과 일체공
　　　　　덕一切功德이 그 차茶에 있다.

소동 : 관세음보살님의 이근원통법耳根圓通法과 어둠과 밝
　　　음을 보는 성품을 바로 돌이켜 깨닫는 본각선本覺禪
　　　은 어떤 수행에 속합니까?
법계산인 : 이근원통법耳根圓通法과 어둠과 밝음을 보는
　　　　　성품을 바로 깨닫는 본각선本覺禪과 화두수행話頭
　　　　　修行의 간화선看話禪은 바로 본성本性을 깨닫는 수
　　　　　행법이다. 이근원통耳根圓通은 소리를 듣는 그 성
　　　　　품 본성本性을 깨닫는 것이라, 소리가 깨달음 수행
　　　　　의 매개체이다. 이근원통법耳根圓通法의 수행이 깊

어지면 소리를 따라가지 않고, 소리를 듣는 본성本性은 항상하니, 그 항상한 본성本性을 관觀하게 된다. 그러나 이근원통耳根圓通의 관행觀行이 깊어지기 전에는 소리는 변하며 생멸의 것이라, 관행觀行이, 이 소리, 저 소리를 옮기어 찾아가거나, 소리가 끊어지면 관행觀行의 매개며 먹이인 매체가 없어, 일관一貫된 관행觀行이 쉽지를 않다. 어둠과 밝음을 보는 성품을 깨닫는 본각선本覺禪은, 깨달음 수행의 먹이며 매체인 어둠과 밝음은, 항상 눈을 뜨나, 눈을 감으나, 어떤 상황이든 깨달음을 얻을 때까지 바로 눈앞에 어둠과 밝음은 항상하며, 어둠과 밝음을 벗어날 수가 없으니, 수행자의 수행지혜에 따라 차별이 있겠으나, 이근원통耳根圓通 수행보다 본각선本覺禪 수행이 용이하고, 수행이 끊어지거나 멈춤 없이 수행의 매개체는 일관一貫된다. 이것이 이근원통법耳根圓通法과의 차별성이다. 화두話頭는 선지식善知識 깨달음의 지혜나 경계를 바로 드러낸 것이므로, 화두話頭에서 바로 깨달음을 얻거나, 깨달음을 얻지 못하면, 간화선看話禪의 수행매체 화두話頭의 깨달음을 위해 간화의정看話疑情에 들어야 한다. 그러나 그 화두話頭에 대한 수행적 깨달음의 믿음이 굳지 못하거나, 화두話頭에 대한 바른 수행의정修行疑情을 가지지 못하면, 화두話頭는 깨달음을 향한 수행의 먹이, 바른 매체의 역할을 하지 못한다. 이것은 화두話頭의 문제가 아니라, 그 화두話頭에 대한 스스로 수행의정修行疑情의 인연因緣을 갖지 못하는 것이다. 또한, 화두話頭의 종류가 많다보니 수행자의 개인적 화두수행의 차이는 있겠으나 수행자에 따라 간화선看話禪의 화두의정話頭疑情이 깊지 못하거나, 입문자入門者로서 화두話頭에 대한 믿음이 깊지 못하여 수행이 잘되지 않을 시에는 자신의 수행화두修行話頭로 바른 깨달음과 완전한 깨달음에 들 수 있는가에 대해 수행적 방황이나 혼란, 의심과 분별심이 일어날 수도 있다. 화두話頭에 대한 완전한 깨달음의 수행적 믿음이 없으면, 이것은 간화선看話禪 수행에 깊이 들어갈 수 없는 수행적 장애의 요인이 될 수도 있다. 간화선看話禪에서 수행의 화두話頭에 대해 완전한 깨달음의 믿음을 가지지 못하면, 간화선看話禪 수행과정에 문제점을 유발할 수도 있다.

소동 : 간화선看話禪과 본각선本覺禪의 차별은 무엇입니까?
법계산인 : 간화선看話禪은 깨달음의 수행요체修行要諦가 화두話頭를 깨달음이며, 본각선本覺禪은 깨달음의 수행요체修行要諦가 어둠과 밝음을 보는 바로 당체當體를 깨달음이다. 간화선看話禪에는 깨달음 수행

의 매체가 화두話頭며, 본각선本覺禪은 깨달음 수행
의 매체가 어둠과 밝음을 보는 바로 당체當體다. 간
화선看話禪은 화두의정話頭疑情 수행으로 깨달음에
들게 되고, 본각선本覺禪은 어둠과 밝음을 보는 당
체當體를 바로 돌이켜 수행의정修行疑情으로 깨달
음에 들게 된다. 간화선看話禪이나 본각선本覺禪이
나, 깨달음을 위한 수행의 먹이인 매체가 다를 뿐,
깨달음의 과정이 의정선疑情禪임은 다를 바가 없
다. 본각선本覺禪의 수행법이, 간화선看話禪의 시심
마是甚麼 화두수행話頭修行과 유사하거나 동일하게
생각할 수도 있다. 시심마是甚麼 화두수행話頭修行
에서 개인적 수행지혜에 따라 차별은 있겠으나, 시
是의 분명하고 명확한 수행일점修行一點, 수행초점
修行焦點의 일관성一貫性을 이루지 못하면 수행이
깊어질 수가 없다. 시심마是甚麼 화두수행話頭修行
에서 시是의 수행초점修行焦點이 명확하지 않으면,
시是에 대한 분별심으로, 실질적 수행 내면의 문제
점이 유발할 수도 있다. 실질 수행과정에는 깨달음
을 향한 수행일점修行一點, 수행초점修行焦點이 명
확하지 못하여 모호模糊하거나 애매하면, 수행 정
신일관精神一貫의 초점, 일관성一貫性이 흐트려져,
수행의 초점이 분별심을 따라 여기저기로 유동하거
나, 수행초점의 일관성一貫性이 끊어질 수가 있다.

이 문제가 별것 아닌 것 같아도, 수행자의 실질 수행 내면에서는 수행적 깊은 차원에 들지 못하는 중요한 하나의 요인이기도 하며, 수행에 수행정신의 일관성一貫性을 이루지 못하는 문제점 요인이기도 하다. 수행의 일관성一貫性이 이루어지지 않을 때에는 수행자의 실질 수행 내면에서는 여러 가지 수행적 분별심으로 수행의 병통이 일어날 수가 있다. 깨달음을 향한 수행이 점점 세밀하고 깊어지는 일관성一貫性을 가진 수행일점修行一點, 수행초점修行焦點이 실질 수행경계에서는 흐트러지지 않음이 참으로 중요하다. 수행일점修行一點, 수행초점修行焦點이 명확해야 수행의 일관성一貫性을 확립할 수가 있다. 시심마是甚麽 화두話頭의 간화선看話禪 수행과 어둠과 밝음을 보는 당체當體를 바로 돌이켜 깨닫는 것이 유사함이 있어도, 수행과정의 차별은 간화선看話禪은 화두話頭에 의지한 수행을 주체主體로한 간화선看話禪의 수행이며, 본각선本覺禪은 어둠과 밝음을 보는 바로 당체當體를 돌이켜 바로 깨닫는 본각선本覺禪의 수행이다. 또한, 수행과정에서 깨달음의 수행초점修行焦點이 간화선看話禪은 화두話頭에 있고, 본각선本覺禪은 깨달음의 수행초점修行焦點이 어둠과 밝음을 보는 바로 당체當體에 있음이, 간화선看話禪과 본각선本覺禪의 차이다.

깨달음을 위한 수행은 깨달음을 얻은 자의 수행이 아니라 깨달음을 얻기 위한 자의 수행이니, 본각선 本覺禪은 수행자의 경계에서 수행일념 중에 보이지 않고 잡히지 않으며, 명확하지 않은 막연한 것에 수행심의 고삐를 매려거나, 수행의정修行疑情을 가지려고 노력하는 것이 아니다. 바로, 살아있는 분명한 촉각과 감각 속에 명확하고 확실하여 벗어날 수 없는, 어둠과 밝음을 보는 살아있는 명확한 당체當體에 수행의 고삐를 매어, 수행의정修行疑情을 통해 깨달음에 드는 것이다. 이것만큼 촉각과 감각 속에 명확하고 분명하며, 확실한 수행일점修行一點, 수행매체의 장점을 가진, 수행초점修行焦點 일관성一貫性을 이루는 확실한 수행매체는 없다. 또한, 어둠과 밝음은 상相이지만 움직이는 형태와 시각적 초점을 이루는 형상이 아니므로, 마음이 수행매체에 동요되거나 머묾이 없어, 본각선本覺禪 수행심이 산란하거나 번거롭지 않음이, 수행 감각적 순응의 일관성一貫性을 가질 수가 있다. 이것이 본각선本覺禪 수행의 장점이다. 본각선本覺禪 수행의 뛰어난 장점은, 어둠과 밝음은 삶의 매 한순간 눈을 감거나, 눈을 뜨거나, 또한, 어디에 있거나, 어떤 상황 속에도 어둠과 밝음은 한순간도 촉각과 감각 속에 떨어질 수가 없고, 또한, 벗어날 수 없으므로, 어

둠과 밝음의 매체를 통한 항상 일관된 수행이 용이
하다.

어둠과 밝음은 형태가 없어 시각적 초점을 이루지
않아, 어둠과 밝음으로 분별심이 일어나지 않는다.
어둠과 밝음은 형태적 변화와 움직임이 없어 수행
심을 산란하게 하거나 동요되게 하지 않으므로, 촉
각과 감각이 살아있는 면전面前에 항상하여도, 어둠
과 밝음에 마음의 이끌림이나, 분별심이나, 산란심
이 없어, 수행심과 수행정신이 안정되어 산란하지
를 않다. 어둠과 밝음은 수행자가 어떤 상태와 어떤
상황 속에도, 매 한순간도 수행자의 분별심이나 촉
각과 감각의 움직임에 따라 분별심을 불러일으키는
형태의 물체가 아니므로, 오히려, 본각선本覺禪 수
행자의 수행심은, 어떤 상황과 어떤 경우이든 수행
심이 안정되며, 어둠과 밝음을 보는 당체當體로 향
한 마음은, 사상심四相心의 상相에 이끌리는 일상적
산란심을 제거하여 줌으로, 수행정신이 산란하지
않아 번거롭지 않고, 수행의 일관성一貫性과 일관도
一貫道를 유지할 수가 있으며, 깨달음을 향한 수행
매개로 수행심이 흐트러지지 않음이, 본각선本覺禪
수행의 뛰어난 장점이다.

본각선本覺禪은 생명의 촉각과 감각이 생생히 살아 있는 분명한 바로 시야에, 어둠과 밝음을 보는 당체當體를 수행의정修行疑情으로 꿰뚫어 깨달음에 드는 의정선疑情禪이다. 본각선本覺禪은 촉각이 살아 있는 바로 당체當體를 돌이켜 깨닫는 수행일점修行一點, 수행초점修行焦點이 명확하고 확실한 의정관疑情觀이며, 의정선疑情禪이다. 본각선本覺禪은 간화선看話禪의 시심마是甚麼 화두話頭의 시是를 명확하게 하거나 분명하게 한 것이 아니라, 바로 감각이 생생히 살아 있는 당체當體를 바로 보며 깨닫는 것이다. 그러므로 간화선看話禪과 본각선本覺禪의 수행적 차별은, 간화선看話禪은 화두話頭에 대한 깨달음의 수행이며, 본각선本覺禪은 어둠과 밝음을 보는 바로 당체當體를 수행의정修行疑情으로 꿰뚫어, 본성본각本性本覺을 깨닫는 수행이다. 이것이 간화선看話禪과 본각선本覺禪의 차별이다.

간화선看話禪은 화두話頭 그 자체가 곧, 본성을 드러내는 것이지만, 화두話頭의 경계를 깨닫지 못하면 화두話頭의 경계를 명확히 알 수가 없어, 화두話頭에 대한 깨달음의 확실한 믿음과 화두의정話頭疑情이 깊어지기 전에는, 화두수행의 수행일점修行一點, 수행초점修行焦點이 일관一貫되지 않음에 의한

수행적 내면의 방황과 갈등, 화두話頭에 대한 이러
저러한 분별심을 벗어나기가 쉽지 않다. 수행자에
따라 차별은 있겠으나, 이러한 수행내면의 문제점
은 간화선看話禪 화두수행의 과정에서 수행적 문제
점으로, 개인의 수행상황에 따라 여러 가지 병통이
일어날 수가 있다. 간화선看話禪 화두수행의 문제점
중에 병통이 생기는 중요한 원인 중에 하나는, 화두
話頭에 대한 의정일관도疑情一貫道인 수행일점修行
一點, 수행초점修行焦點이 명확히 잡히지 않기 때문
이다. 이러한 원인으로 화두수행에 깊이 들지 못함
은, 개인에 따라 이러저러한 수행적 병통을 유발하
게 되고, 수행 내면의 방황과 갈등으로 수행적 혼란
을 일으킬 수도 있다. 이는 화두수행에 의한 수행일
점修行一點이 확실하고 명확한 일관一貫된 수행초
점修行焦點이 이루어지지 않기 때문이다. 이러한 수
행과정은 개인에 따라 수행적 신심信心의 방황과 자
기수행에 대한 내면적 혼란을 겪기도 한다.

수행자의 수행 깊이와 수행지혜에 따라 차별은 있
겠으나, 화두話頭에 대한 바른 의정疑情과 그 화두
수행에 대한 확실한 깨달음을 향한 믿음이 수행심
속에 분명하지 않을 때에는, 간화선看話禪 화두수행
의 내면적 문제점을 유발하게 되며, 그 수행적 내면

의 문제점을 해결하거나 벗어나기 위해서, 수행과정에 수행자는 자신 수행지혜의 역량을 다하여 다양한 수행적 노력을 하게 된다. 이것은 화두話頭에 문제가 있는 것이 아니라, 수행자가 화두수행의 과정에서 수행적 내면의 여러 경험과 상황을 겪으면서, 화두話頭에 대한 깨달음의 확신이 흐트러지거나, 명확하지 못하기 때문이다. 이는 단순, 수행자의 문제점으로만 돌릴 수는 없다. 그것은 수행자의 개인적 수행과정과 수행인연의 차별은 있겠으나, 깨달음을 향한 치밀한 향심向心과 절박함 속에 확실한 믿음으로 화두話頭를 받은 것이 아니거나, 또한, 선지식善知識과의 법法의 믿음과 신뢰가 굳은 인연 속에, 확실한 믿음으로 소중한 화두話頭를 받은 것이 아니면, 화두話頭에 대한 스스로의 믿음이 부실하여, 화두話頭에 대한 깊은 수행의지를 갖기가 힘들다. 깊은 수행의지와 깨달음의 간절한 마음의 기연機緣 없이 통상적인 과정이나, 수행의지가 굳지 못함 속에 화두話頭를 받았다면, 개인에 따라 다르겠으나, 깨달음에 대한 화두話頭의 명확한 수행일점修行一點, 수행초점修行焦點이 일관一貫되지 않으므로, 화두話頭에 수행적 탐색만 하게 된다. 이러한 상황은 더 깊은 의정疑情으로 융화되지 못하는 수행상황이, 화두話頭에 대한 수행적 괴리감乖離感이 생

기게 된다. 이러한 문제점은 개인적 수행내면에서
는, 깨달음을 위해 반드시 해결해야 할 참으로 중요
한 문제며, 이러한 수행적 혼란은, 수행자의 수행신
심과 수행 자체를 방황하게 하거나, 수행적 혼란을
겪게 되는 원인이기도 하다. 간화선看話禪 시심마是
甚麼의 화두수행話頭修行에서, 시是의 수행초점修行
焦點을 본각선本覺禪의 깨달음을 위한 수행매개인
어둠과 밝음을 보는 당체當體를 시심마是甚麼의 시
是의 수행초점修行焦點으로 수용해도 된다. 그러면
간화선看話禪 시심마是甚麼 화두수행話頭修行의 수
행초점修行焦點인 시是에 대한 분명하고 명확한 일
관성一貫性을 이룰 수가 있다.

소동 : 간화선看話禪의 시심마是甚麼 화두話頭에서 시是
　　　를 어떻게 수용하고 어떻게 의정疑情을 가져야 합
　　　니까?
법계산인 : 시심마是甚麼 화두話頭에서 시是의 명확한 의
　　　정疑情의 초점을 가질 수가 있다면 수행이 순조로
　　　울 수가 있으며, 시是에 대한 일관一貫된 수행이 이
　　　루어질 수가 있다. 그러나 시是에 대한 명확한 초점
　　　을 가지지를 못하면 시是에 대한 수행 매체의 초점
　　　을 이룰 수가 없어, 행위를 따라, 또는 상황을 따라
　　　시是의 수행매체의 초점을 옮기게 되거나, 유동하

므로 시是에 대한 일관성一貫性을 가질 수가 없다. 그러므로 수행자는 수행 속에 계속 시是에 대한 수행 초점의 일관성一貫性을 가지려고 수행 속에 끊임없이 노력하게 된다. 행위자의 행위를 따라 시是의 수행초점이 유동되지 않고, 시是에 대한 일관一貫된 명확한 수행초점을 이룰 수만 있다면, 수행이 분별심 없이 안정되고 순조로운 의정疑情의 일관성一貫性을 이룰 수가 있다. 시是는 곧, 무위無爲를 일컬음이다. 그러나 이 말의 뜻을 이해하지 못하거나, 수용할 지혜가 없으면 곧, 행위자를 시是로 인식하게 되거나 수용하게 됨으로, 행위자의 행위를 따라 시是에 대한 수행매체의 초점이 끊임없이 유동하게 된다. 그러므로 시是에 대한 의정疑情의 일관성一貫性을 가질 수가 없다. 행위자를 따라 시是를 수용하다 보면, 항상 행위자의 행위를 따라 시是에 대한 수행매체의 초점이 유동하게 됨으로, 시是의 수행초점 의정疑情의 일관성一貫性을 가질 수가 없어, 황하黃河의 모래알을 헤아리는 것과 다를 바가 없다. 그럴 때에는 시是의 수행매체의 초점을 본각선本覺禪의 수행매체인 어둠과 밝음을 보는 당체當體를 수용하면 시是의 일관성一貫性을 가질 수가 있어 수행이 더 용이하거나, 시是에 대한 분별심 없는 안정된 수행을 할 수가 있다. 시是에 대한 수행초점이 명확할수록 수행이 분별심 없이 순조롭고, 수행의 일관성一貫性을 가질 수가 있다. 그 수행초점 수행 매체를 놓지 않고 의정疑情을 더하면 된다.

소동 : 본각선本覺禪에서 어둠이나 밝음을 보는 당체當體를 바로 돌이켜 무엇인가를 의심하고 의심하며, 오직 깨닫기 위해 의심할 뿐, 의식과 분별심으로는 깨달을 수 없으니, 분별심으로 헤아리려 하지 말고, 오직, 의심의 문門에 들어 깨달아야 한다는 말씀은 무슨 뜻입니까?

법계산인 : 본각선本覺禪은 어둠과 밝음을 보는 당체當體를 바로 돌이켜 의정疑情으로 깨달음에 드는 의정선疑情禪이니, 본각선本覺禪의 깨달음 수행비결修行秘訣은 의정疑情에 있다. 이것은 간화선看話禪의 수행도 다를 바가 없다. 본각선本覺禪과 간화선看話禪의 차이는 간화선看話禪에는 깨달음의 매체 의정疑情의 대상인 화두話頭가 있으나, 본각선本覺禪은 의정疑情을 전제前提로 하는 화두話頭가 없다. 단지, 살아있는 촉각과 감각의 시야에 바로 어둠과 밝음을 보는 당체當體가 있을 뿐이다. 눈을 감으나, 눈을 뜨나, 어떤 상황, 어떤 경우에도 본각선本覺禪 깨달음의 수행 매개媒介인 어둠과 밝음은, 살아 있는 감각의 면전에 항상하며, 어둠과 밝음을 보는 당

체當體를 명료히 완전하게 깨닫기 전에는 어둠과 밝음을 벗어날 수가 없다. 화두話頭는 참구參究하지 않으면 수행의 매체인 화두話頭를 놓게 되거나, 벗어나거나, 잊을 수도 있으나, 본각선本覺禪에서 수행의 매체인 어둠과 밝음은, 깨달음을 얻지 못하면 산자나 죽은 자나, 생사生死 속에 매 한순간도 잊어버리거나 벗어날 수가 없다. 간화선看話禪 수행이 깊지 않으면 화두話頭를 놓지 않기 위해 계속 챙겨야 하나, 어둠과 밝음은 내가 챙기는 것이 아니라, 항상 깨달음 수행매체 속에서 삶이 이루어지며, 항상 바로 시야에 생생히 부딪히는 촉각과 감각의 경계이므로, 이는 간화선看話禪의 수행매체 화두話頭와 다른 점이다. 화두話頭는 수행자가 항상 챙기고, 놓지 않아야 하는 노력이 따르나, 본각선本覺禪의 수행매체 어둠과 밝음, 어둠과 밝음을 보는 당체當體는 챙기고 놓지 않으려 노력하지 않아도 항상, 바로 앞에 명확하고 분명하며, 항상 보는 당체當體가 생생히 살아있다.

그리고 법法을 관觀하는 관법觀法 수행에는 관觀의 대상인 상相이 형태적 생멸과 변화와 움직임에 따라 관행심觀行心이 상相을 따라 유동하거나, 상相의 형태적 생멸 속에 상相이 끊어지거나, 상相이 수행인지 감각 속에 사라지는 경우는 관행觀行의 먹이인 대상을 또 다른 매개媒介의 상相으로 옮겨야 하는 관행觀行의 이음과 단절을 반복하게 된다. 그러나 본각선本覺禪 깨달음 수행의 먹이인 매체는 눈을 감거나, 눈을 떠도 항상하며, 어떤 상황과 환경 속에도 매 한순간도 수행의 먹이를 놓아버리거나 놓칠 수가 없다. 어둠과 밝음은 산자나 죽은 자나, 생사生死에 관계없이 항상, 자기가 존재해 있는 그 곳 그 순간에 항상한다. 또, 어둠과 밝음은 단지 형태 없는 상相일 뿐, 시각적 초점을 이루는 형태가 아니므로 의식이 어둠과 밝음에 빼앗기거나 머문다든지, 사물의 움직임을 따라 의식이 움직인다든지 이러한 것이 없으므로, 단지, 어둠과 밝음을 보는 것을 바로 돌이키는 그것만으로도 상相에 이끌림의 산란심과 의식의 요동을 쉬게 하는 심리적 효과가 있다. 어둠과 밝음은 상相이지만, 움직이는 형태적 사물의 상相이 아니므로 단지, 본각선本覺禪 수행을 함으로 산란심이 제거되며, 번거로운 마음들이 자연히 쉬게 된다. 이것은 어둠과 밝음은 감정과 생각을 일으키고, 마음이 머물고 이끌리는 형태를 가진 사물의 상相이 아니기 때문이다. 단지, 본각선本覺禪을 수행하는 것만으로도, 마음이 사물의 초점적 상相에 머묾의 분별심을 이완하므로, 상相에 머무는 마음의 번거로움과 산란심을 쉬게 된다. 본각선本覺禪의 이러한 수행심리적 영향과 정신적 효과는 마음 다스리는 법을 따로 구하거나 행할 필요가 없다. 무엇이든 마음에 무엇을 얻거나, 더하거나, 구하여 마음의 안정과 평정을 이루는 것은, 그 평정은 반드시 곧 파괴되며 소멸하여 잃게 된다. 스스로 생각의 번거로움이나, 마음을 다스려야 할 경우는 바로 본각선本覺禪, 어둠과 밝음을 보는 당체當體를 바로 돌이켜 수행의정修行疑情에 들면, 일체 생각으로 인한 마음의 번거로움과 산란심을 바로 쉬게 된다. 이것은 깨달음을 얻지 않아도, 마음을 쉬게 하거나 다스리는 마음 다스림의 심리적 효과가 있기 때문이다. 이러한 본각선本覺禪 수행의 깨달음 매체인 어둠과 밝음을 보는 당체當體를 바로 돌이켜 의정수행疑情修行을 가지는 것만으로도 심리적 안정이 주어지는 본각선本覺禪 수행의 심리적 효과는, 여타한 깨달음의 수행과정에서 수행이 순조롭지 못함으로 인하여 맞닥뜨리거나 부딪히는, 다양한 요인으로 인한 수행내면 부조화에 의한 심리적 부담은 없다.

모든 수행의 과정에는 다양한 요인으로 수행적 문제점이나, 수행적 이해부족이나, 수행지혜가 없거나, 수행경험의 부족으로 겪게 되는, 수행적 혼란이나 방황이 수행과정에 있을 수도 있다. 이 문제점들은 이것이 옳은지, 그른지와 이렇게 하면 되는 것인지, 잘못하는 것인지를 명확하게 알 수가 없어 수행적 내면의 방황과 혼란을 겪게 된다. 수행적 방황과 혼란을 해결하거나, 여기에서 빠져나와 명확한 바른 믿음과 확신을 갖기까지는 많은 수행적 경험과 노력이 요구된다. 그러나 그 수행에 대한 바른 지혜를 가진 선지식善知識에게 바른 수행점검을 하면, 깨달음을 향한 수행의 시간과 방황을 단축할 수가 있다. 그러나 아무리 지혜의 눈이 밝은 선지식善知識이 있어도, 그 선지식善知識에게 자기 스스로 순수한 정신적 확실한 믿음이 없다면 도움이 되지를 않는다. 자기 자신을 구제하고 제도하는 법法의 인연관계는 믿음과 신뢰가 바탕이며, 믿음은 수행의 길에 생명력이기 때문이다. 법法을 구하고, 수행을 점검하며, 지혜에 의지하는 길에도 반드시 믿음과 신뢰의 확신이 절대적이며, 수행에는 무엇보다 선지식善知識이나 수행법에 자기의 확실한 믿음이 전제되어야만 한다. 수행은 오직, 자신의 길이며, 수행 길에 밝은 지혜에 의지하지 않으면, 자신의 무명無明과 미혹의 안목을 벗어날 수가 없다. 수행 길은 자신 앎의 영역을 벗어난 세계이므로, 절대적 믿음의 바른 인연사因緣事가 참으로 중요하다. 완전한 지혜의 밝음에 이르기까지는 자신이 항상 옳다는 생각과 고정관념은 정견正見과 정론正論일 수가 없다. 누구나 법法에 대한 앎을 앞세우는 법상法相과 어리석음이나 교만이 있으면, 자신을 바른길로 이끌 수가 없다. 왜냐면 수행 과정의 자신은 실상실법實相實法에 대한 분명하고 명확한 완전한 지혜의 밝음을 갖고 있지 않기 때문이다.

수행자는 타인의 옳고 그름을 가름하는 것 보다 우선해야 할 것은, 수행 과정에 있는 자신의 허虛와 실實을 명확하게 꿰뚫는, 하심下心하는 점검의 지혜가 중요하다. 그러나 자신의 안목으로는 자신은 밝게 알 수가 없다. 왜냐면, 명확하고 밝지 못한 자신 시야의 한계를 벗어날 수가 없기 때문이다. 그러나 지혜가 밝아지면 자신의 허물이 무엇인지를 명확히 깨닫게 된다. 시야가 어두우면 무엇인들 명확하게 볼 수가 없고, 시야가 밝으면 세상의 두두물물 뿐 아니라, 남의 밝음과 어둠까지 자연히 밝은 지혜의 시야에 들어온다. 완전한 지혜를 밝히기 전에는, 그 밝음이 무엇이든 완전함이 아니니, 무엇이든 명료히 밝지 못한 자기의 시야와 견해로, 옳고 그름을 가름하고 판단하는 것은 잘못을 범할 수가 있다. 수행과정에서는 지혜부족으로 자기 시야에 옳고 그름이 명확하지 않으니, 옳고 그름이 자연히 명확하게

드러나지 않으면, 지혜를 더욱 밝혀, 스스로 어둠의
안목과 시야를 벗어나야 한다.

본각선本覺禪이 수행의정修行疑情에 깨달음의 비결
秘訣이 있는 것은, 분별과 사량으로는 깨달음을 얻
을 수가 없기 때문이다. 왜냐면, 상相은 상相으로
제거할 수가 없고, 분별은 분별로 제거할 수가 없으
며, 자아自我는 자아自我로 소멸할 수가 없기 때문
이다. 깨달음을 위한 수행에서 생각으로 알아맞히
려는 헤아림의 분별은, 벌써 수행의정修行疑情을 놓
아버린 상황에서 일어나는, 무명의식無明意識 분별
의 헤아림인 사량思量일 뿐이다. 분별심과 사량思量
으로는 의식意識과 상심相心과 사상심四相心과 무명
無明 업력業力의 미혹迷惑을 제거할 수가 없다. 오
로지 의정疑情만이 분별심과 사량思量과 의식意識
과 상심相心과 사상심四相心과 무명無明 업력業力
의 미혹迷惑을 제거하여, 원융일성圓融一性인 본심
本心, 본성本性, 본각本覺에 들 수가 있다. 깨달음을
위한 정신의 순수의지로 분별과 사량思量의 헤아림
없는 순수 의정疑情만이 무명업력無明業力과 자아
의식自我意識을 제거하게 된다.

분별없는 순수의정純粹疑情은 가슴에너지 각성覺醒

의 활성화로, 분별심에 의한 두뇌에너지 각성覺醒과 활성화를 쉬게 하므로, 심心의 순수 맑은 정신에 무명업력無明業力이 무르녹아, 심心의 밝음인 각성覺醒은 본심本心, 본성本性, 본각本覺 원융일성圓融一性의 깨달음에 이르게 된다. 상相은 상相으로 제거할 수가 없고, 무명無明은 무명無明으로 제거할 수가 없으며, 미혹은 미혹으로 제거할 수가 없다. 상相 없는 본심本心, 본성本性, 본각本覺의 본연本然 성품만이, 일체상一切相의 분별인 사상심四相心과 일체미혹一切迷惑을 제거할 수가 있다. 왜냐면, 상심相心은 상심相心을 불러일으키지만, 상相 없는 본심本心, 본성本性, 본각本覺의 본연本然 성품에는 일체상一切相과 일체무명一切無明과 일체미혹一切迷惑이 의지하고 붙을 곳이 없기 때문이다. 분별없는 진실한 순수의정純粹疑情 자체가 가슴의 순수 정신에너지 각성覺醒과 활성화로, 일체상一切相과 일체무명一切無明과 일체미혹一切迷惑을 제거하는 작용을 하기 때문이다. 이는 의정疑情의 순수 정신에너지 활성화에 무명업식無明業識이 무르녹아, 상相 없는 본성本性의 각성覺性에 이르게 하기 때문이다.

소동 : 본각선本覺禪의 바른 수행은 좌선坐禪을 해야 합니까?

법계산인 : 본각선本覺禪 수행은 행주좌와行住坐臥의 일상행에 무엇이든 관계가 없다. 본각선本覺禪의 수행 매개인 어둠과 밝음은 심신心身의 동動과 정靜에 관계가 없고, 눈을 감거나 눈을 뜨거나 관계가 없다. 단지, 어둠과 밝음을 보는 당체當體를 바로 돌이켜 수행의정修行疑情을 가질 뿐, 어떤 무엇에 치우치거나 집착할 바는 없다. 눈으로 사물의 형태를 보는 것은, 사물 형태의 특성과 작용 변화에 따라, 심신心身의 머묾인 동動과 정靜에 관계가 있으나, 어둠과 밝음은 마음의 동動과 정靜에 관계가 없으며, 어둠과 밝음을 보는 당체當體는 심신心身의 동動과 정靜에 관계가 없다. 단지 어둠과 밝음을 보는 당체當體를 바로 돌이켜 깨닫고자 의심疑心하는 수행의정修行疑情이 중요할 뿐, 어둠과 밝음을 보는 당체當體는 좌坐와 행行에 다를 바가 없다. 수행의정修行疑情이 조금만 깊어지면, 눈을 감거나, 눈을 뜨거나, 어둠이 있거나, 밝음이 있거나, 어둠과 밝음을 보는 당체當體를 한순간도 벗어나거나, 놓은적이 없으니, 행주좌와行住坐臥 일상행 모두가 수행의 장場이 되며, 머묾 없는 일상의 행위 속에 수행의정修行疑情으로 행行이 끊어진 자신의 성품을 깨닫게 된다. 반드시 선禪은 좌선坐禪을 해야 한다는 고정관념과 선禪의 수행은 좌선坐禪이라는 치우친 생각도 버려야 한다.

선禪은 행주좌와行住坐臥에 관계없이 자기 본성本性을 볼 뿐이다. 움직이는 것이 상황에 따라 수행에 방해되거나 수행이 번거로우면 좌선坐禪을 해도 무방하나, 굳이 좌선坐禪을 집착하는 것은 오히려 수행의 일관一貫됨이 끊어진다. 개인의 특성에 따라 차별이 있겠으나, 본각선本覺禪은 좌선坐禪보다는 오히려 경행선徑行禪이 유효할 수도 있다. 수행일점修行一點, 수행초점修行焦點이 없어, 의식의 상념想念으로 집중하고자 하거나, 단지, 정신을 집중하는 수행에는 주위나 환경이 시끄러운 것이 정신집중이나, 수행에 방해될 수가 있으나, 본각선本覺禪은 어둠과 밝음을 보는 당체當體를 돌이켜 바로 수행의정修行疑情을 가짐이니, 개인에 따라 차이는 있겠으나 수행의정修行疑情이 조금 익숙해지면, 주위환경이 어떻든 수행이 번거롭지 않다. 여유있는 가벼운 경행선徑行禪으로 본각선本覺禪을 해보면, 오히려 좌선坐禪보다 경행선徑行禪이 수행의정修行疑情이 용이하고, 산란심과 침체되는 의식이 스스로 다스려지므로, 오히려 경행선徑行禪이 도움이 될 수도 있다.

수행심리修行心理나 의식 흐름을 관찰해보면, 조화調和 섭리의 작용, 만물 흐름의 자연 섭리처럼, 걸을 때에 무의식적으로 손과 발이 움직여 몸의 균형을 잡듯, 자연적 섭리로 어떤 목적의식을 가지지 않고 몸을 자연스럽게 움직일 때에는 고정된 사물이 의식이나 눈에 우선 들어오거나 인식되며, 또한, 몸을 가만히 있으면 움직이는 사물이 의식이나 눈에 우선 들어오거나 인식되므로 조그마한 유동에도 마음이 이끌리게 된다. 그러나 어둠과 밝음을 보는 당체當體를 바로 돌이켜 수행의정修行疑情을 가지는 본각선本覺禪에는, 가벼운 경행선徑行禪을 통하여 이루어지는 수행의정修行疑情으로, 동정動靜의 조화調和는 동動함 속에 동動함 없는 자기 본성을 인식하게 되거나, 느끼게 되거나, 깨닫게 되므로, 여유있는 가벼운 경행선徑行禪은, 수행을 번거롭게 하거나 방해하는 여타한 의식의 흐름과 좌선坐禪에 의한 수행의 문제점까지 해결하게 된다. 경행徑行 속에 이루어지는 본각선本覺禪 수행의정修行疑情의 경험이 조금 깊어지면, 동動과 정靜의 조화를 이루는 경행선徑行禪의 수행묘미修行妙味를 스스로 터득하게 된다.

불법佛法은 앉는 것에 있지 않으며, 지혜智慧 또한 앉는 것에 있지 않으며, 수행修行 또한 앉는 것에 있지 않으며, 깨달음 또한 앉는 것에 있지 않으며, 본성本性 또한 앉는 것에 있지 않다. 불법佛法은 각성행覺性行이며, 지혜智慧는 원융심圓融心이며, 수행修行은 무사상無四相 대지혜大智慧의 무주행無住行이며, 깨달음은 자타 분별심이 끊어진 원융일심圓融一心 일여행一如行이며, 본성本性은 행주좌와行住坐臥나, 일체상一切相을 벗어났다. 선禪을 하기 위해서 앉는다는 것도 옳지 않으며, 앉아서 선禪을 한다는 것도 옳지 않다. 선禪은 단지, 일체행一切行에 자기 본성本性인 자성自性을 밝게 보는 것일 뿐, 앉는 것이 아니며, 앉는 것은 선禪이 아니다. 깨달음을 얻기 위한 수행자는 일체행一切行에 자기 본성本性을 밝게 볼 뿐, 선禪이 목적이 되어서는 안 된다. 앉음도, 선禪도 깨달음을 위한 하나의 수단과 방편일 뿐이다. 깨달음과 앉음은 관계가 없으며, 마음의 한 기틀이 어디에 안주해 있으며, 어디에 머무르며, 무엇에 의지하며, 무엇에 따라 행하느냐의 한 경계 지혜의 차별에서 수행과 수행 아님을 가름할 뿐, 단지 앉음이 수행이 아니다. 수행일심修行一心이 본성행本性行과 자기 본성本性을 깨닫는 것에 목적을 두어야지, 단지, 앉음과 선禪이 목적이 되어서는 안 된다. 깨달음이 앉음과 무슨 상관이 있으며, 앉음이 본성本性과 무슨 상관있겠느냐. 무엇이든 한쪽으로 치우치거나, 이끌리거나, 고집하면 일관一貫된 수행의 조화로움을 잃게 된다. 좌선坐禪을 고집하거나, 집착하다 보면, 선禪은 앉는 것에 있지 않으므로 좌선坐禪에서 일어서면 수행심을 놓거나, 수행의 조화를 잃게 된다. 깨달음을 향한 수행의 자연스런 조화는, 행주좌와行住坐臥 일상의 일체행一切行 속에 일상선日常禪을 하도록 노력해야 한다. 어떤 수행이든 일관된 순일한 조화調和를 잃으면, 면밀한 수행초점을 놓을 수도 있고, 수행의 극極의 일점에서 한 호흡도 세밀히 물러설 수 없는 치밀한 경계에서도 수행의 순일한 조화調和를 잃으면, 결정적 수행에서 수행의 극밀極密한 경계가 끊어지거나 잃을 수도 있다. 극極을 향한 치밀한 경계이어도 수행적 조화調和의 극밀極密함을 놓지 않음은, 무한조화無限調和의 진밀眞密 속으로 들어가는 것이다. 이 우주 만물의 흐름이 결정적 조화調和의 절대성을 이루는 안정섭리의 작용이다. 수행이 깊어질수록 생태환경과 조화를 이루게 되며, 그 조화調和의 절대성이 깨달음의 완연한 원융, 제법본성諸法本性인 중도실상中道實相이며, 무자성無自性 청정성품 원융일성圓融一性이다. 무엇이든 치우치면, 그것이 근원적 중도中道를 잃음이며, 본성本性의 지혜를 벗어나므로 분별심에 이끌리게 된다.

소동 : 깨달음을 위해 호흡수행이나, 호흡법을 중시하는 가르침도 있습니다. 본각선本覺禪 수행에 호흡수행을 해야 합니까?

법계산인 : 선禪으로, 관觀으로, 호흡법으로, 명상법으로, 공空으로, 지관止觀으로, 삼매三昧로, 열반涅槃으로, 지혜智慧로 깨달음에 드는 것이 아니다. 그 어떤 무엇으로도 바르고 완전한 깨달음에 들지 못한다. 깨달음에 이르는 것은 단지, 두 가지 결과로 깨달음에 이르게 된다. 상심相心이 끊어짐과 본심本心을 발發함이다. 상심相心이 끊어짐은 사상심四相心 무명無明이 끊어짐이며, 본심本心을 발發함은, 각성覺性을 발發하여 일체상一切相이 끊어진 원융본심圓融本心, 원융본성圓融本性, 원융본각圓融本覺을 발發함이다. 깨달음을 위한 모든 수행은 단지, 사상심四相心을 멸滅하는 행위일 뿐, 원융본심圓融本心, 원융본성圓融本性, 원융본각圓融本覺을 구하는 수행이나, 각성覺性을 발發하는 수행이 아니다. 본연본성本然本性이 각성覺性이며, 원융본심圓融本心, 원융본성圓融本性, 원융본각圓融本覺이니, 수행으로 구하여 얻어지거나, 수행으로 각성覺性을 발發하는 것이 아니다. 본연본성本然本性 그대로 각성覺性이 원만구족圓滿具足하니, 발發해야 할 각성覺性이 따로 없고, 얻어야 할 깨달음이 없다. 단지, 사상심四相心만 끊

어지면, 그대로 일체一切가 각성원융覺性圓融인 본심本心, 본성本性, 본각本覺의 각명覺明 세계다. 깨닫고 나면 선禪이든, 관觀이든, 호흡법이든, 명상법이든, 공空이든, 지관止觀이든, 삼매三昧든, 열반涅槃이든, 지혜智慧든 일체一切가 미망迷妄 속의 일임을 깨닫게 된다. 무엇에 의지하거나, 무엇에 의해 깨달음을 얻는 것이 아니다. 단지, 각성覺性을 발發하므로 본연본성本然本性 각성계覺性界에 들게 된다. 깨달음이란 미망迷妄에 근거한 것일 뿐, 각성覺性에는 깨달음이 없다. 그러므로 깨달음이란 언어와 경계를 상심相心에서 보는 것과 각성覺性에서 보는 것은 다르다. 미망迷妄의 상심相心에서 깨달음이란 미망迷妄인 상심相心을 벗어남이며, 각성覺性에서 깨달음이란 벗어나야 할 망념妄念의 환幻이다. 그러므로 깨달음을 얻어도 완전한 각성覺性에 들 수 없음은 미망迷妄 상심相心을 벗어난 깨달음까지 벗어나야만 완전한 각성覺性에 이르게 된다. 깨달음을 얻기까지의 수행과 깨달은 깨달음까지 벗어나야만 완전한 본연본성本然本性 각성覺性에 이르게 된다. 그러므로 깨달음을 얻기 위한 수행의 어떤 것이든 그것은 상심相心 미망迷妄인 사상심四相心을 멸멸滅하는 방법이며 행위일 뿐이다. 이 일체一切는 망식妄識인 의식意識을 멸멸滅하는 수단과 방편의 행위다. 깨달음을 얻기 위한 선禪이든, 관觀이든, 호흡법이든, 명상법이든, 공空이든, 지관止觀이든, 삼매三昧든, 열반涅槃이든, 지혜智慧든 일체一切가 미망迷妄 속의 일이다. 깨달음을 얻으면 이 일체一切가 깨달음의 각성覺性과 아무런 연관과 관련이 없음은 비로소 알게 된다. 그러나 미망迷妄인 사상심四相心이 있으면 사상심四相心을 멸滅해야 하니, 사상심四相心을 멸滅하는 인연의 수행에 의지해 사상심四相心이 끊어져야 한다. 그러나 미망迷妄인 사상심四相心이 끊어지는 결정적인 것은 수행에 의함이 아니라, 기연機緣을 따라 상相이 끊어진 본연본성本然本性을 발發하므로 미망迷妄인 사상심四相心이 끊어지는 것이다. 수행자가 알아야 하는 것은 망迷으로 망迷을 제거할 수 없으니, 수행심으로 미망迷妄인 사상심四相心이 끊어지는 것이 아니라, 수행의 기연機緣으로 일체상一切相이 끊어진 청정부동淸淨不動의 본연본성本然本性을 발發하므로 미망迷妄의 사상심四相心이 그 본성本性에 의해 바로 끊어지게 된다. 왜냐면 미망迷妄인 사상심四相心은 상相의 상념想念 의식意識에 뿌리를 둔 상심相心이니, 일체상一切相이 끊어진 청정부동淸淨不動 본연본성本然本性을 발發하므로, 본연본성本然本性에는 미망迷妄의 사상심四相心인 상相의 상념想念이 붙거나, 의지하거나, 뿌리를 내리고 기생寄

生할 곳이 없어, 무명無明과 미혹迷惑, 사상심四相心 상相의 상념想念 의식意識이 사라지는 것이다. 그러므로 깨달음을 위한 각종 수행법修行法은 그 행위법行爲法이 다르고, 깨달음을 위한 수행의 특성과 성질이 달라도, 이 모두는 단지, 의식意識을 쉬게 하고, 의식意識을 맑히며, 의식意識을 순일하게 하고, 의식意識의 세력을 잠재우며, 의식意識의 흐름을 끊는 특성과 성질을 지닌 행위법行爲法이다. 수행법에 따라 의식意識을 제어하거나, 맑히거나, 흐름을 끊는 수행특성의 갈래와 차별이 있으니, 수행자의 업력근성業力根性과 지혜차별智慧差別과 근기특성根機特性에 따라 알맞은 수행법에 의지해 깨달음을 위한 수행을 하면 된다. 수행기연修行機緣을 따라 홀연히 본심本心을 발발發發하면, 본심本心에는 상相의 상념想念 의식意識이 붙을 곳이 없어 사상심四相心이 끊어지니 본연본성本然本性의 깨달음에 들게 된다.

깨달음을 위한 그 과정이 무엇이든, 그 행위는 사상심四相心을 끊는 하나의 수단이며 방편일 뿐, 깨달음의 직접적인 원인은 아니다. 깨달음의 직접적인 원인은 오직, 청정부동清淨不動 본심본성本心本性을 발발發發하는 것이다. 본심본성本心本性을 발발發發함과 사상심四相心이 끊어짐은, 깨달음의 한 순간 한목 이루어진다. 왜냐면, 본심본성本心本性을 발發함이 사상심四相心이 끊어짐이며, 사상심四相心이 끊어짐이 본심본성本心本性을 발發함이기 때문이다. 깨달음이 무엇을 깨달음인가 하면, 두 가지의 실상實相을 한목 깨달음이니, 망妄의 경계와 실實의 경계다. 깨닫고 보면 이 또한, 한 경계며, 본심본성本心本性의 한 지혜이지만, 깨달음에 이르면, 망妄과 실實의 두 실상實相을 한목 깨달아 벗어나게 된다. 망妄을 깨달음은, 사상四相인 일체상一切相이 실체實體가 없어, 상相이 상相이 아님을 깨달음이다. 실實을 깨달음은, 깨달은 실상實相과 깨달음 자체가 상相과 실체實體가 없음을 깨달음이다. 허虛와 실實을 둘 다 벗은 이 말의 뜻은, 깨달음의 지혜가 없어 본성本性을 모르는 미혹의 사상심四相心으로는 아무리 추측하고 헤아리며 분별하여도 알 수가 없다. 바른 깨달음으로 유위有爲의 상相을 벗어나면, 무위無爲의 진眞도 바로 벗어나게 된다. 상相의 분별심으로는 이 말을 이해하거나 추측으로 헤아려도 알 수가 없다. 사상심四相心이 있거나 법상法相이 있으면, 어떤 추측으로도 망妄과 진眞을 한목 벗어나는 이것을 추측하고 헤아려도 이해할 수가 없다. 왜냐면, 깨달음으로 상相을 벗고, 각성覺性의 밝음으로 실상實相까지 한목 벗어나기 때문이다. 깨달음에 있어서 망妄의 깨달음은, 일체상一切相이 실체實體가 없어 상相이 상相이 아님을 깨달음이다. 이는 곧, 유위有爲를 벗어난 무위無爲의 지혜다. 실實의 깨달음은 실상實相과 깨달음이 상相이 없음을 깨달음이다. 이는 실實과 진眞의 자성自性이 없음을 깨달음이다. 만약, 사상심四相心이나 법상法相이 있으면 이를 공空으로 생각하게 된다. 그러나 이것이 곧, 망식妄識의 법상法相이며 상견相見이다. 이는 곧, 무명無明에 의한 사상심四相心 유견有見의 분별상分別相이다. 왜냐면, 깨달으면 상相의 유위有爲를 벗어나, 실상實相 진성眞性인 무위성無爲性까지 벗어버린 각명覺明이기 때문이다. 유위有爲를 벗음이 망妄인 사상심四相心을 벗음이며, 무위無爲를 벗음이 실상實相을 벗음이다. 이 경계는 미망迷妄인 상심相心에서 헤아리어 추측하는 단멸斷滅이나, 무기無記나 허무虛無가 아니다. 단멸斷滅이나, 무기無記나 허무虛無가 아니므로, 원융일성圓融一性 각명覺明에 이르게 된다. 원융일성圓融一性 각명覺明에 들면 유위有爲와 무위無爲, 각覺과 불각佛覺, 미망迷妄과 지혜智慧, 중생衆生과 불佛이 모두가 꿈속 환幻임을 깨닫게 된다. 유위有爲와 무위無爲, 망妄과 진眞을 벗어버린 각명覺明은 사상심四相心으로는 헤아려 알 수 있는 것이 아니다. 왜냐면, 사상심四相心은 상相의 상념想念이니 유위상有

爲相만을 헤아릴 뿐, 무위상無爲相인 무자성無自性, 공空, 적정寂靜, 청정淸淨, 불생불멸不生不滅, 무아無我, 무상無相, 열반涅槃, 진성眞性, 진여眞如 등은 사상심四相心으로 추측하고 헤아려도 알 수가 없다. 더군다나 유위有爲와 무위無爲를 벗어버린 원융일성圓融一性 각명覺明은 더더욱 알 수가 없다. 유위有爲를 벗음이 무위無爲며, 유위有爲와 무위無爲를 벗음이 원융일성圓融一性 각명覺明이다. 깨달으면 유위有爲뿐만 아니라, 진성眞性 무위無爲까지 벗어나게 된다. 그러므로 유위有爲를 벗어나 무위無爲에 들어도 구경究竟이 아니다. 이 경계에서 깨달음의 지증사상智證四相인 깨달음의 지혜아상智慧我相을 가지게 된다. 이는 유아有我와 유상有相은 벗었으나, 무위無爲인 무아無我와 무상無相을 벗어나지 못해, 유위상有爲相을 벗은 무위증각상無爲證覺相을 가지므로 무위견無爲見에 머묾의 미혹迷惑인 지증무명견智證無明見 증각상證覺相을 벗어나지 못하고 있다.

깨닫고 보면, 일체 수행법과 수행지혜와 수승한 깨달음이, 미망迷妄 속의 일일 뿐, 본래부터 본성本性과 아무런 관계도 없음을 깨닫게 된다. 깨닫기 전의 그 일체一切가 모두 환幻이며 망념妄念임을 깨닫게 된다. 그러므로 깨달음을 향한 일체 수행법이 단지, 상심相心 망妄을 제거하는 과정의 방편일 뿐, 본성本性과는 아무런 관계가 없음을 깨달음을 통해 비로소 알게 된다. 본성本性은 수행법뿐만 아니라, 깨달음과도 아무런 관계가 없는 것임을 바른 깨달음의 지혜로만 알 뿐이다. 그러므로 일체 수행뿐 아니라 깨달음까지 환幻이며, 망妄임을, 깨달은 연후에야 알게 된다. 바른 깨달음을 얻어 각성覺性의 밝음에 이르면, 깨달음을 얻기 위한 일체 수행과 깨달음까지 망식妄識 꿈속의 부질없는 짓이었음을 비로소 깨닫게 된다. 그러나 상견相見으로 이 말을 수용하면 각성覺性에 비롯한 이 뜻을 몰라 상심相心의 자기경계에서 헤아리므로 망妄의 무기無記나, 단멸斷滅로만 헤아릴 수밖에 없어, 이 말의 뜻을 헤아려 알수가 없다. 심오한 이 사실은 깨달음의 각성지혜覺性智慧가 없으면 절대 알 수가 없다. 왜냐면, 나 있음에 의한 사상심四相心인 상견相見의 사량과 분별로는 어떤 추측과 헤아림으로도 본성本性을 알 수가 없기 때문이다. 본성本性은 나 있음의 유위상심有爲相心을 벗어나므로 깨닫게 되는 본연본성本然本性 각명지혜覺明智慧다. 본래本來 어둠이 없었고, 밝음이 없었으며, 미혹이 없었고, 상相이 본래 없는데, 상相을 여읜다 함이 어찌 망妄이 아니며, 깨달을 것이 본래 없는데, 깨달았다 함이 어찌 미망迷妄

이 아니며, 꿈속 환幻이 아니겠느냐! 그러므로 깨달음에 들면, 각성覺性의 밝음으로 상相을 여읨과 동시에 깨달음과 깨달음의 지혜까지 곧 바로 벗어나게 된다. 그러므로 각성覺性의 밝음으로 상相을 벗어나는 것뿐만 아니라 깨달음과 깨달음의 지혜까지 없어, 깨달음까지 완연히 벗어남이 본연本然 각성覺性의 완연한 밝음이다. 본연각성本然覺性에는 상相뿐만 아니라 깨달음의 어떤 망妄의 티끌이나 분별의 일렁임도 없다. 깨달음도 각성覺性과 본심本心에는 티끌이니, 깨달음이 있으면 아직 미망迷妄 속이므로 깨달음이 아니다. 깨달음의 지혜도 본연각성本然覺性에는 망妄의 티끌이다. 왜냐면 본연각성本然覺性은 깨달음으로 얻고 구하는 지혜가 아니기 때문이다. 상相을 벗어남이 있거나 깨달은 것이 있으면, 아직 미망迷妄의 환幻을 완전히 벗어나지 못한 것이다. 왜냐면 이 또한, 이견二見의 미망迷妄 속에 있기 때문이다. 여기에서 깨달음이 완전하지 못한 미혹 지증사상智證四相의 경계로, 상相의 미혹 유위사상견有爲四相見은 없으나 무위無爲를 깨달은 각覺의 아상我相이 있으니, 각覺의 아상我相에 의해 깨달음을 집착하는 망妄의 경계境界에 묶이고 걸리게 된다. 완전한 깨달음에 들면, 유위有爲와 무위無爲까지 벗어나 상相을 여읨도, 무위無爲의 깨달음을 얻

음도, 공空도, 삼매三昧도, 구경열반究竟涅槃도, 실
상實相도, 본성本性도, 본각本覺도, 본심本心도, 일
체불법一切佛法의 성취도, 일체불법一切佛法의 지혜
도, 바라밀波羅蜜도, 아뇩다라삼먁삼보리阿耨多羅三
藐三菩提도, 무상보리無上菩提 뿐만 아니라, 깨달음
에 의한 각覺의 일체를 벗어나게 된다. 그러므로 수
행자는 깨달음을 구하지만, 바른 깨달음에 들면, 깨
달음에 의한 완전한 깨달음의 지혜까지 끊어져 일
체一切를 벗어난 일여청정여여一如淸淨如如 원융圓
融일 뿐이다. 완전한 깨달음에는 무명無明과 미혹과
사상심四相心이 없으니 벗어남도 없고, 불이不二에
이르니 깨달음을 얻은 것도 없고, 깨달음에 든 나도
없다. 완전한 깨달음에 들면 상심相心, 무명無明만
벗어나는 것이 아니라, 일체불법一切佛法과 일체불
법一切佛法의 지혜와 완전한 깨달음인 각覺의 세계
까지 완전히 벗어나게 된다. 어떤 수행법이든 단지,
무명심無明心인 사상심四相心을 여의고 벗어나는 수
단과 방편의 행위지음일 뿐이다. 그러므로 깨달음
을 위한 일체수행법一切修行法은 깨달음의 실법實法
이 아니라, 미혹 사상심四相心을 여의는 방편법方便
法일 뿐이다. 사상심四相心 망념妄念을 여의는 특성
을 지닌 수행법의 갈래는 많으며, 일체 수행법은 단
지, 사상심四相心 분별심分別心을 끊는 행위지음일

뿐이다. 선정禪定과 삼매三昧뿐 아니라, 열반涅槃과 깨달음까지 분별심分別心을 끊는 방편일 뿐이다. 본각本覺 각성覺性에는 그 어떤 무엇도 일컬을 것이 없고, 내세울 어떤 법法도 없다. 일컫고 이름할 무엇이 있다면 그것이 망妄이며, 환幻이며, 미혹迷惑이다. 일체一切 일컫는 이름과 상相과 법法은 미망迷妄의 중생사衆生事일 뿐이다. 완전한 깨달음에 들면, 보는 그대로, 듣는 그대로 완연한 원융각명圓融覺明 진성계眞性界다. 내가 있으면 망념妄念이 주인공 노릇을 하여 환사幻事를 짓고, 망념妄念이 사라지면, 환사幻事를 지을 주인공이 없어, 일체一切 환사幻事가 사라진 진성眞性 각명계覺明界다.

소동 : 수행의 과정에서 상기증상上氣症狀이 나타나면 어떻게 해야 합니까?

법계산인 : 어떤 수행이든, 실행과정에서 몸과 수행의식이 조화를 잃으면, 이상異常을 유발하거나, 잘못된 수행습관으로 수행에 문제를 유발할 수도 있다. 그러므로 항상 수행에서, 자신 몸의 조화調和와 수행의식 상태를 점검하며, 허虛와 실實, 조화와 부조화를 살피고, 바른 수행적 안정과 조화 속에 수행 향상을 위해 항상 점검해야 한다. 상기증상上氣症狀은 의식의 잘못된 다스림이나, 인체기능 기혈氣血의 조화

調和를 잃은 잘못된 수행이나 어느 한 곳 집중으로 인해, 인체에 기氣나 혈血이 한곳으로 치우침으로, 인체의 조화調和를 잃은 현상이다. 의식이 인체 또는, 어느 한 곳에 치우쳐 집중하다 보면, 생각과 의식을 따라 혈血이나 기氣가 치우치게 되어 상기증상上氣症狀이 있을 때에는 머리가 무겁거나, 두통을 유발할 수도 있으며, 정신안정과 인체기능에 지장이 있거나 문제가 발생할 수도 있다. 이것은 수행 때문이 아니라, 잘못된 수행습관이 원인이다. 정신적 수행에서는 심心, 신身, 기氣, 혈血의 안정과 조화調和가 중요하다. 잘못된 수행습관에 의해 의식의 집중으로 기氣나 혈血이 모이거나, 집중으로 인체의 조화調和와 안정을 잃어, 상기증상上氣症狀 등으로 수행이 번거롭거나 어렵게 될 수도 있다. 또한, 정신이나 의식이 수행 속에 섬세해지는 경우는 수행자의 수행경계나 의식상태에 따라 간혹, 심령心靈적 현상이나, 업력業力에 의한 현상이나, 내외 사마邪魔의 경계도 있을 수가 있으니, 스스로 수행의 허虛와 실實, 정正과 사邪, 명明과 암暗을 점검하지 않으면, 잘못된 경계를 수행의 바른 경계로 잘못 인식할 수가 있어, 수행의 정도正道를 벗어날 수도 있다. 수행과정에 심령心靈과 업력業力과 내외 사마邪魔의 현상은, 생각과 의식의 기운氣運과 잘못된 심광心光을 타고 들어오거나 화현하니, 깨달음의 수행정도修行正道를 벗어난 생각과 의식의 기운과 염념의 심색心色과 심광心光을 끊으면, 자연히 그 현상은 사라지게 된다. 그리고 상기증상上氣症狀은 원융의정수행圓融疑情修行과 회음심통관會陰心通觀으로 해결할 수가 있다.

소동 : 원융의정수행圓融疑情修行은 무엇입니까?

법계산인 : 원융의정수행圓融疑情修行은 인체의 어느 부분에 시선視線이나, 의식적 집중이나, 또는, 내외의 어느 곳에 시선과 의식의 초점을 이루는 집중이 아니라, 어둠과 밝음을 한목 두루 포괄하고 융섭融攝한 원융의정수행圓融疑情修行이다. 수행의정修行疑情은 시선視線이나, 의식의 집중이 아니라, 깨달음을 향한 의지意志로 의정疑情을 가짐이니, 본각선本覺禪에서 바른 수행의정修行疑情을 가지는 것은, 인체의 한곳, 또는 내외에 시선적 초점을 이루는 시선 집중 수행이 아니므로, 생각과 의식을 따라 기氣나 혈血이 치우치거나, 모이는 현상은 없다. 그러나 깨달음을 향한 바른 수행의정修行疑情이 아닌, 무리한 수행 욕심의 의식작용을 따라 기氣나 혈血이 치우치거나, 모이면, 바른 수행의정修行疑情을 벗어난 시각視覺이나, 의식적 일점을 이루는 시선적 집중에 치우쳐

있지 않은가를 항상 점검해야 한다. 수행의정修行疑情은 뜻인 의지意志에 의한 것이므로, 시선적 집중을 벗어나게 된다. 그러므로 바른 수행의정修行疑情은 시각적 일점을 이루는 집중이 아니라, 깨달음을 향한 의지意志에 중심한 의정疑情이므로, 바른 의정疑情은 상기증상上氣症狀이 오히려 치유되고, 다스려진다. 깨달음을 위한 모든 수행에서, 어떤 수행법이든 수행자의 개인적 상황에서 경험해보지 못한 경계와 상황을 접하게 되니, 수행자는 항상 자신의 수행경계를 수행지혜와 수행경험과 수행지식을 토대로, 수행경계의 옳고 그름과 허虛와 실實을 점검하여 자신의 문제점을 파악하고, 항상 수행에 문제점을 제거하며, 수행경계에 수행지혜修行智慧를 밝게 하여 스스로의 수행에 향상을 기해야 한다.

소동 : 회음심통관會陰心通觀은 무엇입니까?

법계산인 : 회음심통관會陰心通觀은 몸과 의식작용에 의한 기氣의 안정과 조화調和, 심心, 기氣, 신신身의 정화淨化와 각성覺醒을 위한 수행이다. 회음會陰은 인체의 회음혈會陰穴을 뜻한다. 심心은 회음會陰의 정중正中을 뜻한다. 통通은 회음심會陰心의 기혈氣穴을 뚫어 통通함을 뜻한다. 회음심통관會陰心通觀을 할 때에는 반드시, 머리의 백회百會와 몸 아래의 회음會陰

이 일직선一直線이 되어, 백회혈百會穴과 회음혈會陰穴이 서로 기氣가 상통相通하도록 기로氣路를 열어줘야 한다. 그다음은 몸 전체를 이완하며, 백회혈로부터 하나하나 이완하여 내려와 몸 전체를 이완한다. 그다음은 몸의 안으로부터 몸의 밖으로까지 하나하나 이완한다. 그다음은 몸 전체의 세포 하나하나를 이완하되, 기氣와 혈血이 탁해져 있거나, 뭉쳐있거나, 머물러 있거나, 막혔거나, 얽혀있는 부분을 이완한다. 몸 전체의 세포 하나하나를 이완시키며, 백회, 뇌, 눈, 귀, 코, 입, 혀, 식도, 명치, 횡격막, 호흡기, 심장, 허파, 간, 소장, 대장, 생식기, 몸 전체의 신경조직, 몸 전체의 혈관, 몸의 혈액, 몸 전체의 살, 몸 전체의 피부 등 하나하나 이완하며, 기氣와 혈血이 탁해져 있거나, 뭉쳐있거나, 머물러 있거나, 막혔거나, 얽혀있거나, 기운이 맑지 못하거나 어두운 부분을 풀어 정화淨化하며 이완시켜 풀어간다. 그다음은 의식이 탁해져 있거나, 뭉쳐있거나, 머물러 있거나, 막혔거나, 얽혀있는 부분을 풀어 정화淨化하며, 이완시켜 완전히 정화淨化한다. 무의식 속에 있는 전세前世의 어둡거나 무거운 업력으로 의식이 탁해져 있거나, 뭉쳐있거나, 머물러 있거나, 막혔거나, 얽혀 맺혀있거나, 맑지 못하거나 어두운 모든 것을 정화淨化하며 풀어 이완한다. 무의식이나, 현 의식

속에 맺혀있는 어두운 감정이나 업력으로 의식이 탁해져 있거나, 뭉쳐있거나, 머물러 있거나, 막혔거나, 얽혀있는 부분을 풀어 정화淨化하며 이완한다.

몸의 세포 하나하나와 신경조직 하나하나와 혈관 하나하나와 혈액 하나하나와 살과 피부 하나하나와 몸의 각 기능 하나하나와 몸과 무의식과 전세前世 업력과 의식과 정신이 탁해져 있거나, 뭉쳐있거나, 머물러 있거나, 막혔거나, 얽혀있는 부분을 풀어 정화淨化하며, 맑지 못하거나 기운이 어두운 부분을 완전히 풀어 이완하여 정화淨化한다. 그다음은 회음혈會陰穴과 백회혈百會穴이 상통相通하도록 일직선이 되도록 기로氣路를 열어주어 몸의 자세를 바로 한다. 다음은 회음會陰의 정중正中 회음심會陰心에다 의식을 가라앉혀 둔다. 회음심통관會陰心通觀에서 회음심會陰心은 회음혈會陰穴의 인체적 정확한 위치를 요구하거나 중시하는 것은 아니다. 회음심통관會陰心通觀에는 회음심會陰心은 회음기혈會陰氣穴을 뜻하며, 회음심통관會陰心通觀으로 회음기혈會陰氣穴을 열어 통通하게 하여, 심心, 기氣, 신身의 정화淨化로 심心, 기氣, 신身의 조화調和를 이루는 각성覺醒에 목적이 있다. 회음심통관會陰心通觀은 의식의 초점, 정신의 일점을 회음심會陰

心에 초점을 맞추는 것이 아니다. 단지, 의식의 주체主體, 근원을 회음심會陰心에 두고, 회음심會陰心을 이완하여 놓고, 또, 놓은 상태에서 더 깊이 이완하여 또 놓으며, 또, 놓은 상태에서 더 깊이 정밀하게 이완하여 끊임없이 놓아 들어가는 회음심통관會陰心通觀으로, 심心, 기氣, 신身의 정화淨化와 각성覺醒을 위한 수행이다. 이 수행에 단지, 의식을 회음심會陰心에 둘 뿐, 의식의 초점을 회음심會陰心에 집중하여 정신의 일점을 응집凝集하고 모으는 것이 아니다. 이는, 회음심會陰心에 기氣나 혈혈血의 쏠림으로 몸의 이상異常이나 부조화不調和를 방지하기 위해서다. 회음심통관會陰心通觀은 단지, 회음심會陰心에 의식을 두어 마음의 안정을 기하며, 몸의 전체 신경, 혈관, 혈액, 몸의 각 기능 등, 세포 하나하나에 이르기까지 이완으로, 의식과 업력의 정화淨化 속에 회음심會陰心을 이완하여 놓으며, 또, 놓은 상태에서 더 깊이 정밀하게 또 놓는 끊임 없는 이완의 수행으로, 인체의 자연적 섭리를 따라 자연스런 작용과 기운氣運 움직임의 변화를 자연히 느끼게 된다. 회음심會陰心이 열리고, 백회혈百會穴과 회음심會陰心이 상통相通하여 심心, 기氣, 신身의 정화淨化와 각성覺醒으로, 심心, 기氣, 신身의 안정과 조화調和를 기하게 된다. 인체의 상태나, 수행정신과 수행지혜에 따라, 개인적 수행깊이와 변화차원의 차이는 있겠으나, 회음심통관會陰心通觀으로 심心, 기氣, 신身의 정화淨化와 각성覺醒의 심오함을 인체 기氣의 순환작용으로 자연스럽게 터득하게 된다. 무엇이든, 욕심보다는 자신의 수행을 밀밀하고 정밀한 수행적 변화를 관찰하고 점검하며, 자신 수행상황의 허虛와 실實의 문제점을 몸의 변화와 작용으로 바로 점검하고, 점검한 수행적 문제점을 스스로 수행을 통해 해결하는, 자기 인체의 변화를 통한 수행 경험의 지혜가 무엇보다 중요하다.

업력業力과 의식의 상황과 몸의 상태와 정신차원의 개인적 차별에 따라, 심心, 기氣, 신身의 변화와 작용의 차이는 있겠으나, 회음심통관會陰心通觀으로 심心, 기氣, 신身의 자연적 안정섭리의 작용을 따라 심신의 조화調和를 이루게 된다. 이 수행에서 특히 점검해야 할 것은, 수행 중에 의식을 회음심會陰心에 둔 것으로 알고 있으나, 자세히 자신의 수행상태를 점검해보면, 회음심會陰心에 의식을 둔 것이 아니라, 실제는 머리에 의식을 집중한 상태에서 관념만 의식이 회음심會陰心에 두고 있는 것으로 착각할 수가 있으니, 이 점을 항상 바르게 점검하여, 의식을 회음심會陰心에 바르게 두고 있는지를 살피어 점검하며, 항상 바르게 회음심통관會陰心通觀을 하고 있는지를 면밀히 점검해야 한다. 수행의식의 작용을 따라, 기氣의 작용과 흐름, 몸의 작용과 변화를 면밀히 점검하며, 수행 상황의 변화를 면밀히 관찰하고, 몸과 의식 이완의 문제점을 바로 수행을 통해 해결하는 수행지혜가 필요하다. 인체의 변화와 작용에서 바로 점검하여 해결하는 자기 몸의 변화와 체험을 통한 자기 수행관리 수행지혜가 필요하다. 개인적 수행의 변화와 깊이는 차이가 있겠으나, 어느 정도 수행이 익숙해지면 회음심통관會陰心通觀을 어떻게 해야 할지를, 자신 인체와 의식의 반응을 통해 자연스럽게 심心, 기氣, 신身의 수행의 조화調和를 유도하며 스스로 터득하게 된다. 또한, 개인적 수행정신과 의식의 정도와 인체반응의 차원에 따라 그 효과와 방향성은 특이하고 다양하며, 심리적 안정과 인체의 부조화不調和에 의한 자연적 치유에도 도움이 될 수가 있다. 심리적 안정과 의식의 정화와 정신작용에 의한 심心, 기氣, 신身의 정화淨化로 인체와 정신적 변화를 수행과정에서 직접 경험하게 된다. 만약 회음심통관會陰心通觀 수행에서, 의식이 머리에 집중되거나, 회음會陰에다 의식을 집중하여 초점 일점을 맞추려는 것은, 기氣와 혈血의 부조화不調和를 기할 수가 있으니, 회음심통관會陰心通觀

수행 중에 자신의 의식 초점이 인체의 부조화를 이루고 있는지를 면밀히 점검해야 한다. 회음심통관會陰心通觀 수행은 회음심會陰心을 열므로 백회혈百會穴과 상통相通하며, 심心, 기氣, 신身의 자연적 섭리에 의한 자연정화自然淨化에 목적이 있음을 알아야 한다. 심心, 기氣, 신身의 자연정화自然淨化의 단계와 차원은 심心, 기氣, 신身의 정화淨化와 각성覺醒의 차원에 따라 달라진다.

회음심통관會陰心通觀은 인체의 특성상 안정된 좌법坐法이 제일 효과적이며, 그리고 수행을 통한 경험의 지혜로, 항상 심心, 기氣, 신身의 조화調和을 유도하는 자기 점검이 있어야 한다. 그리고 회음심통관會陰心通觀은 인위적으로 무엇을 어떻게 하려거나 유도하는 것이 아니다. 단지, 회음심會陰心 회음기혈會陰氣穴을 열어줌으로, 자연스런 자연섭리에 의한 인체의 반응에 따른 자연스런 기氣의 흐름으로, 심心, 기氣, 신身의 정화淨化와 각성覺醒이 이루어진다. 무엇이든, 인위적인 욕심과 자신의 욕망을 앞세운 무리한 행위는, 자연스런 자연의 섭리와 이치의 순행을 벗어나게 한다. 자연의 섭리와 순리는 인위적 부조화와 모순을 벗어나, 모든 문제를 자연적 섭리와 순리의 조화調和로 해결하며, 이 섭리는 천체天體를 운행하는 위대한 우주의 섭리며, 모든 생명섭리의 자연적 순리인 상생조화相生調和 안정安定의 길이다.

회음심통관會陰心通觀의 수행은, 생명을 가진 작은 씨앗에서 싹이 돋아, 줄기와 잎사귀가 자연섭리의 순리를 따라 돋아나고 자연스레 꽃이 활짝 피어나듯, 수행의식修行意識의 작용과 몸의 상태와 기氣의 흐름을 따라, 자연스레 몸의 반응과 섭리의 작용으로 심心, 기氣, 신身의 정화淨化와 각성覺醒을 열게 된다. 꽃은 자연의 섭리와 순리를 따라 조화롭게 피어날 뿐, 인위적 조작과 욕심으로 자연섭리의 작용을 무시하거나 순리를 벗어나 작용하지 않는다. 꽃이 인연을 따라 피어나듯, 어떤 수행이든 의지와 뜻을 따라, 자연적 이끌림을 통해 열어갈 뿐, 섭리와 순리를 벗어난 인위적 욕심으로 되는 것이 아니다. 섭리의 조화調和로 심心, 기氣, 신身의 자연적 조화調和가 어우르면, 자연적인 인체 섭리와 순리를 따라 정화淨化와 각성覺醒이 이루어질 것이다. 회음심통관會陰心通觀은 자연섭리의 순리적 조화인 몸의 자연적 운행 섭리에 맡긴, 순응 원리에 의한 순리를 따르는 생명상생 조화를 위한 수행일 뿐, 인위적인 유도와 목적을 향한 욕심으로 이끌어 가는 인위적 수행이 아니다. 몸의 세포, 미세혈관 하나하나도 우주와 자연섭리의 순리를 따라 생명작용이 이루어지는 섭리 그 자체이므로, 회음심통관會陰心通觀은 개인의 인체의 상태와 정신의식의 차원에 따라 차이가 있겠으나, 자연적 섭리와 순리에 순응한 심心, 기氣, 신身의 자연적 조화의 반응에 따르며, 그 작용을 세밀히 관찰하고, 심心, 기氣, 신身의 자연적 변화와 조화에 응하며, 심心, 기氣, 신身의 자연적 반응에 따라 응하여 조화롭게 자신을 다스리며, 점진적으로 심心, 기氣, 신身의 조화調和를 위해, 수행의 질과 깊이를 향상하도록 노력하면 된다. 인체도 자연섭리에 의한 하나의 작은 우주 생태의 작용과 흐름이니, 회음심통관會陰心通觀에서 나의 존재는 단지, 인체의 작용과 기氣의 흐름과 정신작용의 자연적 반응을 면밀히 관찰하고, 심心, 기氣, 신身의 순화의 반응에 응하여 조화로 이끌며, 자연적 섭리의 순리에 적응하고 따르는 자연섭리 조화의 순리에 순응하는 행위자일 뿐이다.

인위적 가공이 아닌, 자연의 섭리와 순리를 따라 자연스레 꽃이 피어나는 작용과 인체 흐름의 작용이 다를 바가 없다. 이 우주의 일체 만물이 그 모습과 특성이 달라도, 서로 각각 관계의 조화調和를 이루는 큰 하나의 틀인, 우주의 섭리와 자연의 순리에 따라 피어나고 변화하며, 성장하고 열매를 맺게 된다. 무엇이든 자연적 섭리와 순리의 작용과 그 특성 성품을 밝고 명료하게 그 근원과 작용을 깨달을수록 정신과 지혜는 밝아지며, 지혜가 밝을수록 섭리와 순리의 그 길을 따라 정신의식이 상승하고, 그 가치가 무한 근원 자연섭리의 본성을 따라 승화하게 된다.

소동 : 깨닫기 위해 무엇인가 찾고, 분별하며, 헤아리는 것은 안 됩니까?

법계산인 : 깨달음의 수행에서 찾고 분별하는 것은 오래 묵은 무명의식無明意識의 습관, 상념想念의 작용이다. 깨달음은 찾고 분별하며, 헤아림으로 깨달을 수가 없다. 순수의정純粹疑情이 무르익어 무명업식無明業識 자아自我가 사라지면, 자연히 깨달음을 얻게 된다. 찾고 분별하며 헤아릴 필요가 없는 것은, 자아의식自我意識이 소멸하면 본래 본연本然의 본성本性이 바로 드러나기 때문이다. 단지, 분별심 망념妄念에 가리어 본연본성本然本性을 깨닫지 못할 뿐, 찾지 못하여 깨닫지 못하는 것이 아니다. 단지, 어둠과 밝음을 보는 실체實體를 모르며, 오직, 어둠과 밝음을 보는 당체當體를 바로 돌이켜 의정疑情에 의정疑情을 더하여, 무명업력無明業力이 타파될

때까지, 더 깊은 의정疑情의 문문門으로 드는 길뿐이
다. 이 의정疑情의 문문門이, 무명업력無明業力이 타
파되는 깨달음의 문문門이다. 의정疑情의 중심에 어
둠과 밝음을 보는 당체當體를 깨달으려는 의지意志
로, 의정疑情에 의정疑情을 더하여, 의정疑情의 열
기에 무명업식無明業識인 사상심四相心이 무르녹아
자아의식自我意識이 사라지면, 본심本心, 본성本性,
본각本覺의 원융일성圓融一性이 드러난다. 어둠과
밝음을 보는 당체當體는 상相이 아니니, 분별심으
로는 알 수가 없고, 헤아림으로 찾을 수가 없다. 나
我는 상相을 분별하는 상념의식想念意識이므로, 의
식意識의 헤아림으로는 상相을 벗어난 것을 깨달을
수가 없다. 어둠과 밝음을 보는 실체를 바로 돌이켜
의정疑情에 의정疑情을 더하며, 의지의 정신을 더하
여 깨달음으로 향할 뿐, 티끌 같은 분별심이나, 헤
아려 알려거나 맞히려는 분별심은, 깨달음을 향한
순수의정純粹疑情 가슴에너지 활성화를 멈추게 하
며, 사라지게 할 뿐이다. 분별심으로 무엇인지 알아
맞혀 깨달으려는 사량思量은, 벌써 수행의정修行疑
情을 놓아버린 호기심에 의한 두뇌의 활성화 작용
이며, 오로지 의정疑情으로 깨달으려는 순수의정純
粹疑情에 분별심이 정화되어, 순수의식은 가슴에너
지의 활성화를 기하게 된다. 분별심으로는 상相 없

는 본성本性을 절대 깨달을 수가 없다. 분별심 사량思量은 수행의정修行疑情과 수행정신이 끊어진 중생심으로, 깨달으려는 것이 아니라 단지, 알려는 분별심, 선근 없는 약은 마음인 여우 같은 호기심일 뿐이다. 분별심 사량思量을 끊고, 깨달음을 향한 순수의정純粹疑情에 수행의정修行疑情을 더하는 의정疑情의 활성화로 기연機緣을 따라 무명업식無明業識이 무르녹아, 억겁億劫의 무명식無明識 자아自我가 사라지게 된다. 자아自我가 사라지면, 본래 자기 본연本然의 본심本心이 바로 드러난다. 본심本心을 깨달으면, 본심本心의 본성本性과 본각本覺을 한목 깨닫게 된다. 그러면 일체불법一切佛法의 실상實相과 무상각無上覺을 한목 꿰뚫게 된다.

소동 : 깨달음이 무엇이며, 깨달으면 어떻게 됩니까?

법계산인 : 깨달음은 자기의 본심本心을 깨달음이다. 본심本心은 일체식一切識과 일체법一切法의 근원이니, 본심本心을 깨달음이 만법萬法의 근원을 깨달음이다. 깨달으면 의식意識과 무명無明의 분별심인 사상심四相心을 벗어나게 된다. 그러므로 깨달으면 곧, 물物과 심心이 둘이 아닌 원융일성圓融一性에 들게 된다. 깨달음은 나 없음과 일체一切가 실체가 없음을 깨달음으로, 나와 일체一切의 근원인 실상實相에

들게 된다. 이 경계는 깨달음과 동시에 각覺의 무한
성無限性을 열게 된다. 이것이 제법諸法의 본성本
性, 실상實相에 듦이다. 이 깨달음의 경계에는 일체
一切가 오직, 하나의 마음 일심一心일 뿐이다. 이것
이 법성원융法性圓融의 실상實相에 듦이다. 일심一
心 즉, 원융각圓融覺이다.

소동 : 본각선本覺禪에 드는 본각선本覺禪 수행의 차제적
　　　과정과 과정의 수행경계는 어떠합니까?
법계산인 : 그것은 유위심有爲心이며, 유위견有爲見이다.
　　　자기가, 바로 자기를 보는데 무슨 과정이 있으며,
　　　마음이, 바로 마음을 보는데 무슨 수행의 경계가 있
　　　겠느냐! 그러한 것은 상심相心에 의한 분별심이다.
　　　깨달음에는 깨달음뿐, 차제와 과정이 없다. 어떤 수
　　　행의 차제적 과정과 어떤 수행의 경계가 있음은, 그
　　　것은 꿈속의 환幻이다. 바로 꿈만 깨면 꿈속의 환幻
　　　이 흔적없이 사라진다. 어떤 차제적 과정과 어떤 수
　　　행의 경계로도 그것으로는 자기 본성本性 본각本覺
　　　에 들 수가 없다. 왜냐면, 그러한 생각과 분별은 망
　　　념妄念이며, 상相과 아我와 법상法相의 상념想念에
　　　의한 유위심有爲心의 분별이기 때문이다. 무엇이든
　　　있어야만 이룩하고, 성취하는 것은 유위법有爲法일
　　　뿐, 깨달음으로 본심本心과 본성本性과 본각本覺에

들려면, 단지, 상相의 분별 망념妄念만 끊어지면 바로, 본심本心과 본성本性과 본각本覺이 드러난다. 본심本心과 본성本性과 본각本覺도 이름할 실체가 없는 원융일성圓融一性이다. 그러므로 단지, 망妄만 여의면 될 뿐, 깨달아 얻을 본심本心도 본성本性도 본각本覺도 없다. 망妄의 실체 이것이, 본연각성本然覺性 일심一心이다. 그러므로 수행에서 알아야 할 것은, 무엇을 구하려거나, 얻으려거나, 성취하려는 것은 분별심이니, 그 분별심으로는 본각本覺의 깨달음에 들 수가 없다. 그 또한 버려야 할, 상相을 집착하는 유위심有爲心의 오랜 묵은 습관인, 무명無明의 환영幻影인 꿈속 망념妄念일 뿐이다. 어떤 무엇을 구하거나 성취하려는 생각은 오히려 분별심을 일으킬 뿐이다. 단지 깨달으려는 그 정신 의지만 끊어짐이 없이 수행의정修行疑情만 살아있으면 된다. 수행과정에서 어떤 수행경계가 오고, 어떤 미묘한 깨달음이 있어도, 그것은 깨달음 본각本覺이 아니다. 왜냐면 본각本覺에는 그러한 환幻과 상相이 없기 때문이다. 무엇이든 있으면 망념妄念이며, 상심相心이니, 여의어야 할 망妄인 꿈속 환幻이다. 수행과정 경계에서 어떤 특별한 것이어도, 그것은 묵은 업력으로 일어나는 업業의 세력과 환영幻影들이며, 또한, 깨달음을 뚫지 못하는 묵은 어두운 업력業力

과 결탁結託한 내외 사마邪魔의 경계다. 무엇을 구하는 유위심有爲心이나, 성취하려는 분별심이 있으면, 식識이 맑아짐으로 인한 각종 특이한 수행의 경계가 오면, 그 경계에 머물거나, 묶여 빠질 수도 있다. 그 경계에 머물거나 묶이면 수행의 향상은 그것으로 멈추게 된다. 깨달음을 위한 수행은 무엇이든 인위적으로 따로 구할 것이 없다. 수행이 치밀해지고 식識이 맑아짐으로, 어떤 특별한 경계가 있어도 취할 것이 없음은, 그것은 무명無明 망념妄念에 의한 미혹迷惑의 업력業力과 의식意識과 업업의 미세함 속에 나타나는 수행 흐름의 과정에 스치는 업업에 관계된 환영幻影일 뿐이다. 그리고 수행경계修行境界가 미세하고 정밀해지면, 무명심無明心 업력業力의 세력 사마邪魔의 경계가 있을 수도 있으니, 눈에 나타나고, 귀에 들리며, 마음속에서 일어나는 미묘한 일체 것에 머무르거나 속아서는 안 된다. 깨달음의 수행경계에는 일체가 환幻이며 망념妄念이다. 수행 중에는 어떤 무엇이든 그것에, 그리고 그 경계에 혹惑하여 빠지면, 지금껏 쌓은 수행경계가 멈추거나 허물어질 수도 있다. 그러므로 눈의 경계든, 귀의 경계든, 마음의 경계든, 반드시 그 경계에는 경계를 접하는 상념想念 내가 있으니, 그로 인하여 일어나는 환幻이며 망념妄念이다. 깨달음 각성

覺性과 본심本心에는 어떤 경계나 환영幻影도 붙을 수가 없으니, 수행 중에 일어나는 모든 경계는 무명업력無明業力과 미혹의식迷惑意識의 상념想念인 나로 인하여 일어나는 경계이므로, 수행과정의 좋고 나쁜 무엇이든, 일체에 머무를 바 없고, 또한, 무심히 벗어나야 할 수행과정 속에 업력業力의 경계일 뿐이다. 무심히 지나고 보면, 이 일체가 수행의 경험이 된다. 하늘이 사라지고, 내가 사라지고, 삼라만상 일체가 사라져도, 그 또한 망념妄念이며, 무심히 벗어나야 할 수행경계다. 무엇이든 일컫고 이름할 것이 있다면 그것은 깨달음이 아니며, 환幻과 망념妄念일 뿐, 완연한 본각本覺이 아니다. 깨닫고 보면 깨달음도 망妄이며, 깨달았다는 자者도 환幻이며, 깨달음을 드러내고, 깨달음을 향유享有하거나, 깨달음의 법열法悅에 젖어있는 것도 무명無明 업력業力의 환幻을 벗어나지 못한, 무명無明의 사마심邪魔心에 이끌린 환幻이다. 이 일체는 아직 미혹심으로, 마음에 구하는 것이 있어 현혹되기 쉬운 환幻에 이끌려, 사마邪魔나 망념妄念에 의한 업식業識의 덫을 벗어나지 못한, 사념邪念에 이끌린 망妄의 환영幻影 업식業識이다. 무엇이든 이름하고 지칭할 것이 있거나, 드러내고 느끼는 것이 있거나, 깨달음과 깨달음 성취와 최상법열最上法悅과 구경究竟을 넘어선 각覺이어도, 무상無上에 이르고 보면 그 일체 一切가 모두 환幻이며, 무명無明의 그림자임을 깨닫게 된다. 세상에 깨달았다고 하는 자者만큼, 무명無明 환幻의 아상我相이 치성熾盛한 덫에 걸린 자는 없고, 수행의 미묘한 경계를 드러내며 그것이 마냥 깨달음인 듯한 자者만큼, 자기 환각의 늪에 빠진 자는 없다. 참으로 바로 깨닫고 보면 일체一切가 본연本然이라, 깨달음을 드러내고, 깨달음을 증득한 그 어떤 티끌도 없다. 깨달음이 완연함에 이르면 그것이 곧, 자기 본연의 모습이라 얻은 것도 없고, 깨달은 것도 없고, 성취한 것도 없고, 어떤 티끌만치도 얻은 것과 얻은 자者도 없다. 마음이 바로 마음을 깨달았는데 얻은 것이 무엇 있겠으며, 성취한 것이 무엇이 있겠느냐! 그것이 본래 자기 본연本然의 마음이며, 자기 본성本性이니, 자기가 자기를 얻었다 함이 망妄이며, 마음이 마음을 얻었다거나, 마음을 돌이켜 깨달았다 함이 망妄이며 환幻이다. 그러나 무명심無明心, 유위상有爲相이 타파되어 망념妄念을 벗어나는 경계에서는, 무명업력無明業力, 미혹의 사상심四相心이 타파됨으로 자타自他가 사라지고, 일체상一切相과 일체심一切心과 삼라만상森羅萬象 일체경계一切境界가 사라지는 경계를 통해, 원융일심圓融一心 본연각성本然覺性에 들게 된다. 이것은 미묘한 깨달음의 경계가 아니라, 본래 실체實體 없는 무자성無自性 성품이니, 당연히 본성本性을 깨 닫는 과정에서, 무명망념無明妄念이 타파되어 본성 지혜本性智慧를 발發하는 당연한 경계다. 그러나 이 경계를 잡고 있거나, 집착하거나, 깨달음으로 착각 한다면, 무위상無爲相에 묶이며, 아상我相을 완전히 여의지 못함에 의한 미혹迷惑의 환幻이며, 망념妄 念이다. 중생심으로 생멸상生滅相을 집착하는 것도 미혹의 무명無明이지만, 깨달음의 과정에서 일체一 切가 그 자성自性이 공空한 깨달음에서 증득상證得 相이나 증각상證覺相이나 깨달음의 상相을 가진다 면, 깨달음의 각상覺相과 법집法執을 가짐이니, 이 또한, 무명無明의 미혹과 망념妄念인, 환각幻覺의 굴窟에 갇힌, 무명중생無明衆生이다.

무상無上을 향한 지혜의 수행길에는 깨달음을 얻었 느냐, 깨달음을 얻지 못하였느냐가 전제前提나 관 건關鍵이 아니다. 반드시 깨달음은 지혜의 바탕이 며 기본일 뿐, 무상無上이 아니다. 무명無明의 미혹 뿐 아니라, 깨달음까지 벗어버린 무상심無上心 무상 본연無相本然의 일심행一心行이 중요하다. 왜, 반드 시 깨달음이 기본이어야 하는가 하면, 깨달음의 지 혜가 아니면, 분별심 자아의식自我意識에 묶여, 아

상아상我相과 사상심四相心을 벗어난 원융한 본심本心의
마음을 쓸 수가 없기 때문이다. 그러므로 깨달음을
향한 수행의 과정이나, 깨달음을 얻는 지혜의 경계
에서 무엇을 이름할 것이 있거나, 무엇을 지칭할 것
이 있거나, 깨달음이 있거나, 깨달은 것이 있거나,
깨달은 자기가 있다면, 이 일체一切가 미혹의 망妄
이며, 망념妄念이니, 바른 깨달음의 지혜로 벗어야
할 망妄의 법집法執이며, 망妄의 환幻이다. 무명중
생無明衆生이 상相을 집착하는 것도 벗어야 할 미혹
의 무명병無明病이지만, 수행자가 깨달음의 과정에
서 미혹견迷惑見이 타파되는 무위無爲의 경계에서
무위상無爲相의 미혹 경계에 묶이어, 그것이 깨달음
이라든지, 지혜라든지, 깨달음을 얻었다는 생각을
가지는 일체견一切見이 곧, 망견妄見이며, 혹견惑見
이다. 이는 완전한 깨달음에 들지 못한 미혹의 상견
相見으로, 아직 완전한 깨달음에 이르지를 못해, 무
명無明의 법집法執에 갇혀 미혹의 지혜상智慧相을
가지는 것이다. 이것이 지증사상智證四相의 미혹경
계다. 지증사상智證四相은 깨달음의 과정 중에, 완
전한 깨달음의 바른 지혜에 들지 못해, 무위상無爲
相의 미혹 경계에 머물러, 잘못된 깨달음을 집착하
는 아상我相을 벗어나지 못한 미혹견迷惑見인 무위
견無爲見의 증상만增上慢이다.

무명사상無明四相은 상相을 집착하는 미혹의 상심相心이지만, 지증사상智證四相은 수행의 깨달음 과정에 미혹이 타파되는 경계에서, 무위상無爲相까지 완전히 벗어나지 못해 완전한 바른 깨달음의 지혜에 들지 못함으로, 무명심無明心 미혹의 무위견無爲見 법집法執의 아상我相에 의해 일어나는 깨달음에 대한 법상法相인 미혹상迷惑相이다. 유위사상중생有爲四相衆生은 마음이 자타自他 분별의 사상심四相心에 머무르고, 지증사상중생智證四相衆生은 깨달음에 대한 법집法執, 깨닫고 깨닫지 못함의 상념相念과 깨달음에 대한 무위사상심無爲四相心에 머무른다. 지증사상智證四相도 미혹의 아상我相을 완전히 벗어나지 못함에 의한 미혹견迷惑見이다. 이는 완전한 지혜에 들지 못한 무위견無爲見에 의한 미혹의 망견妄見이니, 완전한 바른 깨달음의 지혜로 무위견無爲見 법집法執을 벗어나야 한다. 깨달음의 과정에서 미혹의 상相을 완전히 타파하지 못하여, 무아無我와 무상無相, 공空의 무위상無爲相에 묶여, 깨달음에 대한 아상我相과 깨달음의 상相을 가지는 것이 지증사상智證四相의 경계다.

깨달음의 수행과정에서 무명심無明心인 사상심四相心의 일체유위상一切有爲相이 타파되어 실상實相에 드는 깨달음의 과정에서, 완전한 각성覺性의 밝음으로 무위상無爲相까지 끊어져 사상심四相心이 완전히 제거되지 못하면, 완전한 바른 깨달음의 지혜에 들지 못하므로, 이 지증사상智證四相의 무위경계無爲境界에 묶이게 된다. 왜냐면 유위상有爲相뿐만 아니라, 무위상無爲相까지 완전히 끊어져야, 깨달음을 넘어선 완전한 본연본성本然本性의 원융각명圓融覺明에 이르게 된다. 본연본성本然本性 원융각명圓融覺明의 완전한 깨달음의 지혜에 들지 못하여, 무위상無爲相의 깨달음에 묶인 지증사상智證四相의 경계를 벗어나려면, 깨달음의 지혜인 각력覺力의 밝음을 더해, 스스로 무위상無爲相을 벗어나 무엇에도 머묾 없는 완전한 각명원융覺明圓融에 이르러야 한다.

미혹迷惑과 무명無明이 곧, 머묾이며, 머묾이 곧, 분별심이며, 분별심이 곧, 자타自他와 일체 차별심差別心인 사상심四相心이다. 바른 깨달음의 과정에서 사상심四相心인 상相과 아我를 벗어남과 함께 무상無相과 무아無我까지 한목 벗어나며, 머묾住과 머무름 없는 무주無住까지 완전 벗어나게 된다. 완전히 깨닫고 보면, 상相과 아我만 상相이 아니라, 무상無相과 무아無我, 무위無爲와 무주無住, 실상實相과 공空까지 상相이니, 바른 깨달음의 지혜로 상相과 아

我, 무상無相과 무아無我, 무위無爲와 무주無住, 실상實相과 공空까지 모두 벗어나게 된다. 유위상有爲相의 사상四相만 상相이 아니라, 무위無爲와 제법공상諸法空相과 무상무아無相無我도 상相이므로, 완전한 깨달음의 지혜로 미혹의 상相뿐만 아니라, 깨달음의 지혜상智慧相 무위실상無爲實相까지 완전히 벗어나, 유위有爲와 무위無爲의 일체 미혹견迷惑見을 벗어나므로 완전한 본연본성本然本性의 지혜에 이르게 된다. 깨달음의 과정에서 깨달음의 미혹상迷惑相에 묶이면, 완전한 각명원융覺明圓融에 이르지 못한다. 지증사상智證四相의 경계는 상相을 타파하여 유위상有爲相을 벗어나 무위無爲에 들었으나, 무위상無爲相을 벗지 못해, 무위無爲를 얻은 무위無爲의 지혜상智慧相을 가짐이니, 여기에서 깨달음의 아상我相을 가지게 된다. 그러므로 각성覺性의 지혜로 깨달음의 무위상無爲相을 완전히 벗어나야 한다. 완전한 지혜에 들려면, 유위有爲와 무위無爲를 둘 다 벗어나고, 그리고 근본무명식根本無明識 미세아상微細我相을 완전히 벗어나 본연본성本然本性의 완전한 원융지혜圓融智慧에 이르러야 한다. 이것이 유위상有爲相과 깨달음의 법상法相 무위상無爲相과 각覺의 법집法執 각상覺相까지 벗어난 진정한 무아無我며, 완전한 무상無相의 지혜다. 이 완전한 근본지혜

根本智慧가 밝아지면, 육근의식六根意識과 자아의식自我意識과 근본무명식根本無明識과 유위有爲와 무위無爲의 제식諸識을 벗어난 걸림 없는 완전한 본연本然 원융일성圓融一性에 이르게 된다. 상相과 아我를 집착하는 미혹 사상심四相心 무명심無明心에서는, 무명無明을 벗어나는 깨달음도 얻어야겠지만, 깨달음의 과정에서 각성覺性이 완전히 밝지 못해 깨달음의 증득상證得相 지혜상智慧相인 무위상無爲相에 묶인다면, 그 또한 벗어야 할 미혹의 무명無明이다. 바른 완전한 깨달음에 이르면 지혜智慧의 그림자, 유위有爲와 무위無爲의 그림자가 없다. 유위有爲의 그림자는 육근六根 무명망념無明妄念의 그림자며, 무위無爲의 그림자는 무위증각無爲證覺 미망지혜迷妄智慧의 그림자다. 유위有爲든 무위無爲든, 어떤 머묾과 어떤 것이든, 분별의 나 없는 완전한 완연함이 본성지혜本性智慧다.

소동 : 지증사상智證四相이 무엇이며, 그 경계는 어떠한 것입니까?

법계산인 : 지증사상智證四相은 깨달음의 과정에서 유위상有爲相 무명사상심無明四相心이 타파되는 과정에서 무위상無爲相에 묶인 무위견無爲見이다. 사상심四相心 유위상有爲相이 있으면 무위無爲를 모르므

로 무위견無爲見을 가질 수가 없다. 사상심四相心으로 무위無爲를 헤아리어 무위견無爲見을 가져도 그것은 무위견無爲見이 아니라 유위견有爲見이며, 유위상有爲相의 법집法執이며 법상法相이다. 상심相心을 벗지 못하면 그 사유와 헤아림은 상相의 경계를 벗어날 수가 없다. 상심相心을 벗어나지 못함 속에서 헤아리는 일체一切는 그 헤아림이 상相을 벗어난 무엇을 헤아려도, 그것이 상견相見이며, 유위견有爲見이다. 왜냐면 이는 상견相見 속의 헤아림이기 때문이다. 상심相心을 벗어나야만 바른 무위견無爲見을 가질 수가 있다. 그러므로 사상심四相心인 상심相心에는 무위無爲를 단지, 상심相心에서 헤아릴 뿐, 무위無爲를 알 수가 없다. 그러므로 사상심四相心이 있으면 무자성無自性, 공空, 무위無爲, 무아無我, 무상無相 등, 무위법無爲法에 대한 것을 헤아려도 사상심四相心의 작용인 상相의 유위법상有爲法相과 유위법집有爲法執을 벗어날 수가 없다. 사상심四相心으로는 상相 없는 무자성無自性, 공空, 무위無爲, 무아無我, 무상無相 등의 무위법無爲法을 알 수가 없어 추측하고 헤아려도 유위상有爲相을 벗어나지 못하여, 무위無爲를 무기無記나 단멸斷滅, 허무虛無나 허공虛空 등으로 생각하게 된다. 그러므로 사상심四相心에서는 마음 없는 목석木石의 무심

無心과 깨달음의 무심無心이 어떻게 다르며, 두 무
심無心이 어떤 차별이 있는가를 모르므로, 목석무
심木石無心과 각무심覺無心을 구별할 지혜가 없어,
그 경계를 생각으로 헤아리어도 알 수가 없다. 목석
무심木石無心은 단멸무심斷滅無心이며, 각무심覺無
心은 원융무애심圓融無礙心이다. 그러나 사상심四
相心에는 단멸斷滅의 경계와 원융圓融과 무애無礙
의 경계를 알 수가 없다. 단멸斷滅은 법성法性의 작
용이나, 법성심法性心이 끊어진 것이다. 원융圓融은
서로 걸림이나 장애障碍 없이 융통融通함이며, 무애
無礙는 걸림이나 장애障碍가 없음이다. 원융圓融과
무애無礙는 이理와 사事를 벗어버린 각覺이다. 각覺
이란 깨달음을 일컬음이 아니라 원융각성圓融覺性
을 일컬음이다. 즉, 보리菩提다. 사상심四相心이 있
으면 유위법상有爲法相과 유위법집有爲法執을 가짐
으로 법상法相인 상심相心으로 무자성無自性, 공空,
무위無爲, 무아無我, 무상無相 등의 무위법無爲法을
얻으려 하고, 구하려 하며, 성취하려 한다. 그러나
깨달으면 무자성無自性, 공空, 무위無爲, 무아無我,
무상無相 등의 무위법無爲法을 벗어버린다.

유위상有爲相을 벗어나 무위無爲를 깨닫는 과정에
서 무자성無自性, 공空, 무아無我, 무상無相 등, 무

위법無爲法의 무위상無爲相을 가져 무위법상無爲法相을 일으키면, 의식意識이 무위법상無爲法相에 묶여 완전히 타파되지 못하므로, 무위無爲를 벗어나 완전한 각성覺性의 밝음에 이르지 못해 무위견無爲見을 가진다. 유위상有爲相이 타파되는 과정에서 사상심四相心 의식意識을 완전히 벗어나지 못하고, 무위無爲를 깨달음에 의한 무위법상無爲法相과 무위법집無爲法執을 가져, 유위有爲와 무위無爲를 모두 벗어버린 완전한 각성覺性의 밝음에 이르지 못해 무위상無爲相을 가지므로, 유위有爲를 벗어나 무위無爲를 깨달은 깨달음의 지혜아상智慧我相이 생기게 된다. 이는 상견相見 유위사상심有爲四相心에 의한 상相의 헤아림 유위법상有爲法相인 유위법집有爲法執과는 다르다. 그러므로 유위사상심有爲四相心에서 무위無爲를 무기無記나 단멸斷滅, 허무虛無나 허공虛空으로 생각하는 미혹의 유위법집有爲法執인 유상견有相見을 벗어난 것이다. 그러므로 무위법상無爲法相인 무위견無爲見은 유위법상有爲法相인 유위사상심有爲四相心이 아니다. 그러나 사상심四相心 상견相見이 타파되는 무위無爲의 깨달음 과정에서 유위상有爲相을 벗어나 무위無爲의 깨달음에 들면서 무위법상無爲法相을 가짐으로 무위상無爲相에 묶여, 무자성無自性, 공空, 무위無爲, 무아無我, 무상

無相 등, 무위법無爲法을 벗어나지 못하고, 유위有 爲를 벗어나 무위無爲를 깨달은 무위법상無爲法相의 지혜상智慧相을 가지는 것이다. 이로 인하여 무위無 爲 깨달음의 지혜상智慧相인 무위법상無爲法相과 무 위법집無爲法執인 지증사상智證四相의 미혹이 생기 게 된다.

지증사상智證四相의 아상我相은, 무위無爲를 깨닫 는 과정에서 유위有爲가 타파되므로 무위無爲에 대 한 무위견無爲見 무위법상無爲法相을 가짐으로 무위 無爲에 대한 깨달음을 가지는 상相이다. 이는 무위 無爲의 깨달음을 얻음이 있는 각득상覺得相이다. 지 증사상智證四相의 인상人相은 아상我相인 각覺을 얻 는 각득상覺得相은 없으나 자신이 무위無爲를 깨달 았다는 자증상自證相이 있는 증각상證覺相이다. 지 증사상智證四相의 중생상衆生相은 자신이 무위無爲 를 깨달았다는 인상人相인 증각상證覺相은 없으나 무위無爲의 깨달음에 머묾이 있는 각주상覺住相이 다. 지증사상智證四相의 수자상壽者相은 무위無爲의 깨달음에 머묾인 중생상衆生相인 각주상覺住相은 없으나 무위無爲의 깨달음을 요了했다는 마음이 있 는 각요상覺了相이다. 그러나 각성覺性의 밝음이 완 전함에 이르면, 무위無爲는 상相이 없고, 깨달음 또

한 상相이 없으며, 지혜智慧 또한 상相이 없어, 지증
사상智證四相을 벗어나게 된다. 지증사상智證四相도
완전한 깨달음에 들면, 그것이 곧, 미망迷妄의 환幻
이며, 미혹인 꿈속 망妄임을 깨닫게 된다.

깨달음에 지증사상智證四相의 아상我相인 각득상覺
得相인 깨달음을 얻음이 없다. 깨달음은 본성本性
본연本然의 무자성無自性 무위無爲 성품을 깨달음
이니, 무위無爲와 무위無爲를 깨달음과 깨달음으로
각覺인 본성本性을 얻음이 없음은, 본성本性 무위
無爲를 깨달아도 깨달은 무위無爲의 실체實體가 없
고, 무위無爲를 깨달은 지혜 또한 무위無爲의 실實
이니 깨달음과 상相이 없으며, 무위無爲가 본연본
성本然本性으로 상相이 없으니 깨달음으로 얻은 각
覺이 없고, 깨달음 이 자체가 상相이 없어 실체實體
가 없다. 무위無爲를 깨달은 그 자체가 본연본성本
然本性을 깨달음이니 무위無爲를 깨달아도 깨달음
을 얻음이 있을 수가 없고, 또한 깨달아 얻은 각覺
인 깨달음 그 자체가 실체가 있을 수가 없다. 깨달
음에 들어도 단지, 상심相心 미혹을 벗음일 뿐, 깨
달음으로 무위無爲를 얻은 깨달음 자체가 있을 수
가 없다. 그리고 깨달음과 동시에 아상我相인 자아
自我가 흔적 없이 사라져 사상심四相心이 없어, 깨

달음과 깨달음을 얻은 자者가 있을 수가 없다. 또한, 본성本性이 상相이 없고 실체實體가 없어 무위無爲이니, 깨달아도 얻을 깨달음이 없고, 깨달아 얻을 실체實體가 없으며, 본성本性이 상相이 아니므로 얻은 깨달음 자체가 없으며, 또한 사상심四相心이 없어 깨달음을 얻은 나, 자아自我가 없다. 그러므로 깨달음을 얻음이 있다는 것이 곧, 아상我相과 무위법상無爲法相을 가짐이니, 이는 무위법집無爲法執으로 무위상無爲相과 무위견無爲見을 가짐이다. 이는 무위법상無爲法相인 무위견無爲見을 가짐으로 아상我相에 의해 각覺을 얻음의 상相을 가짐이니, 이는 유위有爲와 무위無爲의 법상法相을 완전히 벗어나지 못한 미혹상迷惑相인 망념妄念이다. 이것은 무위無爲를 깨달았다는 무위견無爲見을 가지는 미혹상迷惑相이다. 무위無爲의 깨달음을 가지는 그 자체가 상相이며 미혹이다. 깨달음에 들어도 얻은 깨달음과 깨달은 깨달음과 깨달음을 얻을 자아自我가 없다. 깨달음의 상相을 가지면, 얻을 깨달음과 깨달은 깨달음과 깨달음을 얻은 자아自我의 상相을 가짐이니, 이는 무위견無爲見의 아상我相을 가지는 미혹상迷惑相으로 무위법상無爲法相의 미혹견迷惑見 무위법집無爲法執이다. 만약, 깨달음을 얻음이 있음은, 미혹인 아상我相에 의한 망妄의 분별

심 무위견無爲見의 법상法相을 가짐이니, 이는 무
위견無爲見에 의한 법상法相인 미혹迷惑의 망념妄
念이다. 깨달음을 얻은 상相을 가짐은, 무위無爲에
대한 무위상無爲相을 가짐으로, 얻은 깨달음이 있
음을 정定해 보는 상相의 상념想念 법상法相이다.
이는 완전한 실상지혜實相智慧에 이르지 못해 무위
상無爲相을 가지는 미혹견迷惑見이다. 이는 사상심
四相心에서 상相을 여읨으로 상相 없는 본성本性이
드러나니, 이 경계에서 유위有爲를 벗어나 무위無
爲를 얻었다는 상相을 가짐이다. 이는 무위無爲에
대해 무위법상無爲法相을 가짐으로, 무위견無爲見
에 의한 무위법집無爲法執인 각득상覺得相을 가짐
이다. 이는 완전한 각성覺性의 지혜에 이르지 못한
미혹상迷惑相으로 무위견無爲見에 의해 무위無爲의
깨달음을 얻었다는 각득상覺得相을 가짐이다. 그러
나 곧, 각성覺性의 지혜智慧를 발發하여, 이 무위견
無爲見의 법상法相인 미혹견迷惑見을 타파하여 무
위법상無爲法相을 벗어나야 한다. 깨달음 각성覺性
의 본성지혜本性智慧로 유위有爲와 무위無爲뿐 아
니라, 깨달음의 지혜智慧까지 완전히 벗어나야 한
다. 이 깨달음의 각득상覺得相은, 상相의 사상심四
相心이 타파되어 유위상有爲相을 벗어나 무위無爲
에 듦의 과정에서, 유위有爲의 무명심無明心 미혹

에서 상심相心이 반응反應하여 일어나는, 무명업력無明業力을 바탕한 미혹견迷惑見인 상심相心이다.

깨달음에 지증사상智證四相의 인상人相인 증각상證覺相인 깨달음을 증득하여 얻은 자者가 없다. 무위無爲가 상相이 아니며, 깨달음 또한 상相이 아니므로, 깨달음에는 상相이 없다. 깨달은 자者 또한 자아의식自我意識이니, 깨달음과 함께 의식意識의 자아自我와 사상심四相心이 흔적 없이 사라진다. 깨달음과 함께 자아自我가 사라져 사상심四相心 자아自我가 없으니, 깨달음을 증득證得한 증득상證得相을 가질 수가 없다. 깨달음이 상相이 아니며, 상相과 사상심四相心과 자아自我가 본래 없는 본성本性에 듦이 깨달음이니, 깨달음은 일체상一切相과 자아自我가 없음이 곧, 깨달음이다. 그러므로 깨달음으로 본성지혜本性智慧 각성覺性에 의해 아상我相과 사상심四相心이 흔적 없이 사라져, 깨달음의 실체가 상相이 아니니, 깨달음에는 깨달음도 없고, 깨달음을 얻은 자아自我가 없어, 깨달은 자者도 없다. 깨달음에는 깨달음과 깨달음을 얻은 자者도 없어, 일체一切가 각성覺性 원융무애圓融無礙며, 일체一切가 원융일성청정圓融一性淸淨이다. 자아自我가 사라져 증득상證得相을 가질 자者가 없고, 증득상증득상相證得相을 가진 자者도 없으며, 깨달음 또한 실체實體가 없고 상相이 아니니, 증證하여 얻은 증득證得 그 자체 또한 없다. 바른 깨달음에는 깨달음도, 깨달음을 얻은 나도 없다. 깨달음 그 자체가 곧, 나 없음을 깨달음이며, 일체상一切相이 없음을 깨달음이니, 깨달음으로 일체상一切相이 실체實體가 없음을 깨달을 뿐만 아니라, 깨달음 또한 상相이 없음을 깨닫게 된다. 나의 존재상과 자아의식과 상相에 대한 일체 개념은 깨달음과 함께 흔적 없이 사라진다. 왜냐면, 나의 존재와 상相과 일체 상념想念과 자아관념은, 본래 실체가 없는 사상심四相心에 의한 미혹의 상相이니, 깨달음의 실상지혜實相智慧에 자타自他와 만물萬物과 내외內外 일체상一切相이 바로 소멸한다. 그러므로 나의 존재뿐만 아니라, 일체상一切相과 일체상심一切相心이 깨달음과 함께 끊어짐으로 깨달음에 들게 된다. 깨달음이란 본래 상相 없는 본성本性을 깨달음이니, 나의 일체一切와 상相의 일체一切가 깨달음과 함께 흔적 없이 사라져, 원융무애圓融無礙한 청정본성淸淨本性이 바로 드러나, 진여본성眞如本性의 원융일성圓融一性에 이르게 된다. 깨달음은 상相 없는 본성本性에 듦이니, 깨달음에는 내 존재와 자아의식이 타파되어 그 뿌리와 자취가 흔적이 없는데, 깨달음을 얻은 증득상證得相이 있다는 것은, 무위無爲를 깨달아도 아직 무명업식無明業識 미망迷妄의 망념妄念인 자아自我의 상념相念을 완전히 벗어나지 못한 것이다. 그러므로 깨달음의 증득상證得相이 있음은 무위견無爲見에 묶여있어 완전한 깨달음이 아니며, 깨달음에 의한 미혹의 중생견衆生見 자아自我가 있음이다. 깨달음은 유위有爲와 무위無爲를 벗어날 뿐 아니라, 깨달음과 깨달음의 지혜까지 벗어나 사상심四相心과 나의 존재와 자타自他 일체상一切相이 소멸하여, 일체불이一切不二 원융일성圓融一性인 원융각圓融覺에 이르게 된다.

깨달음에는 지증사상智證四相의 중생상衆生相인 각주상覺住相인 깨달음에 머묾이 없다. 깨달아도 깨달음에 머물 수 없음은, 본성本性은 무자성無自性이므로 머무를 상相이 없고, 본성本性 무위無爲를 깨달음 또한 상相 없는 각覺이니, 상相이 없어, 머무를 본성本性과 머무를 깨달음이 없기 때문이다. 깨달음에 든다고 말은 하나, 이는 상심자相心者의 이해를 돕기 위해 상심相心의 경계를 수용한 말이니, 깨달음에 드는 것이 상相 없어 머무를 곳 없는 원융각성圓融覺性에 듦이다. 깨달음으로 사상심四相心을 여의어 본성本性에 드나, 본성本性 또한 무자성無自

性이니 상相이 없어, 머무를 본성本性이 없다. 상相에 머무름 없음이 원융한 본성本性에 듦이라 한다. 그러나 사상심四相心으로 이를 헤아리면, 유위법상有爲法相을 벗어나지 못해, 무기無記나 단멸斷滅에 빠지며, 허공상을 지어 허공과 같으리라는 생각을 가지기도 한다. 깨달음을 얻으면 본성本性과 깨달음 그 자체가 무기無記나 단멸斷滅이나, 또한 허공이 아니므로, 본연본성本然本性으로 깨달음의 원융각성圓融覺性에 이르게 된다. 깨달으면 일체상一切相만 벗어나는 것이 아니다. 무자성無自性, 공空, 무아無我, 무상無相, 무위無爲까지 벗어나며, 깨달음도 또한 상相이 아니니 깨달음까지 벗어나게 된다. 깨달음에는 깨달음의 상相과 깨달음의 실체實體가 없어, 깨달아도 깨달음에 머무를 상相이 없고, 깨달음에 머무를 깨달음의 실체가 없고, 깨달음에 머무를 자者도 없다. 머무를 상相과 머무를 깨달음과 머무를 자者가 없어, 깨달음으로 일체상一切相을 벗어남이 각성지혜覺性智慧다. 내외內外 일체상一切相인 사상심四相心이 실체實體 없음을 깨달아, 일체一切 사상심四相心을 벗어남이 깨달음이며, 유위有爲뿐 아니라, 무위無爲까지 벗어나고, 깨달음뿐 아니라, 깨달음의 지혜까지 벗어버려 원융각성圓融覺性에 이른다. 그러므로 깨달으면, 머무를 깨달음도, 깨달음에 머무를 자者도 없다. 깨달음에 머무를 자者와 머무른 자者가 있거나, 머무를 깨달음이 있거나, 머무른 깨달음이 있으면, 아직, 무명無明의 상념想念인 미혹상迷惑相을 벗어나지 못했으니, 아직 바른 깨달음에 이르지 못한 것이다. 이는 아직, 각성지혜覺性智慧에 들지 못한 미혹迷惑의 분별심, 나我 있음에 의한 상심相心이다.

깨달음에는 지증사상智證四相의 수자상壽者相 각요상覺了相인 완전히 각覺을 요달了達한 깨달음의 상태나 각覺이 없다. 깨달음을 유지維持하거나, 보존保存하거나, 지키거나守, 깨달음을 요了한 각청정覺清淨이나, 청정부동清淨不動이 있음은 이 또한, 깨달음과 각覺을 정定함의 분별인 망념妄念의 환幻이다. 깨달음에는 상相 없는 청정清淨도 상相이며, 망妄이며, 환幻이다. 깨달음의 지견智見을 일으킴이 곧, 나 있음이며, 본성本性의 각상覺相과 깨달음의 법상法相을 가짐이다. 이는 무위견無爲見의 나 있음에 의한 분별심, 미혹의 상념想念이다. 깨달으면 유위상有爲相이 없을 뿐만 아니라, 본성本性 무위無爲의 상相도 없는 무상청정상無相清淨相도 없으니, 깨달음의 상相과 자증청정각自證清淨覺과 증각아證覺我를 여읨으로, 깨달음의 지혜상智慧相인 무위법상

無爲法相과 무위법집無爲法執인 무위지혜無爲智慧
의 망妄과 깨달음의 환幻까지 완전 벗어나게 된다.

지증사상智證四相의 원인은 무위無爲를 깨달은 무
위상無爲相에 의한 무위견無爲見이다. 이는 무위無
爲를 깨닫는 과정에서 완전한 각성覺性의 밝음에
이르지 못해 상심相心 미혹迷惑으로부터 발현發顯
하는 무위법상無爲法相 무위법집無爲法執으로 무위
견無爲見에 의해 깨달음의 지혜아상智慧我相을 가
짐이다. 깨달음의 완연한 각성覺性으로 자아自我의
상념想念 나를 완전히 벗어나면, 본성本性이 상相
이 없고, 깨달음 각성覺性도 실체가 없어 깨달음 자
체도 없으니, 깨달음에는 깨달음도, 깨달은 자者도
없다. 이것이 깨달음이다. 그러나 이 말을 듣고 사
상심四相心이 있으면, 이를 사상심四相心으로 자기
경계自己境界에서 헤아려, 무기無記나 단멸상斷滅
相을 가지거나, 중생심衆生心으로 짐작하여 깨달음
을 얻을 필요가 없다고 생각하거나, 깨달음이 그냥
그저 그러한 것으로 상심相心으로 헤아리어 원융각
성圓融覺性을 등진 왜곡된 무명심無明心에 젖은 생
각을 할 수도 있다. 깨달음으로 사상심四相心 유위
有爲를 벗어나고, 또한 무위無爲를 벗어나 완전한
무상원융無相圓融의 불가사의不可思議며, 부사의不

思議함이니, 완전한 깨달음에는 미망迷妄과 깨달음 지혜智慧에도 걸림이 없는 완연한 본연각성本然覺性의 경계를 드러낼 뿐이다. 깨달음으로 사상심四相心이 없어 부사의사不思議事 원융각성圓融覺性에 이르면, 사상심四相心의 일체가 환幻이며, 망념妄念의 꿈속 일임을 깨닫게 된다. 사상심四相心은 깨달음과 함께 흔적 없이 사라져, 청정본성淸淨本性에는 그 자취와 뿌리를 찾을 수가 없다. 깨닫고 보면, 사상심四相心 일체一切는 망妄의 환幻이며, 꿈속 일이다. 깨달음의 지혜를 발發해야만 사상심四相心 꿈속 망妄의 환幻을 벗어날 수가 있다. 깨달음의 세계는 무기無記나 단멸상斷滅相이 아니므로, 각명원융覺明圓融의 무애자재無礙自在한 원융일심圓融一心, 원융본성圓融本性의 세계다. 사상심四相心이 사라진 깨달음에 이르면, 본연본성本然本性에는 깨달음도, 깨달은 자者, 나 또한 없는, 일체상一切相이 불가사의한 각원만覺圓滿의 원융일성圓融一性이다.

소동 : 본각선本覺禪의 수행, 깨달음의 경계에서, 지증사상智證四相을 벗어나려면 어떻게 해야 합니까?

법계산인 : 무상無上을 향하는 수행자는 단지, 본성本性을 깨닫는 깨달음이 최상最上의 전제前提나 관건關鍵

이 되어서는 안 된다. 깨달음의 원융지혜圓融智慧
로 육근자재六根自在와 부사의 심공덕心功德 여래
십호如來十號 각성원만공덕장覺性圓滿功德藏에 들
어야 한다. 미혹 경계에서는 미혹을 벗어나는 깨달
음이 관건이겠지만, 본심용각本心用覺에서는 부사
의심공덕不思議心功德 본심공능행本心功能行인 법
계무상공덕장엄法界無上功德莊嚴에 이르러야 한다.
미혹의 경계에서는 깨달음의 지혜를 얻음이 중요하
고 우선이겠으나, 각성지혜覺性智慧에서는 바른 깨
달음이 중요한 것이 아니다. 완전한 깨달음을 얻었
다 하여도, 사상심四相心 미혹을 벗어나 본심지혜本
心智慧에 들었을 뿐, 그것이 자기 지혜智慧의 기본
이니 대단한 것이 아니다. 깨달음은 본래 자기 본심
本心에 이른 것일 뿐이니, 깨달음 그것이 무엇이 대
단한 것이겠느냐! 대단하거나, 대단한 것이 있거나,
대단한 것으로 생각한다면, 그것은 아직 자기 본심
本心, 완전한 각성지혜覺性智慧에 이르지 못해 깨달
음에 허기져, 꿈속 미혹의 망념妄念에 갇힌 한낱 무
명無明 중생衆生일 뿐이다. 본심本心 진성진여眞性
眞如인 각성覺性은 미혹과 깨달음 둘 다 벗어나 원
융한데, 깨달음의 상념想念 법집法執으로 미망迷妄
인 꿈속 환영幻影에 빠져 본심원융本心圓融에 이르
지 못하고, 깨달음 미망迷妄의 상심相心에 젖어, 깨

닫고, 깨닫지 못함의 분별심에 묶여 있으니, 아직 자신의 미혹인 분별심, 중생심衆生心 환영幻影인 꿈 속 미망迷妄의 굴레를 벗어나지 못했다. 완전한 무상無上에 이르면 깨닫고 깨닫지 못함 뿐만 아니라, 깨달음의 각성覺性까지 티끌이라 끊어진다. 깨닫고 깨닫지 못함을 논하는 것도 아상我相이 있기 때문이니, 일체一切의 분별심 아상我相을 벗어나면 깨달은 각성覺性도 티끌이라 끊어진다. 무엇이든 분별할 것이 있거나, 분별함이 있다면 그것이 아직 아상我相을 벗어나지 못한 명확한 증거이다.

각성원만覺性圓滿의 경계에서는, 깨달음보다 더욱 수승한 깨달음의 실질적 경계인, 깨달음의 각성지혜覺性智慧로, 완전한 육근원융六根圓融 자재自在에 이르렀느냐가 중요하며, 이것이 깨달음 자체보다 더욱 수승한, 깨달음의 실질적인 결과다. 깨달음을 얻으려는 것은 단지, 깨닫는 것에 있지 않고, 무명無明을 벗어난 깨달음 자기 본성지혜本性智慧 부사의 무상공능無上功能으로 육근원융六根圓融 자재自在에 이르기 위함이다. 깨달음을 얻은 자는, 완전한 깨달음인가, 아닌가를 분별함보다, 그 깨달음의 지혜가 이사원융理事圓融 사사무애事事無礙의 육근원융六根圓融 자재自在에 이르렀는가를 진지하게 돌아보며, 깨달음 각성지혜覺性智慧의 경계에서 육근원융자재六根圓融自在의 완전함에 이르렀는가를 스스로 세밀히 진지하게 점검함이 중요하다. 깨달아도 단지, 그것이 각성지혜覺性智慧의 삶의 시작일 뿐, 수행의 끝이 아니다. 수행은 미혹을 타파하며 무명無明을 벗는 깨달음만이 수행이 아니다. 각성공능행覺性功能行으로 원만장엄행圓滿莊嚴行을 함도 각성수행覺性修行이다. 수행이란, 무명無明을 벗기 위해 깨달음을 얻기 위한 수행과 깨달음을 얻고 나서 깨달음의 각성지혜覺性智慧로 각성원만자재覺性圓滿自在와 심공능부사의장엄만행心功能不思議莊嚴萬行이 있다. 깨달음이란 다만, 상相과 자아自我를 벗어나, 단지 본심本心에 이른 것뿐이니, 수행자가 깨달음에서 완전한 깨달음을 얻었느냐, 못 얻었느냐보다 더욱 앞서 중요하게 점검해야 할 것은, 완전한 깨달음의 결과인 이사원융理事圓融 사사무애事事無礙의 육근원융六根圓融 자재自在의 완전함에 이르렀느냐가 더욱 중요하며, 실질적 깨달음의 경계에서 자기 자신을 돌이키는 진지한 자기점검이다. 이理와 사事를 벗어버린 깨달음에 대한 명확한 자기점검인 육근원융자재六根圓融自在의 완전함에 이르렀는가를 스스로 진지하게 세밀히 점검해야 한다. 또, 더 나아가, 이사원융理事圓融 사사무애事事

無礙의 육근자재六根自在에 이르렀느냐 보다, 본심공능자재행本心功能自在行이 완연하여, 각성원융부사의능각행覺性圓融不思議能覺行인 심공능부사의장엄만행心功能不思議莊嚴萬行이 원만구족圓滿具足함이 더욱 중요하다. 깨달음을 성취하고자 많은 시간의 수행과 수고로운 노력으로 미혹을 타파하여 사상심四相心을 여의어 깨달음을 얻어도, 그것이 본래 한 걸음도 뛰지 않은 소득 없는 본전本錢인, 자기 본연本然의 본래 제자리니, 무상無上을 향한 수행자의 행로行路는 단지, 깨달았다는 것이 그렇게 대단하거나 중요한 것이 아니다. 깨달음 그 본전本錢으로, 본심本心의 부사의심공능不思議心功能 원융자재상승圓融自在上昇과 부사의한 각성공능覺性功能의 무한가치 각성원융지혜자비覺性圓融智慧慈悲로 심공능부사의장엄만행心功能不思議莊嚴萬行의 원만구족圓滿具足이 더욱 중요하다. 뭇 생명과 미혹중생衆生이 더불어 살아가는 생명공생장엄법계生命共生莊嚴法界에는 각성공능자재覺性功能自在의 무한지혜無限智慧와 부사의자비행不思議慈悲行이 각성공덕覺性功德 승화의 진정한 가치며, 더불어 같이한 중생세계에 미혹을 벗어버린 불이원융不二圓融무한각성부사의공덕無限覺性不思議功德의 지혜智慧와 자비행慈悲行이 더욱 절실하고 중요하다.

깨달음의 지혜, 자증自證이나 증각證覺보다, 용심일각用心一覺으로 무량생명無量生命 장엄법계莊嚴法界에 부사의 심공능心功能 각성광명覺性光明의 실질적 가치 부사의무한공능행不思議無限功能行이 태양과 같고, 바다와 같으며, 대지大地와 같이 무량공덕장엄無量功德莊嚴의 무한공능無限功能 각성지혜覺性智慧의 꽃을 피우며, 깨달음 승화昇華의 실질적 진정한 가치가 생명법계生命法界에 무한상생조화無限相生調和와 불이융화不二融和의 승화昇華에 있음을 깨달아야 한다. 깨달음으로 본성本性의 지혜를 발發함은, 불법지혜佛法智慧에는 특별한 것이 아니라 불법지혜佛法智慧의 바탕이며, 기본일 뿐, 깨달음 그것이 중요한 것이 아니다. 깨달음의 공능력功能力인 각성지혜覺性智慧가 열린 자者는 생명들을 위한 일성승화대비력一性昇華大悲力의 각성장엄행覺性莊嚴行이 열려야 한다. 항상, 지혜나 의식이 깨달음과 각성覺性에만 매달려 있다면, 더불어 살아가는 생명법계섭리生命法界攝理 속에, 생명각성生命覺性 진정한 가치의 지혜智慧로 살아 있는 자者가 아니라, 스스로 미혹의 굴레 속에 망妄의 환각幻覺을 좇는 미망迷妄의 몽중인夢中人이다. 깨달음 원융지혜圓融智慧인 이사무애理事無礙와 부사의사不思議事 사사원융事事圓融의 육근자재六根自在와 육근원

융일통六根圓融一通의 공능력功能力에 들어, 법계대
비무량공덕부사의무상장엄法界大悲無量功德不思議
無上莊嚴에 이르는 것이, 깨달음 지혜 각성각명覺性
覺明이 살아 있는 각성승화覺性昇華의 참다운 실질
적 가치다. 깨달음을 얻어 생사生死를 벗어나고, 고
苦를 벗어나는 것에만 치중하면, 그것은 본성本性의
원융각성圓融覺性과는 무관한, 망妄의 환영幻影인
아我와 상相에 얽매인 무명無明이다. 깨달음과 깨달
음의 지혜는 원융일심圓融一心 공능功能으로, 법계
융화法界融化의 섭리攝理를 따라 수승한 능행자재能
行自在 공덕장엄功德藏嚴을 이룸이 중요하며, 그것
이 깨달음 능행지혜能行智慧의 진정한 가치, 깨달음
각성행覺性行의 승화昇華임을 깨달아야 한다.

수행의 밀밀密密한 미묘한 경계에서는 눈의 경계
나, 귀의 경계나, 의식意識과 심心의 경계나, 깨달
음과 자증自證의 경계나, 내외 사마邪魔의 경계든,
바른 것으로 인식되거나, 좋다고 느끼지거나, 환희
와 신심이 일어나는 불가사의하며 희유한 경계일지
라도, 어떤 경계이든 잠시 머묾 없는 흐름의 현상
이니, 더욱 수행정신을 굳건히 하여 수행 향상심의
일관성一貫性으로, 모든 경계를 꿰뚫어 무상각無
上覺에 이르러야 한다. 수행심의 일관성이 흐트러

지는 경계일수록, 수행심을 홀리어 혼란하게 하며, 수행 향상을 가로막는 업력業力의 마장魔障이거나, 수행자가 빠지기 쉬운 자기업력自己業力 수행경계의 덫임을 깨달아야 한다. 원융한 무상각無上覺을 향하는 수행향심修行向心에는 수행의 일관성一貫性이 멈추거나, 수행심이 현혹되는 그 어떤 수승한 수행경계여도, 그 경계로는 청정본성淸淨本性과 본각本覺에 들 수는 없다. 만약, 수행심의 일관성一貫性이 환幻이나, 망妄의 경계에 이끌리는 바로 그 순간, 지금껏 쌓은 밀밀한 수행이 멈추거나 끊어지는 순간임을 자각해야 한다. 신비하고 심오하며, 부사의한 경계여도, 그것은 묵은 업력과 내외 경계에 의한 업력으로, 깨달음을 향한 지혜의 눈을 가리는 덫이다. 수행자에 따라 차이는 있겠으나, 수행경계의 경험이 부족할수록 나쁘게 생각되는 경계는 벗어나려 하며, 좋게 인식되는 경계는 탐착하여 놓치지 않으려 하나, 탐착과 집착심 취사取捨의 시비심是非心보다 수행의 일관성一貫性이 우선이며, 무엇보다 수행의 일관성一貫性을 놓지 않아야 한다. 수행의 일관성一貫性을 멈추는 일체 경계는, 수행심과 수행경계가 흐트러지는 내외 업력業力의 마장魔障이다. 수행에는 어떤 경계이든 그 대처법은, 수행의지를 놓지 않은 무심無心과 밀밀密密한 수행 일관도—貫道가 중요하다. 수행경계에서는 그 어떤 경계이든, 수행의 일관—貫된 수행경계를 흐트리면 안되며, 수행의 일관성—貫性을 흐트리는 것이, 긍정적이든, 부정적이든, 그 과정을 지난 후에 돌이켜보면, 수행의 일관성—貫性을 잠시도 놓지 않고 향상을 향해 뚫어야 하는 수행 차원의 과정이었음을 깨닫게 된다. 좋은 경계든 나쁜 경계든, 그 경계에 수행의 일관성—貫性이 끊어지면, 시간이 흐른 연후에, 수행정신 미약이나, 수행경험 미숙이나, 수행지혜와 수행근기 부족으로 경계에 이끌려, 그 경계에서 정진심을 더하지 못해 수행 향상이 멈추고 끊어진 것에, 수행정신이 부족했던 수행경계의 아쉬움을 남기게 된다.

수행에는 오로지 수행의 일관—貫뿐, 그 경계가 좋은 것이든, 나쁜 것이든, 무심無心히 수행의 일관성—貫性을 놓지 않고 정진하다 보면, 경계가 좋은 것이든, 나쁜 것이든, 그 경계를 무심히 뛰어넘어 향상하게 된다. 수행 차원이 밀밀히 깊어가는 경계에서는 한순간 방심한 것이 수행이 끊어지거나 흐트러져, 다시 그 수행의 경계를 주워담을 수 없어, 수행이 더 깊이 들어가지 못한 아쉬운 경우도 있다. 수행이 세밀하고 정밀精密하며 밀밀密密한 차원에서는, 좋은 경계든 나쁜 경계든 무심히 수행의 일관도—貫道로 그 경계를 뚫어 무상無上에 이르는 것이 중요하다. 수행이 밀밀密密하고 극밀極密한 경계에는 순順과 역逆, 좋고 싫은 경계도 다반사니, 깨달음을 향한 일관성—貫性 외는, 좋은 경계든 나쁜 경계든 일체가 수행심과 수행지혜로 무심한 가운데 수행의 일관성—貫性으로 뛰어넘어야 할 수행상의 경계다. 날으는 화살은 오로지 과녁 초점뿐, 한 찰나 경계에 방심은 향하는 과녁의 초점을 놓치거나 잃게 된다. 수행 마장이 치성하거나, 수행경계에 분별심이 일어나거나, 수행경계에서 어떻게 해야 할지를 모를 때에는, 경계의 분별심을 놓고 마음을 비워 모든 경계에 무심하며, 수행의 일관성을 놓지 않고, 과녁의 초점을 향하는 화살촉과 같이 수행의 일관성으로 일체 수행경계와 수행의 분별심과 수행 마장을 뚫어야 한다. 수행자는 수행의 지가 굳어야 하며, 작은 것에 연연하다 보면 자기 갈 길을 가지 못하고, 수행의 초점을 놓치는 순간, 자신 수행 향심向心의 경계와 무상無上 깨달음의 과녁인 초점을 놓치게 된다. 수행과정 속에는 자기의 안목으로 옳은 점검을 할 수가 없으니, 분별심과 경계심을 버리고, 수행의 완성을 위한 수행의 일관성이 무엇보다 우선 확립되어야 한다. 수행이 완성되기 전의 일체 수행경계와 분별심은 일체가 미망迷妄의 환幻이니 수행의 일관성으로 그 경계를 벗어나야 한다. 수행길에 수행심과 수행정신을 흐트리거나 혼란하게 하는 내외 일체一切 경계가, 수행자의 내면, 자기근기自己根機 무명업력無明業力의 경계境界다. 수행의지는 과녁을 향한 일관성一貫性을 놓지 않는 수행정신에 있으니, 시선이 과녁을 벗어나면 수행의지의 끊임 없는 향상일관도向上一貫道가 그 순간 끊어진다.

본각선本覺禪은 깨달음을 얻어도 수행의정修行疑情을 놓지 않아야 하며, 완전한 이사무애理事無礙와 사사원융事事圓融에 들어도 수행의정修行疑情을 놓아서는 안 된다. 수행의정修行疑情이 단순히 깨달음만을 위한 것은 아니다. 깨달음은 원융일각행圓融一覺行의 씨앗일 뿐이다. 불佛을 성취하거나 불佛이 되는 것이 중요한 것이 아니다. 더 없는 자재自在한 완연한 무상봉無上峯에 오르기까지는 수행의정修行疑情을 놓아서는 안 된다. 그 까닭은 수행의 오랜 시간과 세월이 흘러 지혜가 더 밀밀하여 깊고, 밝아 수승해지면, 그 미묘한 까닭과 그 부사의한 심오함의 이유를 스스로 터득하게 된다. 본각선本覺禪의 수행의정修行疑情은 깨달음의 지혜 자기 본성本

性에 듦을 넘어, 자신을 더 없는 자재自在한 완연한 무상봉無上峯에 이르도록 하기 위함이다. 바른 깨달음의 지혜를 얻어도, 수행의정修行疑情을 놓음과 동시에, 더 없는 불가사의한 공능행功能行 무한승화無限昇華의 상승은 멈추며 끊어진다. 왜냐면, 공능행功能行의 상황, 그것이 자기 실질적 경계이기 때문이다. 무명無明의 사상심四相心과 지증사상智證四相과 일체각성지혜一切覺性智慧에서도 경계의 무심無心 속에 수행의정修行疑情 일관도一貫道를 놓지 않으면, 수행의 내외 일체마장一切魔障과 일체장애一切障碍를 무심히 벗어날 수가 있다. 무상無上에 이르기까지는 수행의정修行疑情을 놓으면, 내외 경계와 자기업력 경계의 장애障碍에 부딪히거나 묶이게 된다. 어떤 어려운 경계와 장애障碍이든 일관一貫된 수행의정修行疑情을 놓지 않으면, 모든 경계를 무심히 벗어날 수가 있다. 모든 수행의 경계와 마장을 벗어나는 길은 과녁을 향하는 화살촉과 같이 과녁을 향한 수행의 일관성一貫性을 놓지 않는 것이 항마降魔와 항심降心의 비결秘訣이다.

소동 : 공능력功能力과 공능행功能行과 본심공능행本心功能行은 무엇입니까?

법계산인 : 공功은 본심本心과 본성本性이 가진 무한조화

無限造化의 공덕체功德體 총지總持를 공功이라 한
다. 능能은 본심本心과 본성本性의 무한조화無限造
化 공덕체功德體의 작용이 무엇에도 걸림이나 막힘
이 없는 이사理事에 능행자재能行自在함을 일컬음
이다. 공능력功能力은 본심本心과 본성本性의 공능
功能의 부사의 작용이다. 공능행功能行은 각성지혜
覺性智慧로 본심본각本心本覺의 능행자재能行自在
한 부사의 공능功能을 행行함이다. 본심공능행本心
功能行은 깨달음에 의한 일체一切 각성행覺性行이
본심공능행本心功能行이며, 불佛의 능행자재能行自
在한 부사의 일체一切 각성행覺性行이 본심공능행
本心功能行이다. 본심공능행本心功能行은 각력조화
覺力造化로 부사의 본심공덕本心功德이 이사理事에
걸림 없이 능행자재能行自在로 행하는 능각행能覺
行이다.

소동 : 능각행能覺行은 무엇입니까?

법계산인 : 능각행能覺行은 능能은 만물조화萬物造化와 일
체불법지혜一切佛法智慧를 내는 본심本心의 부사의
공력功力이며, 각覺은 본심本心이 이사理事에 걸림
없는 부사의한 능행자재력能行自在力이며, 행行은
불가사의한 공능功能을 가진 능각能覺의 조화造化
인 각성행覺性行이다.

소동 : 일성승화대비력一性昇華大悲力은 무엇이며, 심공능부
사의장엄만행心功能不思議莊嚴萬行은 무엇입니까?

법계산인 : 일성승화대비력一性昇華大悲力은 각성覺性 승
화昇華의 공능력功能力에 의해 일체불이一切不二의
일성원융불이대비심一性圓融不二大悲心에서 발현하
는 각성대비력覺性大悲力이다. 심공능부사의장엄만
행心功能不思議莊嚴萬行은 본심本心의 각성覺性이
열림으로 심공능부사의장엄心功能不思議莊嚴 속에
이루어지는 일체一切 각성만행覺性萬行이다. 이는
각성覺性 속에 이루어지는 제불보살諸佛菩薩의 일
체행一切行이다.

소동 : 깨달음에 들려면 어떻게 해야 합니까?

법계산인 : 분별심이 없어야 한다.

소동 : 분별심이 무엇입니까?

법계산인 : 분별심分別心은 일체의식一切意識의 작용인 차
별심의 작용이다. 분별심이 상심相心이니, 중생의
일체 마음이다. 상相에 머무르므로 사상심四相心이
라고 하며, 상相에 얽매인 마음이므로 중생심衆生
心이라고 하며, 실상實相을 모르므로 무명無明이라
고 하며, 자신과 만유萬有의 실체를 모르는 어리석
음에 의함이니 미혹迷惑이라고 한다. 이는 곧, 자기

본심本心을 알지 못하는 의식意識의 작용이며, 상相의 실상을 깨닫지 못한 차별심으로 상相에 머묾의 일체 의식작용이다.

소동 : 분별심이 끊어집니까?

법계산인 : 분별심分別心과 분별상分別相은 본래 실체實體가 없는 것이니, 있다고 생각하니 그것을 무명無明이라고 하며, 그 속에 있으니 망념妄念이라고 하며, 실체實體 없는 상相에 마음이 머물고, 얽매이며, 집착하니 미혹迷惑이라고 한다.

소동 : 그럼, 보고 듣는 일체 것과 나와 모든 존재가 없는 것입니까?

법계산인 : 그 성품이 본래本來 실체가 없다. 있다, 없다는 것이 상견相見이며, 상相의 분별심이다.

소동 : 유무有無와 실체實體 없는 것과 어떻게 다릅니까?

법계산인 : 유무有無는 상相의 실체가 있다고 인식하는 상相의 상념想念 관념상觀念相이다. 이는 상相에 머물고 상相을 정定해 보는 상심相心에 의한 일체 분별심인 유무견有無見이다. 이는 곧, 상相의 실체實體와 실상實相을 모르는 상相에 머묾의 마음이다. 실체實體가 없는 것이 상相의 실체實體다. 상相은 무

자성無自性 법성法性의 작용으로 머무름이 없어 상相의 실체가 없고, 모든 상相은 머물러 있는 고정된 실체實體 그 형상이 없다. 마음 또한 머묾이 없어 실체實體가 없고, 머물러 있는 마음이 없다. 그것을 깨달으면 머무름의 상相인 유무有無의 마음을 벗어나게 된다.

소동 : 머묾의 마음과 머묾 없는 마음이 어떻게 다릅니까?

법계산인 : 머묾의 마음은 상相의 마음이므로 자아自我의 실상實相과 자기의 본성本性을 모르므로, 몸이나 자아의식을 바로 자기로 생각한다. 상相에 머묾의 의식意識과 견見으로는 자기의 본심本心과 본성本性과 본각本覺이 있음을 깨닫지 못하며, 물物과 심心이 둘이 아님을 알지 못하며, 무한 우주 일체一切가 원융일심圓融一心인 자기의 성품, 본심本心과 본성本性과 본각本覺을 벗어나 있지 않음을 모른다. 이는 상相에 머묾의 마음으로 자타를 분별하며, 상相을 집착하여 분별심을 일으키므로 사상심四相心이라고 한다. 머묾 없는 마음은 곧, 깨달음의 실체實體 각성覺性인 본심本心, 본성本性, 본각本覺을 일컬음이다. 이는 곧, 원융일심圓融一心이며, 원융일성圓融一性이며, 원융일각圓融一覺이다. 이는 곧, 일심一心인 진여진성眞如眞性이다.

소동 : 무한 우주 일체一切가 자기의 성품을 벗어나 있지
　　　않음이란 무슨 뜻입니까?

법계산인 : 무한 우주 일체一切가 곧, 자기 진여眞如의 성
　　　품이다. 일체一切를 나 아닌 차별로 봄이, 물物과
　　　심心이 둘이 아닌 자기의 본성을 모르기 때문이다.
　　　깨달음으로 본성本性에 들면 일체一切가 차별 없고,
　　　둘 없는 진여眞如 일심一心의 성품임을 깨닫게 된
　　　다. 이 세계는 일체一切가 차별 없는 원융일성圓融
　　　一性의 세계다.

소동 : 원융일심圓融一心, 원융일성圓融一性, 원융일각圓融
　　　一覺은 무엇입니까?

법계산인 : 원융圓融이란 상相이 없어, 무엇에도 걸리거나
　　　장애가 없고, 막힘이 없는 성품의 특성이다. 이는
　　　생멸生滅 없는 본연本然 성품을 일컬음이다. 이것이
　　　본심本心과 본성本性과 본각本覺의 성품이다. 원융
　　　일심圓融一心이 본심本心이며, 원융일성圓融一性이
　　　본성本性이며, 원융일각圓融一覺이 본각本覺이다.
　　　원융일성圓融一性은 본심本心의 본성本性이며, 원융
　　　일각圓融一覺은 본심本心의 본각本覺이다. 원융일
　　　심圓融一心, 원융일성圓融一性, 원융일각圓融一覺이
　　　곧, 심心이다. 단지, 심心은 부사의 하고 불가사의한
　　　작용의 특성이 있어, 심心의 부사의 특성 삼대성三

大性을 요별한 것이다. 일심一心, 일성一性, 일각一覺의 일一은 상相이 없는 원융성圓融性을 일컬음이다. 이는 하나를 뜻함이 아니고, 일체一切가 차별 없는 불이不二며, 원융圓融이다. 그러므로 원융일심圓融一心, 원융일성圓融一性, 원융일각圓融一覺은 원융의 한 성품이라 나눌 수도 없고, 또한, 다른 것이 아니며, 그렇다고 또한 하나도 아니다. 그러나 심心의 같지 않은 부사의 특성이 있어 그 특성을 요별了別한 것이다.

소동 : 심心의 부사의 특성이 원융일심圓融一心이며, 원융일성圓融一性이며, 원융일각圓融一覺이면, 본심本心을 깨달으면 원융일심圓融一心, 원융일성圓融一性, 원융일각圓融一覺을 깨닫게 됩니까?

법계산인 : 바른 깨달음을 성취하면, 본연본성本然本性의 밝은 지혜로 심心의 부사의한 성품, 원융일심圓融一心, 원융일성圓融一性, 원융일각圓融一覺을 깨닫게 된다. 깨달음이 본심本心의 원융일심圓融一心, 원융일성圓融一性, 원융일각圓融一覺을 깨달음이다. 깨달음으로 일체상一切相을 벗어 본심本心에 들면 본심本心의 부사의 특성인 본심本心, 본성本性, 본각本覺의 삼대성三大性을 깨닫게 된다.

소동 : 원융일심圓融一心과 원융일성圓融一性과 원융일각
圓融一覺은 무엇이며, 어떠한 특성이 있습니까?

법계산인 : 원융일심圓融一心은 상相 없는 본심本心의 무
애자재작용無礙自在作用이다. 원융일성圓融一性은
본심本心의 상相 없는 본성本性인 청정무애원융성
清淨無礙圓融性이다. 원융일각圓融一覺은 본심本心
의 상相 없는 본각本覺으로 항상 밝게 깨어있는 원
융무애각명각성圓融無礙覺明覺性이다. 상심相心인
의식意識의 세계는 단지, 육근六根에 의한 의식작
용을 마음으로 인식한다. 그러나 바른 깨달음으로
본심本心에 들면, 부사의不思議 진여성眞如性인 진
여일심眞如一心과 진여일성眞如一性과 진여일각眞
如一覺의 불이不二의 성품을 깨닫게 된다. 이 부사
의 진여성眞如性은 원융무애圓融無礙하여, 두루 걸
림이나 막힘이 없어 자재自在하고 융통融通한 불이
성不二性으로, 진여일심眞如一心이 원융일심圓融一
心이며, 진여일성眞如一性이 원융일성圓融一性이
며, 진여일각眞如一覺이 원융일각圓融一覺이다. 깨
달음을 얻어 본심本心에 들면, 심진여心眞如의 부
사의 청정부동적멸성清淨不動寂滅性 원융圓融 속
에 본심本心의 부사의 공능功能으로 우주 삼라만상
일체상一切相을 수용受用하고 섭수攝受하는 부사
의 본심자재本心自在의 공능행功能行을 깨닫는다.

이 작용이 부사의 심心의 특성 삼대성三大性의 작용인 원융일심圓融一心, 원융일성圓融一性, 원융일각圓融一覺의 불이원융不二圓融 일성一性의 작용이다. 깨달음 각성覺性의 부사의 응심應心 속에 원융일심圓融一心이 삼라만상森羅萬象을 수용受用하고 섭수攝受하는 부사의 작용 속에 심心의 특성 삼대성三大性을 요별了別하게 된다. 이 삼대성三大性이 상相이 없고 자성自性이 없는 심心의 본연성本然性 원융불이圓融不二의 성품인 원융일심圓融一心, 원융일성圓融一性, 원융일각圓融一覺이다. 원융일심圓融一心의 조화造化와 작용에는 원융일성圓融一性과 원융일각圓融一覺이 더불어 함께한다. 이는 심心의 원융불이圓融不二의 삼대성三大性이기 때문이다. 심心이 삼라만상森羅萬象을 원융무애圓融無碍로 수용섭수受用攝受하는 것은 심心의 본성本性이 청정무애원융성淸淨無碍圓融性이기 때문이다. 심心에 삼라만상森羅萬象이 밝게 비치고, 만물萬物이 밝게 드러나는 것은, 심心의 본각本覺이 원융무애각명각성圓融無碍覺明覺性이기 때문이다. 부사의 심心이 삼라만상森羅萬象 만물萬物에 응응應應하여 두루 밝게 알고, 요별了別하는 것은, 심心의 무애자재작용無碍自在作用이 있기 때문이다. 심心의 무애자재작용無碍自在作用은 본성本性의 청정무애원융성淸

淨無礙圓融性에 의함이며, 본성本性의 청정무애원융성淸淨無礙圓融性은 심心의 무애자재작용無礙自在作用과 본각本覺의 원융무애각명각성圓融無礙覺明覺性의 작용을 융통融通하게 한다. 본심本心의 무애자재작용無礙自在作用과 본성本性의 청정무애원융성淸淨無礙圓融性과 본각本覺의 원융무애각명각성圓融無礙覺明覺性은 심心의 작용 삼대三大 특성으로, 심心의 부사의하며 불가사의한 무량무한공덕無量無限功德의 일체一切 원융圓融한 공능행功能行을 원만구족圓滿具足하게 한다. 본심本心의 무애자재작용無礙自在作用의 조화造化에는 반드시 청정무애원융성淸淨無礙圓融性인 원융일성圓融一性과 원융무애각명각성圓融無礙覺明覺性인 원융일각圓融一覺이 불이일성不二一性으로 더불어 함께한다. 본성本性의 부사의 청정무애원융성淸淨無礙圓融性이 없으면 본심本心의 무애자재작용無礙自在作用이 있을 수가 없고, 본각本覺의 원융무애각명각성圓融無礙覺明覺性이 없으면, 본심本心의 무애자재작용無礙自在作用이 있을 수 없다. 그러나 본성本性의 부사의 청정무애원융성淸淨無礙圓融性과 본각本覺의 원융무애각명각성圓融無礙覺明覺性이 있어도, 본심本心의 무애자재작용無礙自在作用이 없으면, 본성本性의 청정무애원융성淸淨無礙圓融性과 본각本覺

의 원융무애각명각성圓融無礙覺明覺性의 공능력功能力을 잃는다. 본심本心의 무애자재작용無礙自在作用으로 본성本性의 청정무애원융성淸淨無礙圓融性과 본각本覺의 원융무애각명각성圓融無礙覺明覺性의 공능功能 그 공덕功德이 원만구족圓滿具足하게 하며, 본성本性의 청정무애원융성淸淨無礙圓融性과 본각本覺의 원융무애각명각성圓融無礙覺明覺性의 공능功能으로 본심本心의 무애자재작용無礙自在作用이 원융무애圓融無礙 원만구족자재圓滿具足自在하게 한다. 심心이 본각本覺의 원융무애각명각성圓融無礙覺明覺性으로 일체一切를 깨닫고, 본심本心의 무애자재작용無礙自在作用에 의해 본각本覺의 원융무애각명각성圓融無礙覺明覺性이 드러나며, 본심本心의 무애자재작용無礙自在作用과 본각本覺의 원융무애각명각성圓融無礙覺明覺性이, 청정무애원융성淸淨無礙圓融性인 본성本性의 공능功能 공덕功德에 의함이다. 본심本心의 무애자재작용無礙自在作用과 본각本覺의 원융무애각명각성圓融無礙覺明覺性이 곧, 본성本性의 청정무애원융성淸淨無礙圓融性의 공능력功能力이다. 또, 본성本性의 청정무애원융성淸淨無礙圓融性과 본각本覺의 원융무애각명각성圓融無礙覺明覺性의 공능功能이 곧, 본심本心의 부사의 무애자재작용無礙自在作用의 공능력功

能力능력으로 총화總和를 이룬다. 본심本心과 본각本覺과 본성本性은 상相이 없고, 자성自性이 없는 원융한 성품으로, 심心의 특성 무애자재작용無礙自在作用과 청정무애원융성淸淨無礙圓融性과 원융무애각명각성圓融無礙覺明覺性은 심心의 특성 삼대성三大性으로, 본심本心, 본성本性, 본각本覺은 심心의 공능功能 불이원융不二圓融 특성인 심心의 작용 불이일성不二一性으로 원융圓融 속에 각각 그 공능功能이 원만구족圓滿具足하다. 심心의 작용이 심心의 삼대성三大性 무애자재작용無礙自在作用인 원융일심圓融一心과 청정무애원융성淸淨無礙圓融性인 원융일성圓融一性과, 원융무애각명각성圓融無礙覺明覺性인 원융일각圓融一覺의 불이원융일성不二圓融一性의 공능행功能行이다. 원융일심圓融一心, 원융일성圓融一性, 원융일각圓融一覺은 만물萬物과 일체一切 생명生命의 성품이며, 일체一切 생명生命 작용의 체성體性이다. 원융圓融한 일심一心, 일성一性, 일각一覺은 상相 없는 불이不二의 원융성圓融性으로, 물物과 심心이 둘이 아니며, 물物과 심心과 본성本性이 차별이 없어 셋이 아니며, 원융일여圓融一如 속에 상相과 자성自性이 없어 원융圓融한 불가사의 원융불이일성圓融不二一性으로, 무한공능無限功能 일체총지一切總持가 곧, 일심一心이다.

소동 : 깨달음이란 원융圓融에 드는 것이며, 차별 없는 본
　　　성本性의 원융圓融에 드는 것입니까?

법계산인 : 원융본성圓融本性을 벗어나면 일체一切의 차
　　　별경계에 떨어진다. 그것은 물物과 심心이 둘 없는
　　　원융본성圓融本性을 깨닫지 못하기 때문이다. 그로
　　　인하여 만상만물萬相萬物의 차별심을 가짐으로 자
　　　타심自他心이 생성되어 일어나며, 자타自他의 분별
　　　심으로 일체一切 차별경계를 인식하여 그 차별심을
　　　행하므로, 일체 차별상에 머묾의 상심업식相心業識
　　　을 가지게 된다. 일체一切가 둘 없는, 본성本性을
　　　모르는 분별심은 자타를 분별하고, 그 분별심은 자
　　　타自他와 만물萬物을 구분하여 달리 보며, 상相의
　　　분별심에 이끌리어, 원융일심圓融一心, 원융일성圓
　　　融一性, 원융일각圓融一覺인 자기의 실체實體, 본성
　　　本性을 잃은 의식으로, 자타自他와 물物과 심心을
　　　구분하여 분별하며, 그 상심분별相心分別의 작용으
　　　로 부사의본심공득不思議本心功德과 부사의본심각
　　　력不思議本心覺力의 능행能行을 잃어, 자타自他와
　　　물物과 심心을 분별하고 집착하며, 본심공덕本心功
　　　德을 잃어 자기의 참모습 실상實相을 모르는 상심
　　　相心의 왜곡된 의식으로, 상相을 집착하는 중생심
　　　의 삶을 살게 된다.

소동 : 상相에 머묾의 마음은, 자기의 실체實體 원융일심圓融一心인 본심本心과 원융일성圓融一性인 본성本性과 원융일각圓融一覺인 본각本覺을 몰라, 몸과 자아의식自我意識을 자기로 알고 있는 상심相心이며, 상相에 머묾 없음이 깨달음이며, 그 마음이 원융일심圓融一心 본심本心과 원융일성圓融一性 본성本性과 원융일각圓融一覺 본각本覺이라고 하시니, 상相에 머묾이 없으면 머묾 없는 마음이 아닙니까?

법계산인 : 상相에 머묾이 없는 마음은, 상相에 머묾 없는 마음을 가진 머묾의 마음이다. 머무를 상相이 없어, 머묾의 마음이 없고, 머묾이 없는 마음도 없는 것이 머묾이 없는 마음이다. 이는 곧, 의식意識이 아닌 각覺을 일컬음이다. 의식意識인 유심有心과 상심相心으로는 머묾을 벗어날 수가 없다. 왜냐면 나 있음이 곧, 상相이기 때문이다. 내가 상相에 머묾이 없다고 머묾 없는 마음이 아니다. 상相에 머묾의 나 없음이 머묾 없는 마음이며, 상相에 머묾 없는 나 없음이 머묾 없는 마음이다. 그러므로 머물 상相이 있거나, 머물거나, 머묾 없는 나我가 있으면, 어떤 마음이든 머묾을 벗어날 수가 없다. 내가 곧, 상相이니, 내가 있으면 상相에 머묾이 없는 어떤 마음이어도 의식意識인 유심有心과 상심相心을 벗어날 수가 없다. 의식意識인 유심有心과 상심相心이 없음이

머묾이 없는 마음이다. 이는 곧, 나 없음이니 곧, 각覺이다. 이것을 불법佛法에서는 아뇩다라삼먁삼보리심이라 하며, 반야般若라고 하며, 무여열반無餘涅槃이라고 한다. 이것이 바라밀波羅蜜이다.

소동 : 각覺이 무엇입니까?
법계산인 : 나와 상相이 없는 원융圓融이다.

소동 : 아뇩다라삼먁삼보리심은 무엇입니까?
법계산인 : 본각심本覺心이다.

소동 : 반야般若는 무엇입니까?
법계산인 : 나와 상相이 없는 원융한 본성本性의 지혜다.

소동 : 무여열반無餘涅槃은 무엇입니까?
법계산인 : 본심本心의 성품이다.

소동 : 바라밀波羅蜜은 무엇입니까?
법계산인 : 본심本心이 바라밀波羅蜜이다.

소동 : 불법佛法은 무엇입니까?
법계산인 : 본심本心이 불법佛法이며, 본성本性이 불법佛法이며, 본각本覺이 불법佛法이다. 곧, 일체불이一切

不二가 불법佛法이다. 불법佛法을 중생衆生의 상심相心인 망妄의 경계에서 보는 것과 중생衆生의 상심相心을 벗어난 실實의 경계에서 보는 것이 다르다. 망妄의 경계에서는 망妄을 제거除하는 것과 실實을 드러내는 두법二法이 있다. 그러므로 무명無明을 벗어나고자 깨달음을 구하고, 고苦를 벗어나고자 바라밀을 구하며, 번뇌를 벗어나고자 구경열반究竟涅槃을 구하며, 중생을 벗어나고자 불佛의 성취를 원한다. 그러나 실實에서는 불이不二의 성품 청정清淨뿐, 일컫고 이름할 불법佛法이 없다. 이것이 불법佛法의 실상實相이다. 실상實相은 불이不二며, 이는 곧, 본심本心의 성품이다.

소동 : 청정清淨이 무엇입니까?

법계산인 : 상相 없음이다. 이는 본성本性이며, 곧, 각覺이다. 이는 곧, 불이不二의 원융심圓融心이며, 이를 일러 일심一心이라고도 한다.

소동 : 일심一心이 무엇입니까?

법계산인 : 소동아! 일체一切가 일심一心이니라.

소동은 법계산인의 그 말씀에 방의 어둠이 사라지며, 눈앞이 확연히 한없이 무한히 밝아지는 형언할 수 없는 미묘한 경계에, 잠시 말 없는 침묵 속에 깊은 사유에 잠긴다. 침묵의 시간이 조금 흐르자 소동이 법계산인을 향에 입을 연다.

소동 : 차茶 한잔 올리겠습니다.
법계산인 : 너도 차茶 한잔 하거라.

차향茶香이 법향法香이 되어, 법계산인法界山人의 방안 가득 맑은 기운과 세속의 티를 벗어버린 인간의 정情이 향기롭다. 소동小童이 법계산인의 방에 올린, 큰 박바가지에 담긴 들꽃의 소박함이 법계산法界山 초막의 정감스러운 운치를 더한다. 작은 등잔불빛 속에 소동의 눈빛은 형언할 수 없이 끝없이 맑아지고, 소동의 더욱 섬세한 질문은 법계산 깊어가는 밤의 정적과 함께 갈수록 더욱 미세하고, 정밀하며, 밀밀함 속에 더욱 물음이 미묘하고 깊어진다. 법계산法界山 깊은 법法의 향기香氣는 벌써 궁극窮極의 근원根源을 넘어섰다.

철화인(鐵火人)의 관문(關門)

　　법계산法界山에 어둠이 깃들고, 소동小童이 등불을 밝히고 차茶를 다려, 법계산인法界山人의 방으로 들어간다. 소동小童이 찻잔에 차를 따르니, 희미한 등불이 밝혀진, 짚으로 엮어 만든 방안에 차향茶香이 가득하다. 소동小童이 차를 또 따르며, 법계산인法界道人에게 법계산法界山 상봉上峯에 있는 영굴靈窟에서 수행 중에 겪었던 일화逸話 중에 자신에게 도움이 되는 이야기를 해달라고 법계산인法界山人에게 청한다. 법계산인法界山人은 침묵 속에 차의 향을 음미하며, 지그시 눈을 감는다. 영굴靈窟에서 수행 중에 있었던 일들을 회상하며 정신을 가다듬는다.

　　잠시, 움막은 무거운 침묵에 젖는다. 법계산인法界山人은 찻잔의 따뜻한 기운을 두 손으로 느끼며, 가슴 가까이 찻잔을 올리고 허공을 향해 차를 공양 올리듯 잠시 선정禪定에 든다. 그리고 인자한 시선으로 소동小童을 쳐다보며 입을 연다.

그때에, 영굴靈窟에서 수행이 깊어졌을 때였지. 그날은 무척이나 수행의 경계가 깊어 선명하고, 주위의 기운이 맑으며, 그 청량함에 육체의 감각이 우주와 통해 있는 듯, 모두 살아있음을 느껴 기이하고 미묘했다. 하늘은 별들이 유난히 밝고, 정신은 하늘과 하나된 듯한 느낌을 받았지. 그런데 그때에 미묘한 상서로운 현상이 있었단다. 갑자기 영굴靈窟의 벽이 사라지고 하늘이 열리며, 광명이 사방에 가득하며 그 광명 속에서 미륵 부처님께서 나타나셨지.

그리고 나에게 말씀하시길, 너는 법계산法界山 영굴靈窟의 주인이니, 중생의 환란을 막도록 하여라. 고통받는 만 생명들을 구제하기 위해 이 관문關門을 뚫어야 하니, 만약 이 관문을 뚫으면 뭇 생명들을 이롭게 하며, 고통받는 중생들을 구제하리라. 하셨지.

소동小童은, 호기심과 궁금증이 가득한 눈동자로 법계산인法界山人을 뚫어지라 바라보며, 궁금하고 조급한 마음에 입을 열어, 법계산인에게 미륵 부처님께서 제시하신 그 관문關門이 무엇인지를 물어본다.

뚫어야 할 관문에 대해 미륵 부처님께서는 이렇게 말씀하셨지.

뒤에는 펄펄 끓는 시뻘건 쇳물이 태산같이 밀려오고, 앞에는 두꺼운 쇠로 된 벽이 하늘에 닿아있어 빠져나갈 길이 없네. 그런데 그곳에 눈도 없고 귀도 없는 쇠로 된 사람이 있는데, 그 쇠로 된 사람의 몸에는 맹렬한 불꽃이 피어올라 벌겋게 달아있네. 그 철화인鐵火人이 그대의 진면목眞面目을 물을 것이네. 그러면 진면목眞面目을 내놓으면 되네. 그 쇠로 된 사람은 귀가 없으니, 어떤 소리나 말을 해도 통할 수 없고, 눈이 없으니, 어떤 표현과 행동으로도 통할 수 없고, 쇠로 된 몸은 맹렬한 불꽃이 피어올라 온몸이 벌겋게 달아 있으니, 그 몸에 손을 댈 수가 없네. 그러나 진면목眞面目을 바로 드러내면, 보이지 않는 문을 열어줄 것이네. 그 관문關門의 정답을 알면, 이 밀인密印을 풀 수 있으니, 이 밀인密印 속에 그대가 해야 할 일이 있으니, 그대에게 맡기고 가겠네. 부디 고통받는 한량없는 중생들을 하루속히 구제하기를 바라네. 하시고는, 미륵 부처님께서는 광명 속에 밀법密法으로 하늘의 문을 닫으시고는 사라지셨지.

소동小童은, 호기심과 궁금증에 호흡이 멈춘 듯 꼼짝 않고, 동공만이 살아 호기심으로 빛나고 있었다. 소동小童은, 법계산인法界山人이 영굴靈窟에서 미륵 부처님에게 받은 밀인密印 속에 무엇이 들어 있는가가 궁금해, 침을 삼키며 참기 어려운 듯 입을 열어 법계산인에게 물어보았다.

법계산인은 잠시 눈을 감고 깊은 침묵에 빠지며 무엇을

생각하는 듯하였다. 그리고 잠시 후, 법계산인은 무엇인가 결심한 듯, 호기심에 가득 찬 소동의 눈망울을 쳐다보며 차분하게 말을 하였다.

소동아, 미륵 부처님께서 나에게 준 밀인密印 속에는 철화산鐵火山 지옥으로 들어가는 밀법密法이 들어 있단다.

소동은 철화산 지옥이 무엇이며, 그에 관한 이야기를 듣고 싶었다. 법계산인의 눈치를 보며, 철화산 지옥이 무엇인지를 물었다.

법계산인은 소동의 호기심과 추구력에 조용히 미소를 지으며 입을 열었다.

소동아, 미륵 부처님의 말씀에 의하면, 이 우주에는 죄를 지은 자가 죽으면 가는 곳이 있으니, 그 지옥 중에는 사방이 끝이 보이지 않는 철화산鐵火山 지옥이 있단다. 그 지옥은 한량없이 높고 두꺼운 쇠 벽으로 되어 있으며, 그 지옥에는 죄를 많이 지은 자들이 가는 곳이라, 들어가고 나오는 문이 없어, 죄를 지은 자들이 그 지옥에 들어갈 때에는 허공을 통해 그 철화산 지옥에 떨어지며, 철화산 지옥에 떨어진 자는 문이 없어 나올 수가 없단다. 그 철화산 지옥 중앙에는 쇠로 된 높고 큰 철화산이 있는데, 철화산 꼭대기에서는 하루에도 수백 번 펄펄 끓는 쇳물이 흘러나와 철화산 지옥 전체를 펄펄 끓는 쇳물로 채운다. 그러면 철화산 지옥 골짜기마다 허공을 통해 떨어진 모든 죄인은 밀려오는 끓는 쇳물에 몸의 살과 피와 뼈가 타는 극심한 냄새와 고통을 겪으며, 자기가 지은 그 죄의 대가의 고통을 몇 천배, 몇 만배의 더 고통을 받으며, 몸의 살과 **뼈**가 펄펄 끓는 쇳물에 타고 녹아내리는 고통과 죽음으로 그 절규가, 끝이 보이지 않는 철화산 지옥 온 전체에 메아리쳐 그 소리가 아비규환이란다.

그런데 그 철화산 지옥에는 철화인鐵火人이 있으니, 그 철화인은 철화산 지옥을 지키는 선인仙人이란다. 그 철화인이 던지는 단 한가지 질문을 해결하는 사람이면, 보이지 않는 문을 열어 밖으로 내보내어 준단다. 그러나 아직까지 누구도 철화인의 그 질문을 해결한 자가 없단다. 그래서 아직도 철화산 지옥에는 하루에도 그 수가 한량없는 죄인들이 쇳물의 고통을 겪으며 죽어가고 있단다. 그런데 철화인 鐵火人은 눈이 없어, 그 답을 어떤 행위나 모습으로도 드러낼 수가 없고, 귀가 없어 그 어떤 소리나 말로도 드러낼 수가 없으며, 몸은 맹렬한 불이 휩싸여 있으니 몸을 건드릴 수가 없단다.

소동은 궁금한 점이 있어 법계산인에게 물었다.

눈과 귀가 없는 철화인이 보지 못하고 듣지 못하는데 어떻게 질문을 하며, 어떻게 압니까?

법계산인은 소동의 물음에 빙그레 웃으며 소동에게 말을 하였다. 소동아, 너에게는 아직 이해하기가 어려울 수도 있겠구나. 눈과 귀가 없어도 알 수가 있단다. 그것이 심법心法이란다.

소동은 마음속에 발동하는 궁금증을 또 법계산인에게 물어본다. 그럼, 아무도 그 관문關門을 열지 못한 철화인의 그 물음은 무엇입니까?

법계산인은 소동의 당돌함과 대견함에 지그시 눈을 감고 잠깐 동안 침묵에 젖는다. 법계산인은 소동의 눈빛을 보며 입을 연다.

누구나 쇳물에 살과 피와 뼈가 타고 녹아버리는 고통과 죽음을 벗어나려고 철화인에게 가면, 지옥이 생긴 이래 오직, 언제나, 한결같이 묻는 한마디 물음이 있단다.

그 물음은 바로 "무엇이 그대의 진면목眞面目인고?"이다.

소동은 눈으로 법계산인의 눈을 빤히 보며 말하기를, 그러면, 진면목眞面目을 드러내면 되지 않습니까?

소동아, 철화인은 눈과 귀가 없어 몸과 입으로는 답할 수가 없으며, 뒤에는 펄펄 끓는 쇳물이 산처럼 몰려오고, 앞에는 두꺼운 쇠로 된 벽이 하늘 높이 가로막아, 머뭇거리다간 답을 하기도 전에 쇳물에 몸이 녹아버리고 만단다.

법계산인은, 잠시 눈을 감으며 생각에 잠긴 듯 침묵하더니, 소동의 눈을 진지하게 바라보며 차분히 입을 연다. 소동아, 너가 철화인의 관문을 뚫어 보겠느냐? 철화인의 관문을 뚫으면 철화산 지옥의 고통받는 중생들을 구제할 수가 있단다.

조금 전만 해도 소동은 호기심과 궁금증에 휩싸여 눈망울이 초롱초롱하였는데, 법계산인이 자신의 눈을 바라보며, 진지하게 묻는 물음이 곧, 철화인이 자신에게 묻는 물음처럼 느껴져, 소동은 말문이 막혀 낭떠러지에 떨어진 듯, 동공이 끝없는 깊은 물음 속에 꼼짝하지를 않는다.

법계산인은 소동을 보며 차분한 음성으로 소동아, 하고 부르니, 소동은 감각을 잃은 듯 목석木石이 되어 대답이 없다.

법계산인은 향 하나를 집어 불을 붙여, 결인結印을 맺은 오른손으로 향을 이마 가까이 올리며, 왼손은 결인을 맺어 허공을 향해 움직이며, 지그시 눈을 감고 깊은 선정禪定에 젖어든다.

묘妙한 정적과 침묵이 흐르는 법계산 초막의 밤은, 차향茶香과 법향法香 속에 또, 하루가 깊어만 간다.

혈(穴)

千年을 또아리 틀고
萬年을 사유하며
풀뿌리 머리카락을 풀어헤치고
응시하며
밤과 낮을 잊은 곳

어머니도 잊었고
아버지도 잊었고
세상도 잊었고
천지도 잊었고

동공만이 확장되어
세상 모든 것 삼킨 채
웅크리고 산 곳.

나를 잊은 지 오래며

세월을 잊은 지 오래며
萬年을 한 호흡에 치닫고
억년을
숨길 모두어
몰아 쉰 곳.

時와
空,

生과
死,

씨줄
날줄이 교차한 곳,

三世가 무르녹아
동서남북을 삼키고

한 몸뚱어리 송두리째 삼키어
눈과 귀가 간 곳 없고,

魂 갈무린 세월이
뿌리째 무르녹아

魂 알갱이 씨알째 삼키어
그 흔적조차 없는 곳,

空中空
大空이요

門中門
大門이라

천하 대 명당이요.
天中天 大吉地라

六根을 뉘어도
천추만대 탈이 없고

古今생명 四方人이
한 덩어리 되어도 만사가 형통이요
三世가 광명이다.

천당 지옥 관심 없고, 한 곳만을 응시하며
웅크린 채
숨을 몰아쉬며
死人되어 산 삶,

千年 恨,
萬年 恨이 풀어지고

억겁의 고뇌 고통의 덩어리가
풀어지니
千年雪이 무르녹고
萬年雪이 무르녹아

억겁의 땅 無極大地
황금 땅이 드러나니

하늘엔 광명이요,
대지엔 꽃향기 가득하고
바다 밑 돌장승이 눈을 뜨고
지옥 제비가 강남 소식을 전해주니

물속 고기는 한가롭게 노닐고
하늘 땅 물 불 바람
온 세상 축복이네.

석불(石佛)

태고로부터
적연부동하여
억겁을 내려오니

만 생을 쌓았음이라
천지조화 인연 있는 날에
인연 있는 자가 찾아와

내 눈뜸을 인지하여
내 몸을
깎고 다듬어
억겁의 때를 벗기어내니

눈과 귀
다듬은 그 형상
佛의 모습 역력하다.

억겁의 적연부동
태고의 이음이라
그 형상 달리해도
그 모습 그대로네.

태초의 본래 모습
그 모습 억겁으로
寂然不動 내려오니

어느 날
눈 밝은 이 찾아와
본 모습 그대로
알몸뚱이 드러내네.

태고의 적연부동
억겁이 지루하여
본 모습 버린 자는

눈이 시뻘건 잡놈이
낫과 도끼를 들고 찾아와
때리고 부수어
땅속 깊이 파고들어
뿌리째 뽑아 버리네.

본 모습 그대로
억겁을 내려와도
두꺼운 옷 걸치고 적연부동 앉았으니
어느 놈 누가와 시비하는 자
아무도 없고

두꺼운 옷 훌훌 벗고
당당히 앉았으니
동서남북 개미까지 찾아와
자기를 드러내며 인사하느라
정신이 하나 없네.

논에 박힌 석불은
농부가 쟁기로 툭툭치며 흙을 털어도
시비심이 끊어진지라
적적고요 적연부동이요

도시 길거리에 박힌 석불은
어떤 미친놈이 와서 오줌을 깔겨도
그 경계 태고의 적연부동이라
그 마음 고요하여 시비심이 끊어졌네.

절간이 내 집이라

앉았기도 하고 섰기도 하다
피곤한 몸 뉘어보니

아들 달라, 복福 달라,
명예 달라, 목숨 달라,
앉았거나 누웠으나
어느 한 곳 편히 쉴 곳이 없구나.

만고불변 적연부동
본래 모습 간직한 채

하늘을 집을 삼고
추위와 바람에
두꺼운 옷 입고 보니

형상은 볼 것 없어도
마음은 편했건만

높은 좌대 앉고 보니
옛 자리가 명당일세.

두꺼운 옷 모두 벗고
알몸을 드러내도

태고 억겁 여여부동
본 모습 그대론데

세상사 凡人들은
相을 쫓아 왕래하네.

4. 종(終)

종(終)

잠시,
묻고 싶으신 것 있으시다고요?

내 나이가 궁금하시다고요?
난, 나에 대해 솔직히, 아는 것이 없습니다.

그 궁금함이
육체 나이인가요?

아니면,
정신 나이인가요?

그것도 아니면,
마음 나이가 궁금하세요?

나는 사실, 나에 대해 솔직히

어느 것 하나 제대로 아는 것이 하나도 없습니다.

육체는 잠시도 머묾이 없는 것이라
그 시초점을 몰라
난, 아직 내 육체의 나이를 알지 못합니다.

그리고 내 정신은 아직 시時의 자각이 없어
내 정신 나이를 알지 못합니다.

그리고 마음은 형체도 없고, 잡을 수도 없으니
내 마음 나이를 나도, 알지를 못합니다.

그리고 내 삶에 해와 달이 얼마나 바뀌었는지
봄, 가을이 얼마나 흘렀는지
추위와 더위를 몇 번 지나쳤는지

그리고 또,
조촐한 담장 밑, 저 나무에 꽃이 몇 번째인지
세어보질 않아서
나도, 알 수가 없습니다.

나는, 봄, 가을임을 사물을 보고 느끼며
추위와 더위를 피부로 느꼈을 뿐

이것이 몇 번째인지
나는, 이런 것 생각해보지를 않았습니다.

다만, 무의식적으로 숨을 쉬고
그냥, 흐르는 하루 속에 사물을 보며
나뭇가지에 움이 트고, 새잎이 돋으며
꽃이 피는 것을 보며, 봄임을 알았고
나뭇잎이 물들고, 낙엽이 떨어짐을 보며
세월이 또, 지나감을 느낄 뿐
내, 삶에 그것이 몇 번째인지
진지하게 사유하거나
지나간 시간을 헤아려 세어본 적이 없습니다.

나는, 그냥 숨 쉬며, 느끼며,
몸의 촉각과 생명 감각이 살아있음을 느끼고
우주, 찰나의 흐름을 느끼며
하루하루의 삶을 살 뿐입니다.

나는 그냥, 그렇게 살 뿐
이것저것, 생각하고 분별하며
흘러버린 수 없는 물결의 잔상을 헤아리는
그런, 번거로움 없는 마음으로
사물을 보고 느끼며, 생각하고 사유하는

그냥 사뭇 단순한 나입니다.

나는, 어제의 일을 생각하려 해도
무엇을 했는지, 한참이나 생각하며, 잘 몰라
어리뚱하여 멍하니
그냥, 생각 잃은 바보로 우두커니 있을 뿐입니다.

나는,
나를 잊고 살았고,
나도, 아직 나에 대해 제대로 아는 것이 없어서
나에 대한 분명하고 확실한 앎이 없으니
나에 대해 모르는 것이 사실입니다.

난, 나에 대해 사실,
아직, 제대로 아는 것이 별로 없습니다.

그냥, 해가 뜨면 뜨는 대로
낙엽이 떨어지면 떨어지는 대로 느낄 뿐
어느 것 하나, 그 흔적 새기려고
잠시라도 골똘히 생각해보지를 않았습니다.

나는 나에 대해 몰라도 그것이
별 궁금하지도 않았고, 또,

그걸 몰라도, 살면서 별 탈이 없었습니다.

그런데,
왜? 그것이 궁금하세요?

그리고 앞으로도, 나는
그에 대한 건 별 관심이 없고
또한, 나 자신도 알고 싶지 않습니다.

다만, 내가 나에 대해 알고 있다면, 그것은
나는, 나에 대해 아는 것이 없다는 그 하나만
알 뿐입니다.

나는, 나라는 그 외는 나도 모릅니다.
왜냐면, 그 외는 생각해보지를 않았습니다.

그리고 솔직히, 나는
나에 대해 모르는 것이 더 많습니다.
난 진정, 나에 대해 아는 것이 별로 없습니다.

나보다 더, 나에 대해 궁금한 것이 있는 당신은
당신에 대해 아는 것이 있나요?

나에게 그런 어려운 질문은 하지 마세요.

나는 떨어지는 낙엽을 보며
나에게 주어진, 이 땅에 머묾의 시간을
헛되이 하지 말아야 한다는
그것,
나는 그것밖에 모릅니다.

그러니, 나에게
그런 어렵고, 황당한 질문은 하지 마세요.

나는 나에 대해
확실히 아는 것이라곤, 하나도 없습니다.

내가 어디에 사는지 궁금하시다고요?
내가 사는 곳을 알려고 하지 마세요.

나는, 태고太古의 연잎 속에
살고 있기 때문입니다.

내 모습이 어떻게 생겼는지, 알고 싶으시다고요?
나를 알려고 하지 마세요.
나는, 해가 뜨면 밝음이고

해가 지면, 어둠이랍니다.

나의 이름이 궁금하시다고요?
알려고 하지 마세요.
나는, 그냥 나일 뿐!
죽어도 길이 남길 만한 이름도 없고
살아있어도 드러낼 것 하나 없는
이름 없는
그냥, 나는 나일 뿐입니다.

나를 한번, 만나보고 싶다고요?
나를 애써 만나려고 하지 마세요.

인연이 있으면
이 우주의 흐름 파동을 따라, 우연처럼
바람처럼 만나게 됩니다.

나에 대해
굳이 알려고 하지 마세요.
나도 솔직히, 나에 대해 아는 것이 없습니다.

그리고
자신을 알면, 궁금한 것이 사라집니다.

알지 못함이 궁금증입니다.

혹시, 당신의 궁금증이
왜 일어나는지, 진지하게
자신, 내면 깊이 진솔하게 물어보셨나요?

그것은 다름 아닌
단지,
완성자完成者가 아니기 때문입니다.

그런데,
화엄경華嚴經 법성계法性偈의 종終이
일체유심一切唯心이니

알지 못해
나에 대해 궁금해 하는
당신은,
어느 곳에 계시며,
누구세요?

법성요해

초판인쇄 2014년 3월 20일
초판발행 2014년 3월 30일

지 은 이 세웅스님
펴 낸 이 소광호
펴 낸 곳 관음출판사

주   소 130-070 서울시 동대문구 용두동 751-14 광성빌딩 3층
전   화 02) 921-8434, 929-3470
팩   스 02) 929-3470
홈페이지 www.gubook.co.kr
E - mail gubooks@naver.com

등   록 1993. 4.8 제1-1504호
ⓒ 관음출판사 1993

정가 25,000원